Basics Zivilrecht

Band 3

Familien- und Erbrecht

Hemmer/Wüst/Grieger

W0341190

Hemmer/Wüst Verlagsgesellschaft

Das Skript ist urheberrechtlich geschützt. Die dadurch begründeten Rechte, insbesondere des Nachdrucks, der Wiedergabe auf photomechanischem oder ähnlichem Wege und der Speicherung in Datenverarbeitungsanlagen bleiben, auch bei nur auszugsweiser Verwertung, der Hemmer/Wüst-Verlagsgesellschaft vorbehalten.

Hemmer/Wüst/Grieger, Basics Zivilrecht III, Familien- und Erbrecht

ISBN 978-3-86193-442-4

8. Auflage 2015

gedruckt auf chlorfrei gebleichtem Papier
von Schleunungdruck GmbH, Marktheidenfeld

Inhaltsverzeichnis .... Die Zahlen beziehen sich auf die Seiten des Skripts.

In fünf Stunden zum Erfolg:

Die neue hemmer app

Das Frage-Antwort-System der hemmer-Skripten jetzt auch als app im Apple App Store und im Google Play Store erhältlich! Oder als webapp für andere mobile Betriebssysteme und PCs unter: www.webapp.hemmer.de

Einfach testen: Sie erhalten 33 Quizfragen und 33 Lernfragen aus dem Rechtsgebiet BGB AT I kostenlos.

So macht Jura Spaß!

Alle Karteikartensets zum Einführungspreis von je nur 6,99 €.

hemmer/wüst
Verlagsgesellschaft mbH

www.hemmer-shop.de
Mergentheimer Str. 44 / 97082 Würzburg
Tel.: 0931-7 97 82 38 / Fax: 0931-7 97 82 40

Vorwort

Basics mit der hemmer-Methode

Wer in vier Jahren sein Studium abschließen will, kann sich einen Irrtum in Bezug auf Stoffauswahl und -aneignung nicht leisten. Hoffen Sie nicht auf leichte Rezepte und den einfachen Rechtsprechungsfall. Hüten Sie sich vor Übervereinfachung beim Lernen. Stellen Sie deswegen frühzeitig die Weichen richtig.

Die „Basics" schaffen Voraussetzungen für das Verstehen der Juristerei, ermöglichen Ihnen Verständnis für klausurtypische Probleme und sind Ihnen in der Klausur eine **Anwendungshilfe**, die Sie mit den üblichen juristischen Denkmustern von Klausurerstellern vertraut machen. Wissen wird konsequent unter Anwendungsgesichtspunkten erworben.

Die **hemmer-Methode** vermittelt Ihnen die **erste richtige Einordnung** und das **Problembewusstsein**, welches Sie brauchen, um an einem Thema der Klausur nicht vorbeizuschreiben. Häufig ist dem Studenten nicht klar, warum er schlechte Klausuren schreibt. Wir geben Ihnen **gezielte Tipps**! Vertrauen Sie auf unsere **Expertenkniffe**.

Durch die ständige Diskussion mit unseren Kursteilnehmern ist uns als erfahrenen Repetitoren klar geworden, welche **Probleme** der Student hat, sein **Wissen in der Klausur anzuwenden**. Wir haben aber auch von unseren Kursteilnehmern profitiert und von ihnen erfahren, welche **Argumentationsketten** in der Prüfung zum Erfolg geführt haben.

Die **hemmer-Methode** gibt **jahrelange Erfahrung** weiter, erspart Ihnen viele schmerzliche Irrtümer, setzt richtungsweisende Maßstäbe und begleitet Sie als **Gebrauchsanweisung** in Ihrer Ausbildung:

1. Grundwissen:

Die **Grundwissenkripten** sind für den Studenten in den ersten Semestern gedacht. In den Theoriebänden Grundwissen werden leicht verständlich und kurz die wichtigsten Rechtsinstitute vorgestellt und das notwendige Grundwissen vermittelt. Die Skripten werden durch den jeweiligen Band unserer **Reihe „Die wichtigsten Fälle“** ergänzt.

2. Basics:

Das Grundwerk für Studium und Examen. Es schafft schnell **Einordnungswissen** und mittels der hemmer-Methode richtiges Problembewusstsein für Klausur und Hausarbeit. Wichtig ist, **wann und wie** Wissen in der Klausur angewendet wird.

3. Skriptenreihe:

Vertiefendes Prüfungswissen: Über 1.000 Klausuren wurden auf ihre „essentials" abgeklopft.

Anwendungsorientiert werden die für die Prüfung nötigen Zusammenhänge umfassend aufgezeigt und wiederkehrende Argumentationsketten eingeübt.

Gleichzeitig wird durch die hemmer-Methode auf **anspruchsvollem Niveau** vermittelt, nach welchen Kriterien Prüfungsfälle beurteilt werden. Mit dem Verstehen wächst die Zustimmung zu Ihrem Studium. Spaß und Motivation beim Lernen entstehen erst durch Verständnis.

Lernen Sie, durch Verstehen am juristischen Sprachspiel teilzunehmen. Wir schaffen den „background“, mit dem Sie die innere Struktur von Klausur und Hausarbeit erkennen: **„Problem erkannt, Gefahr gebannt“**. Profitieren Sie von unserem **strategischen Wissen**. Wir werden Sie mit unserem know-how auf das Anforderungsprofil einstimmen, das Sie in Klausur und Hausarbeit erwartet.

Die Theoriebände Grundwissen, die Basics, die Skriptenreihe und der Hauptkurs sind als **modernes, offenes und flexibles Lernsystem** aufeinander abgestimmt und ergänzen sich ideal. Die **studentenfreundliche Preisgestaltung** ermöglicht den **Erwerb als Gesamtwerk**.

4. Hauptkurs:

Schulung am examenstypischen Fall mit der Assoziationsmethode. Trainieren Sie unter professioneller Anleitung, was Sie im Examen erwartet und wie Sie bestmöglich mit dem Examensfall umgehen.

Nur wer die Dramaturgie eines Falles verstanden hat, ist in Klausur und Hausarbeit auf der sicheren Seite! Häufig hören wir von unseren Kursteilnehmern: **„Erst jetzt hat Jura richtig Spaß gemacht“**.

Die Ergebnisse unserer Kursteilnehmer geben uns Recht. Maßstab ist der Erfolg. Die Examensergebnisse zeigen, dass unsere Kursteilnehmer überdurchschnittlich abschneiden.

Die Examensergebnisse unserer Kursteilnehmer sollten Ansporn für Sie sein, intelligent zu lernen: Wer nur auf vier Punkte lernt, landet leicht bei drei.

Wir hoffen, als Repetitoren mit unserem Gesamtangebot bei der Konkretisierung des Rechts mitzuwirken und wünschen Ihnen **viel Spaß beim Durcharbeiten** unserer Skripten.

Wir würden uns freuen, mit Ihnen als Hauptkursteilnehmer mit der **hemmer-Methode** gemeinsam Verständnis an der Juristerei zu trainieren. Nur wer erlernt, was ihn im Examen erwartet, lernt richtig!

So leicht ist es uns kennenzulernen, Probehören ist jederzeit in den jeweiligen Kursorten möglich.

Karl Edmund Hemmer & Achim Wüst

§ 1 EINLEITUNG

Bedeutung der zivilrechtlichen Nebengebiete

Die sog. zivilrechtlichen Nebengebiete werden von nicht wenigen Studenten aus Zeitgründen mehr oder weniger vernachlässigt. Obwohl es zwar unter „prüfungsökonomischen“ Gesichtspunkten sicher richtig ist, sich erst einmal darum zu bemühen, in den „Kerngebieten“ fit zu sein, sollte man bei der Examensvorbereitung aber auch in den Nebengebieten keinesfalls auf „Lücke“ setzen. Vielmehr sprechen zumindest drei Gründe dafür, sich bereits in den mittleren Semestern gewissenhaft mit diesen Gebieten zu beschäftigen:

steigende Klausurrelevanz

Zunächst ist gerade in den vergangenen Jahren in einigen Bundesländern die Tendenz festzustellen, dass die sog. Nebengebiete - insoweit durchaus ihrer immensen Bedeutung in der Praxis entsprechend - häufiger geprüft werden.

Überblick über das zivilrechtliche Gesamtsystem

Darüber hinaus führen erst gewisse Kenntnisse auch in den Nebengebieten zu einem Verständnis für das zivilrechtliche Gesamtsystem, das letztlich auch in einer Klausur aus den Kerngebieten des Zivilrechts häufig erforderlich ist, um ein wirklich gutes Ergebnis zu erzielen. Dies gilt insbesondere in den Fällen, in denen nur der „Aufhänger“ oder ein einzelnes Problem aus einem Nebengebiet stammen und in eine Schuldrechts- oder Sachenrechtsklausur eingebunden sind.

Bedeutung für das Referendariat

Schließlich sind fundierte Kenntnisse der Nebengebiete (insbesondere natürlich des Zivilprozessrechts, daneben aber in vielen Bundesländern etwa auch des Erb- und Familienrechts) für das Zweite Staatsexamen unabdingbar.

Daher sollen in diesem Skript die wichtigsten - und für ein Grundverständnis des Familien- und Erbrechts unerlässlichen - Bereiche dieser Rechtsgebiete dargestellt werden. Dabei werden - bereits aus Platzgründen, aber auch der Funktion dieser Einführungsreihe entsprechend - einerseits Fragen nicht mehr erörtert, die nur theoretische Grundlagen oder Probleme der Praxis, nicht aber der Klausuren betreffen; andererseits werden viele Einzelprobleme auch nur angerissen bzw. knapp erörtert werden können.

Insoweit sei bereits an dieser Stelle auf die vertiefte Behandlung in den einzelnen Skripten zu den jeweiligen Fachgebieten verwiesen, auf die auch im Text immer wieder hingewiesen werden wird.

Einstiegs- und Wiederholungsfunktion

Gleichwohl ist dieses Skript durchaus als eigenständig zu verstehen und soll den Einstieg in die klausurrelevante Bearbeitung der zivilrechtlichen Nebengebiete ebenso ermöglichen, wie eine komprimierte Wiederholung der wichtigsten, klausurgeeigneten Einzelfragen.

zwei wichtige Aspekte

Um mit den zivilrechtlichen Nebengebieten zurechtzukommen, sind zwei Aspekte wichtig:

Gesamtüberblick, um die richtige Einordnung zu ermöglichen

Zum einen bedarf es eines gewissen Gesamtüberblicks über das Nebengebiet, der die Einordnung eines einzelnen Klausurproblems in das System ermöglicht, um in der Klausur zumindest ohne großen Zeitverlust an der richtigen Stelle im Gesetz suchen zu können. Um einen solchen Gesamtüberblick über das Gebiet zu verschaffen, wird zu Beginn dieses Skripts in einem Abschnitt A eine graphische Übersicht zu seinem wichtigsten Inhalt zu finden sein, und in einer kurzen Einführung auf Bedeutung und Besonderheiten dieses Gebietes hingewiesen werden.

Kenntnis spezieller klausurrelevanter Fragen

Daneben gilt es - und hier liegt der Schwerpunkt dieses Skripts - wichtige Einzelprobleme, die in der Klausur immer wieder geprüft werden bzw. sich dafür anbieten, zu kennen. Für die Auswahl und Ausführlichkeit bei der Darstellung dieser Probleme haben wir darauf geachtet, ob bestimmte Fragen entweder als solche von Interesse sind und häufig geprüft werden, oder aber sich gut für einen Einbau auch in eine „normale“, d.h. zum Beispiel schuld- oder sachenrechtliche, Klausur eignen.

hemmer-Methode: Richtige Schwerpunkte bei der Vorbereitung setzen! Hier soll - wie auch oben klargemacht wurde - keinesfalls einem „Auf-Lücke-Setzen“ das Wort geredet werden. Andererseits sind die richtige Stoffauswahl und ein gelungenes Zeitmanagement ebenfalls wichtige Faktoren für die Klausurvorbereitung.

Das Konzept wird schließlich abgerundet durch die ständige Einfügung kleiner Beispiele und Fälle. Dadurch wird das abstrakte Wissen sogleich in einen konkreten Bezug gesetzt. Das dient einerseits dem besseren Verständnis, beinhaltet andererseits aber auch einen gewissen Wiederholungseffekt, der dem Leser eine sofortige Lernkontrolle sein soll. Direkte Lernerfolge erhöhen ganz nebenbei auch die Motivation und vermitteln letztlich auch Freude beim Lernen.

§ 2 FAMILIENRECHT

A) Einführung und Überblick

I. Bedeutung des Familienrechts im Studium

Prüfungsrelevanz

Das Familienrecht ist in einigen Bundesländern zwar im Zweiten Staatsexamen von eminenter Bedeutung, wird aber im Ersten Staatsexamen und erst recht im Studium selten in „reiner“ Form geprüft. Obwohl es zwar sicher - insbesondere im Bereich des ehelichen Güterrechts, eventuell kombiniert mit Problemen der Ehescheidung - genügend Probleme enthält, um eine Klausur vollständig zu füllen, wird den Regelfall doch die gemischte Klausur bilden, in der einzelne familienrechtliche Fragen mit allgemeinen Problemen des Zivilrechts verknüpft werden. 1

> ***Bsp.:*** *Die Vertretungsmacht/Verpflichtungsermächtigung nach § 1357 BGB lässt sich zwanglos in fast jede Klausur mit Problemen aus dem Bereich Vertrag bzw. Vertragsschluss einbauen. Die Haftungsprivilegierung nach § 1359 BGB kann ein zusätzliches Problem in einer schadensrechtlichen Klausur bilden und außerdem eine solche um das Problem des gestörten Gesamtschuldnerausgleichs verlängern und damit eine bessere Notendifferenzierung ermöglichen. Schließlich ist das gesetzliche Vertretungsrecht der Eltern notwendiger Bestandteil fast jeder Klausur zum Minderjährigenrecht und könnte um etwas „familienrechtlichen Tiefgang“ angereichert werden, wenn ein Fall vorliegt, in dem die Vertretung nicht dem Regelfall der §§ 1626, 1629 BGB entspricht.*

Schwerpunkte

Dementsprechend werden die Schwerpunkte der Darstellung zum Familienrecht in diesem Skript auf folgenden Bereichen liegen:

allgemeine Ehewirkungen

- den allgemeinen Ehewirkungen, insbesondere soweit sie auch für allgemeine schuldrechtliche Fragestellungen eine Rolle spielen,

eheliches Güterrecht

- dem ehelichen Güterrecht, insbesondere dem Zugewinnausgleich (da dieser ein Gebiet ist, das ausreichend Probleme für eine reine Familienrechtsklausur enthält) sowie den Verfügungsbeschränkungen (da diese sich sehr gut mit allgemeinen zivilrechtlichen Problemen verbinden lassen) und

Ehescheidungsrecht

- dem Ehescheidungsrecht, da bei der Prüfung der Voraussetzungen der Scheidung gleichermaßen Systemüberblick wie Einzelfallargumentation geprüft werden können

Nur kurz angesprochen werden dagegen Probleme aus den Bereichen des Verwandtschaftsrechts, der Vormundschaft und Betreuung sowie des Familienprozessrechts. Außerdem werden ausgewählte Probleme aus dem Zeitraum vor bzw. außerhalb einer Ehe (Verlöbnis und insbesondere nichteheliche Lebensgemeinschaft) kurz dargestellt.

II. Überblick

Familienrechtlich relevante Regelungen sind im vierten Buch des BGB enthalten, dessen Inhalt die folgende Übersicht verdeutlicht: 2

B) Allgemeine Ehewirkungen

allgemeine Ehewirkungen: unabhängig vom Güterstand

Allgemeine Ehewirkungen sind solche, die sich aus jeder Ehe - anders als das eheliche Güterrecht gerade völlig unabhängig vom gewählten Güterstand - ergeben. Im Folgenden sollen dabei solche Ehewirkungen dargestellt werden, die sich mehr oder weniger gut in eine Klausur einbinden lassen. Daher bleiben etwa Fragen des (wohl nicht sehr klausurrelevanten) ehelichen Namensrechts unberücksichtigt. 3

Überblick über das Familienrecht (4. Buch des BGB)

Eherecht, §§ 1297 ff. BGB

- ➲ Verlöbnis, §§ 1297 ff. BGB
- ➲ Eheschließung, §§ 1303 ff. BGB n.F.
- ➲ Ehewirkungen, §§ 1353 ff. BGB
  - allg. Ehewirkungen, insb. §§ 1353, (eheliche Lebensgemeinschaft), 1357 (Verpflichtungsermächtigung), 1359 (Haftungsprivileg), 1360 (Unterhalt) BGB
  - eheliches Güterrecht (Zugewinngemeinschaft, Gütertrennung, Gütergemeinschaft), §§ 1363 ff. BGB
- ➲ Scheidung der Ehe, §§ 1564 ff. BGB, mit nachehelichem Unterhalt und Versorgungsausgleich

Verwandtschaft, §§ 1589 ff. BGB

- ➲ Definitionen, §§ 1589, 1590 BGB
- ➲ Abstammung (§§ 1591 ff. BGB)
- ➲ Unterhaltsrecht, §§ 1601 ff. BGB
- ➲ Kindschaftsrecht, §§ 1626 ff. BGB, insb.
  - Vertretung (§§ 1626, 1629 BGB)
  - Haftung (§ 1664 BGB)
  - Elterliche Sorge bei Getrenntleben, §§ 1671 f. BGB

Vormundschaft, §§ 1773 ff. BGB (inkl. Betreuung und Pflegschaft)

I. Die eheliche Lebensgemeinschaft[1]

1. Inhalt der ehelichen Lebensgemeinschaft

§ 1353 I S. 2 BGB: Generalklausel zur ehelichen Lebensgemeinschaft

Das Gesetz beschreibt - abgesehen von den Unterhaltspflichten und dem Ehegüterrecht - vielfach nicht genau, welche Folgerungen, insbesondere welche „ehelichen Pflichten", sich aus der Ehe ergeben. Vielmehr enthält § 1353 I S. 2 BGB eine Generalklausel, in der die Pflicht zur ehelichen Lebensgemeinschaft begründet wird. Aus dieser wurden in Rspr. und Lehre verschiedene Fallgruppen herausgearbeitet, etwa: 4

- die Pflicht zur häuslichen Gemeinschaft und zur Wahrung der ehelichen Treue, sog. Geschlechtsgemeinschaft,
- die Pflicht zur gegenseitigen Beistandsleistung und zur einvernehmlichen Regelung gemeinsamer Angelegenheiten,
- die Pflicht zur Rücksichtnahme auf den Partner,
- die Pflicht zur Haushaltsführung bzw. Erwerbstätigkeit und zur Mitarbeit im Geschäft des Ehegatten.

☑

hemmer-Methode: Die Generalklausel des § 1353 I S. 2 BGB ist sehr weit gefasst. Daher kann die Vorschrift einerseits immer dann, wenn im weitesten Sinne die eheliche Lebensgemeinschaft berührt ist, als gesetzlicher Anknüpfungspunkt einer Argumentation verwendet werden.
Andererseits ist jedoch erforderlich, die Klausel von der ehelichen Lebensgemeinschaft (etwa durch die hier genannten Fallgruppen) weiter zu konkretisieren. § 1353 I S. 2 BGB ist damit eine Art spezieller § 242 BGB für den Bereich des Eherechts.

Besonders gut in die Klausur einbauen lassen sich dabei wohl vor allem die Fragen nach einer Verpflichtung zur Mitarbeit im Betrieb eines Ehegatten sowie die Konsequenzen aus der Haushaltsführungspflicht: 4a

Pflicht zur Mitarbeit nach § 1353 BGB nur in engen Grenzen

a) Während § 1356 II BGB a.F. noch eine Pflicht zur Mitarbeit im Betrieb des Ehegatten statuierte, kann eine solche Mitarbeit heute allenfalls in sehr engen Grenzen aus der Generalklausel des § 1353 BGB bzw. als besondere Form der Unterhaltsgewährung nach § 1360 BGB verlangt werden. Soweit die Pflicht zur Mitarbeit aus diesen Vorschriften abgeleitet werden kann, hat der mitarbeitende Ehegatte nach h.M. keinen Vergütungsanspruch für seine Arbeit.

[1] Ausführlich **hierzu Hemmer/Wüst, Familienrecht, Rn. 48 ff.**

Möglichkeiten eines Vergütungsanspruchs

In der Klausur könnte ein Vergütungsanspruch gleichwohl in mehreren Richtungen zu diskutieren sein:

Mitarbeit im Unternehmen des anderen Ehegatten

- konkludenter Arbeitsvertag
- Ehegatteninnen-gesellschaft
- subsidiär: § 313 BGB

konkludenter Arbeitsvertrag?

Zunächst kommt ein - auch konkludent möglicher - Arbeitsvertrag zwischen den Ehegatten in Betracht, wenn die äußeren Umstände (z.B. Unterordnung und Direktionsrecht wie in einem Arbeitsverhältnis) dies zwingend nahe legen.

***Bsp.:** A ist Augenärztin und beschäftigt in ihrer Praxis neben zwei Arzthelferinnen ihren Mann, den gescheiterten Jurastudenten J. J verrichtet die gleichen Tätigkeiten wie die angestellten Arzthelferinnen und leistet dabei den Anweisungen seiner Frau stets Folge.*

Hier spricht das äußere Erscheinungsbild (Umfang der Arbeit, völlige Gleichbehandlung mit den Angestellten) deutlich für die Annahme eines zumindest konkludent geschlossenen Arbeitsvertrags. J kann daher eine Vergütung nach §§ 611, 612 BGB (etwa in der Höhe wie die angestellten Arzthelferinnen) verlangen.

hemmer-Methode: In einer intakten Ehe, in der nicht der Ehegatte, der den Betrieb innehat, aus irgendwelchen Gründen die Bezahlung des mitarbeitenden Ehegatten verweigern will, wird sich dieses Problem so in der Praxis allerdings selten stellen: Vielmehr wird der Betriebsinhaber bereits aus steuerlichen Gründen ein Interesse daran haben, einen geschlossenen Arbeitsvertrag vorweisen zu können.
Soweit es um die Durchsetzung dieser Ansprüche des mitarbeitenden Ehegatten geht, sollten Sie an die Vorschrift des § 207 I S. 1 BGB denken: Danach ist die Verjährung von Ansprüchen zwischen Ehegatten gehemmt, solange die Ehe besteht. Dieses Problem ließe sich in der Klausur wiederum gut mit Problemen aus dem Scheidungsrecht verbinden.

Gesellschaftsvertrag?

Ein Ausgleich nach Gesellschaftsrecht ist möglich, wenn - wie häufig beim Betrieb eines Geschäfts - gemeinsam ein über die Ehe hinausgehender Gesellschaftszweck verfolgt wird. In anderen Fällen kommt u.U. auch ein Kondiktionsanspruch nach § 812 I S. 2 Alt. 1 BGB in Betracht, wenn der Rechtsgrund für bestimmte (Arbeits-)Leistungen durch eine Scheidung später weggefallen ist.

SGG?

Nur in Extremfällen ist dagegen an einen Ausgleichsanspruch nach den Grundsätzen über die Störung der Geschäftsgrundlage zu denken: Dieser setzt nämlich eine sonst unzumutbare Vermögensverschiebung voraus, welche zumindest im Rahmen des gesetzlichen Güterstandes selten vorliegen dürfte, da insoweit die Ausgleichsvorschriften der §§ 1372 ff. BGB bestehen.

§ 1356 BGB: einvernehmliche Regelung der Haushaltsführung

b) Nach § 1356 BGB, welcher § 1353 BGB für einen Teilbereich konkretisiert, regeln die Ehegatten einvernehmlich die Frage, welcher Ehegatte die Haushaltsführung zu übernehmen hat bzw. in welcher Weise sie zwischen den Ehegatten aufgeteilt werden soll. Während eine solche Regelung an sich kaum einmal sinnvoller Gegenstand einer Klausur sein kann, bieten sich ihre deliktsrechtlichen Konsequenzen - etwa im Zusammenhang mit einer schadensrechtlichen Klausur - durchaus einmal zur Prüfung an:

eigene Pflicht des Ehegatten ⇨ ggf. nicht § 845 BGB, sondern § 844 II BGB

Soweit ein Ehegatte im Haushalt tätig wird, kommt er dadurch seiner Unterhaltspflicht aus § 1360 BGB nach und verrichtet nicht etwa (wie früher teilweise angenommen wurde) Dienstleistungen gegenüber dem anderen (insbesondere berufstätigen) Ehegatten.

Daraus ergibt sich, dass bei einer Verletzung oder Tötung des im Haushalt tätigen Ehegatten durch Dritte der andere Ehegatte keine Ansprüche aus § 845 BGB hat (allenfalls aus § 844 II BGB), sondern der geschädigte Ehegatte Schadensersatz selbst nach §§ 823 I, 843 I BGB verlangen kann.

> ***Bsp.:*** *Da infolge der Gesundheitsreform die Einnahmen in der oben genannten Praxis zurückgehen, A aber aus fraulicher Solidarität keine ihrer beiden Arzthelferinnen entlassen möchte, verzichtet sie auf die Beschäftigung des J in ihrer Praxis, und J kümmert sich infolge eines gemeinsamen Entschlusses der Ehegatten nunmehr um den Haushalt. Bei einem Unfall, der durch den Radfahrer R verursacht wird, wird J verletzt und muss für einige Wochen im Krankenhaus behandelt werden. A stellt für diese Zeit eine Haushaltshilfe ein und zahlt die Krankenhauskosten des J. Ansprüche von A und J gegen R?*
>
> 1. Ansprüche des J auf Ersatz der Krankenhauskosten, § 823 I BGB
>
> a) Durch das schuldhafte Verhalten des R wurde J an seiner Gesundheit verletzt, und ihm ist dadurch ein Schaden entstanden.
>
> b) Fraglich ist jedoch, ob die Zahlung der A im Wege der Vorteilsausgleichung auf den Schadensersatzanspruch des J angerechnet werden muss. Das ist aber gem. § 843 IV BGB nicht der Fall, denn zur Unterhaltspflicht der A gehört auch die ärztliche Versorgung des J.

2. Ansprüche der A auf Ersatz der Krankenhauskosten

Fraglich ist jedoch, ob A selbst unmittelbar einen Anspruch auf Ersatz der von ihr getragenen Kosten für J von R geltend machen kann. Es kommen folgende Anspruchsgrundlagen in Betracht:

a) §§ 683, 677, 670 BGB scheiden aus, da für A kein objektiv fremdes Geschäft vorlag. Vielmehr ist sie selbst zur Unterhaltsleistung verpflichtet (vgl. oben), zu der auch die Krankenhauskosten gehören; ein objektiv fremdes Geschäft kann auch nicht darin gesehen werden, dass dadurch die Verpflichtung des R gegenüber J erlöschen würde, da diese ja gerade wegen § 843 IV BGB bestehen bleibt, vgl. oben.

b) § 812 I S. 1 Alt. 2 BGB in Form der Rückgriffskondiktion entfällt, der Schädiger R hat hier nichts erlangt, insbesondere auch nicht die Befreiung von einer Verbindlichkeit, da diese gerade bestehen bleibt.

c) Schließlich scheidet auch ein Anspruch aus § 426 I, II BGB aus: A ist nach § 1360 BGB zur Unterhalts- und Beistandsleistung verpflichtet, R haftet nach § 823 I BGB. Es fehlt jedoch für eine Gesamtschuld am Erfordernis der gegenseitigen Tilgungswirkung. Wenn A zahlt, wird R nicht befreit (vgl. oben). Außerdem liegen keine Zweckgemeinschaft und auch keine Gleichstufigkeit zwischen A und R als deliktischem Schädiger vor.

d) Damit bleibt A nur die Möglichkeit, dass ihr J seine Ansprüche aus § 823 BGB abtritt. Zu dieser Abtretung ist J auch in analoger Anwendung des § 255 BGB verpflichtet. Grund für diese Analogie ist, dass der Unterhaltsverpflichtete (hier A) nicht schlechter stehen darf als ein anderer Schädiger i.S.d. § 255 BGB. Zum Schaden (des J!) zählen insoweit auch die bei A angefallenen Besuchskosten, wenn die Besuche der A für die Heilung des J förderlich sind, vgl. § 249 II S. 1 BGB.

3. Ansprüche der A auf Ersatz der Kosten für die Haushaltshilfe

a) Früher ging man davon aus, dass der berufstätige Ehegatte (i.d.R. der Ehemann) die Kosten für die Haushaltshilfe nach § 845 BGB vom Schädiger verlangen konnte. Nach modernem Verständnis erfüllt allerdings der Ehegatte, der den Haushalt führt, durch seine Arbeit seine Unterhaltspflicht gem. § 1360 S. 2 BGB und setzt diese nicht unentgeltlich im Haushalt ein, sodass § 845 BGB ausscheidet.

b) Die Beeinträchtigung der Arbeitskraft ist somit eigener Schaden des Ehegatten, der den Haushalt führt, den er gem. §§ 823 I, 842, 843 I BGB ersetzt verlangen kann.

4. Anspruch des J auf Ersatz der Kosten für die Haushaltshilfe

Nach dem oben Dargelegten kann (zwar nicht A, aber) J die Beeinträchtigung seiner Arbeitskraft als eigenen Schaden ersetzt verlangen. Dafür ist sogar unbeachtlich, ob eine Ersatzkraft eingestellt wurde. Für die Bemessung des Schadens soll daher auch die vorher tatsächlich erbrachte Arbeitsleistung des J maßgeblich sein, nicht die gesetzlich geschuldete Leistung oder die tatsächlichen Kosten für die Hilfskraft.

hemmer-Methode: Aus Gründen der Vereinfachung wurde hier ein Beispiel gewählt, in dem sich die Ersatzpflicht allein auf die §§ 823 ff. BGB stützt. Wäre in einer Klausur - was wohl durchaus typischer wäre - ein Kraftfahrer als Schädiger beteiligt, so wäre (in der Regel sogar vorrangig vor § 823 BGB) eine Haftung nach §§ 7, 18 StVG zu prüfen, bei der sich hinsichtlich des Umfangs in den §§ 10, 11 StVG ähnliche Regelungen finden wie in den §§ 842 ff. BGB.

2. Schutz der ehelichen Lebensgemeinschaft[2]

Rechtsschutz für die eheliche Lebensgemeinschaft

Insbesondere soweit es bei der ehelichen Lebensgemeinschaft um die Pflicht zur gegenseitigen Rücksichtnahme, ehelichen Treue u.Ä. geht, stellt sich die Frage, inwieweit daraus klagbare und auch durchsetzbare Ansprüche entstehen. Hierbei ist zu unterscheiden zwischen Rechtszwang gegen den Ehegatten und gegen den außenstehenden Ehestörer. 5

a) Rechtszwang gegen den Ehegatten

gegen den Ehegatten: beantrag-, aber nicht vollstreckbar, § 120 III FamFG

Die Erfüllung höchstpersönlicher Ansprüche aus den §§ 1353 ff. BGB kann zwar mittels eines Leistungsantrags bei dem Familiengericht[3] verlangt werden, die etwa auf ein positives Tun (z.B. Mitarbeit im Haushalt, § 1356 BGB) oder ein Unterlassen (z.B. einer ehebrecherischen Beziehung, § 1353 I S. 2 BGB) gerichtet sein kann. 6

Allerdings ist ein solcher Beschluss gem. § 120 III FamFG nicht vollstreckbar und wirkt daher nur ähnlich einem Feststellungsbeschluss.

auch keine quasi-negatorischen Unterlassungs- und Beseitigungsansprüche

Nach zwar bestrittener, aber doch h.M. können daher auch Beeinträchtigungen des ungestörten Fortbestandes der Ehe keine quasi-negatorischen Unterlassungs- und Beseitigungsansprüche (§§ 823 I, II, 1004 I S. 1, II, 862 I S. 1 u. 2 BGB) auslösen:

---

[2] Umfassend **Hemmer/Wüst, Familienrecht, Rn. 72 ff.**

[3] Es handelt sich um eine sonstige Familiensache nach §§ 111 Nr. 10, 266 I Nr. 2 FamFG. Bei Verfahren nach dem FamFG spricht man nicht von Klagen, sondern von Anträgen, vgl. § 113 V Nr. 2 FamFG.

Die Möglichkeit eines nach § 890 ZPO vollstreckbaren Unterlassungsurteils aufgrund einer quasi-negatorischen Klage würde nämlich dem Vollstreckungsverbot des § 120 III FamFG zuwiderlaufen, da eine Vollstreckung gegenüber dem Ehestörer mittelbar auch einer Vollstreckung gegenüber dem Ehegatten gleichkommt.

Das Gleiche muss aber auch wegen (konstruktiv durchaus denkbarer) Schadensersatzansprüchen wegen der Verletzung höchstpersönlicher Ehepflichten gelten, da diese indirekt einen Zwang zur Herstellung der ehelichen Lebensgemeinschaft begründen würden, den es nach § 120 III FamFG gerade nicht geben soll.

aber: räumlich-gegenständlicher Bereich der Ehe

Etwas anderes gilt dagegen bei der Verletzung absoluter Rechte, als welches insbesondere der „räumlich-gegenständliche Bereich der Ehe“ anerkannt ist.

> ***Bsp.:*** *M kann daher letztlich nicht gerichtlich durchsetzen, dass seine Frau F ihr Verhältnis mit ihrem Geliebten G aufgibt. Er kann aber verlangen, dass diese ihre Schäferstündchen nicht in der ehelichen Wohnung von M und F abhalten. In diesem räumlich-gegenständlichen Bereich der Ehe hat M sowohl einen quasi-negatorischen Anspruch auf Unterlassen der Eheverfehlungen als auch möglicherweise einen Schadensersatzanspruch.*

Die Ansprüche des Ehegatten gegen den anderen Ehegatten lassen sich also wie folgt zusammenfassen:

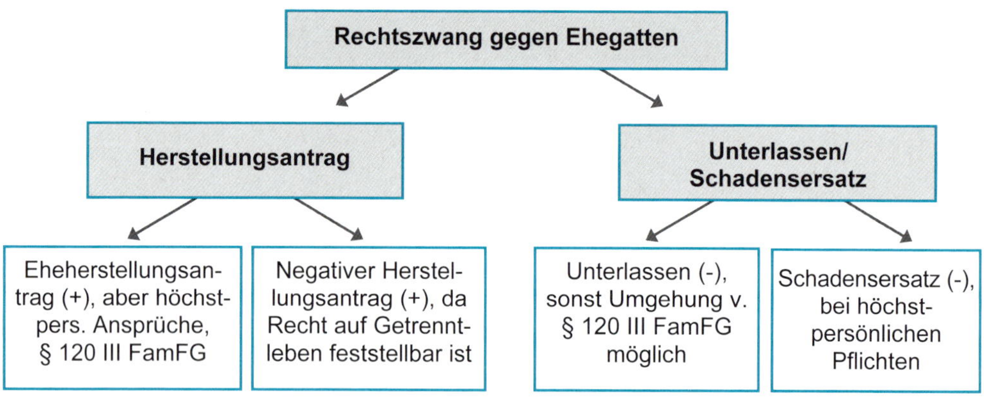

b) Rechtszwang gegen den ehestörenden Dritten

auch gegen Dritte Ansprüche im räuml.-gegenständl. Bereich

Ein Angriff des Dritten in absolut geschützte Rechte - insbesondere den räumlich-gegenständlichen Bereich der Ehe - führt ebenso wie andere Deliktstatbestände unproblematisch zu quasi-negatorischen und deliktischen Ansprüchen. 7

aber kein darüber hinausgehender, allgemeiner Schutz

Dagegen sind nach wohl h.M. (insbesondere nach der Rspr.) quasi-negatorische Ansprüche zum Schutz eines „absoluten Rechts auf ungestörten Fortbestand der ehelichen Lebensgemeinschaft" nicht anzuerkennen.

Die Möglichkeit eines entsprechenden Unterlassungsanspruchs gegen den außenstehenden Ehestörer würde nämlich mittelbar entgegen der Wertung des § 120 III FamFG auch indirekten Zwang auf den anderen Ehegatten ausüben. Demgegenüber gewährt eine in der Lit. verbreitete Ansicht einen Unterlassungs- und einen auf das Abwicklungsinteresse gerichteten Schadensersatzanspruch.

II. Haftungsmaßstab, § 1359 BGB

Haftungsmaßstab des § 1359 BGB: eigenübliche Sorgfalt

Ehegatten haften untereinander nur für die Beachtung der ei- 8
genüblichen Sorgfalt, § 1359 BGB, wobei eine Haftung für Vorsatz und grobe Fahrlässigkeit nach § 277 BGB in diesen Fällen nie ausgeschlossen ist. Die Haftungsprivilegierung gilt für alle „sich aus den ehelichen Verhältnissen ergebenden Verpflichtungen" sowie nach h.M. auch für damit konkurrierende deliktische Haftungsgrundlagen.

hemmer-Methode: Zur analogen Anwendung des § 1359 BGB auf die nichteheliche Lebensgemeinschaft vgl. Rn. 58.

Folge: gestörte Gesamtschuld

Der Anwendungsmaßstab der §§ 1359, 277 BGB, welche regelmäßig zum Problem der gestörten Gesamtschuld führen, ist aber in mehrfacher Weise eingeschränkt:

Ausnahmen

- Zum einen gilt § 1359 BGB naturgemäß nur bei verschuldensabhängigen Schadensersatzpflichten (nicht dagegen bei der Gefährdungshaftung).
- Außerdem gilt § 1359 BGB nicht, wenn die Eheleute sich völlig außerhalb des ehelichen Pflichtenkreises wie beliebige Dritte gegenüberstehen.

  ***Bsp.:** So soll § 1359 BGB nach h.M. im Straßenverkehr nicht anwendbar sein, da hier „kein Raum für individuelle Sorglosigkeit" bestünde.*

Dagegen scheiden die §§ 1359, 277 BGB nicht deshalb aus, weil der Ehegatte sich zur Erfüllung seiner Pflichten - soweit dies vorstellbar erscheint - eines Dritten bedient: Auch hier bleibt es beim beschränkten Haftungsmaßstab, und es findet keine unbeschränkte Verschuldenszurechnung gem. § 278 BGB statt.

III. Schlüsselgewalt, § 1357 BGB[4]

1. Einordnung des § 1357 BGB

§ 1357 BGB: „Schlüsselgewalt“

9 Die wohl klausurrelevanteste Vorschrift der allgemeinen Ehewirkungen ist § 1357 BGB, nach der jeder Ehegatte (unabhängig vom Güterstand!) das Recht hat, Geschäfte zur angemessenen Deckung des Lebensbedarfs der Familie mit Wirkung auch für und gegen den anderen Ehegatten zu tätigen.

Zweck eigentlich Erleichterung der Haushaltsführung; de facto aber auch Gläubigerschutz

Zweck der Regelung ist, dass der Ehegatte, der den Haushalt führt, in die Lage versetzt werden soll, seinen Pflichten nachkommen zu können, ohne ständig mit dem Ehepartner Rücksprache halten zu müssen. Mittelbar führt § 1357 BGB auch zu einer Begünstigung des Gläubigers der Ehegatten, da dieser bei einer Vielzahl von Geschäften automatisch auf zwei Schuldner zurückgreifen kann.

große Klausurbedeutung:

⇨ gute Kombinierbarkeit

⇨ viele Problemkreise eröffnet

Die Klausurbedeutung des § 1357 BGB ergibt sich - abgesehen von der Tatsache, dass er sich gut in allgemein-zivilrechtliche Klausuren einfügen lässt - aus der Vielfalt seiner möglichen Konsequenzen, insbesondere bei der Frage nach Mitberechtigung und Mitverpflichtung, der Geltung für Primär- und Sekundäransprüche, Gestaltungsrechte und dingliche Geschäfte.

2. Voraussetzungen des § 1357 BGB

10 **<u>§ 1357 BGB hat folgende Voraussetzungen:</u>**

- bei Vertragsschluss wirksame Ehe, kein Getrenntleben, § 1357 III BGB
- Geschäft zur angemessenen Deckung des Lebensbedarfs der Familie
- es darf sich aus den Umständen nichts anderes ergeben, § 1357 I S. 2 HS 2 BGB
- kein wirksamer Ausschluss bzw. Beschränkung, § 1357 II BGB.

---

4 Umfassend hierzu **Hemmer/Wüst, Familienrecht, Rn. 95 ff.**

Während die Voraussetzungen der wirksamen Ehe, des Nicht-Getrenntlebens (§ 1357 III BGB), sowie des Nicht-Vorliegens eines Ausschlusses bzw. einer Beschränkung (vgl. § 1357 II BGB) in der Klausur regelmäßig keine großen Schwierigkeiten darstellen dürften und daher (zwar erwähnt und kurz subsumiert, aber) nicht ausführlich geprüft werden müssen, sollte man zur Frage, wann ein Geschäft zur angemessenen Deckung des Lebensbedarfs der Familie vorliegt, durchaus ein paar Worte verlieren.

Deckung des Lebensbedarfs

Zur Deckung des Lebensbedarfs gehören alle Geschäfte, durch die der persönliche Bedarf der Ehegatten und der unterhaltsberechtigten Kinder befriedigt werden soll. Der Begriff entspricht insoweit dem unterhaltsrechtlichen in den §§ 1360, 1610 BGB, sodass man sich bei der Frage der Angemessenheit des Lebensbedarfs am Umfang der Unterhaltsverpflichtung nach § 1360a BGB orientieren kann. Im Einzelfall kann auch eine Kreditaufnahme als Geschäft i.S.d. § 1357 BGB zu bewerten sein.

hemmer-Methode: Ein Sonderproblem ist die Frage, inwieweit § 1357 BGB auf Ratenzahlungsgeschäfte anwendbar ist bzw. genauer gesagt: nach dem Verhältnis von der Norm zu den Vorschriften des Verbraucherkreditrechts: In dieser in der Literatur heftig umstrittenen Frage könnte man sich zum einen auf den Standpunkt stellen, dass der mitverpflichtete Ehegatte auch sonst in den Fällen des § 1357 BGB nicht gefragt wird, sodass auch kein Grund ersichtlich ist, weshalb er gerade bei einer Verpflichtung aus einem Ratenvertrag mitbeteiligt werden müsste.
Die - dogmatisch und wertungsmäßig wohl vorzugswürdige - Gegenansicht geht allerdings davon aus, dass aufgrund der zwingenden Form- und Belehrungsvorschriften der §§ 506 ff. BGB diese Geschäfte nicht unter § 1357 BGB fallen sollen. Ein Mittelweg wäre es, die Norm zwar anzuwenden, dem mitverpflichteten Ehegatten aber ein eigenes Widerrufsrecht nach §§ 506, 495 BGB einzuräumen.

nach Art u. Umfang den durchschnittl. Verbrauchsgewohnheiten entsprechend

Die Deckung des Lebensbedarfs ist angemessen, wenn sie nach Art und Umfang den durchschnittlichen Gebrauchsgewohnheiten einer Familie in vergleichbarer sozialer Lage entspricht. Nach der Rspr. soll der nach außen in Erscheinung tretende Lebenszuschnitt entscheidend sein.

Geschäfte, die typischerweise nicht gemeinsam getätigt werden

Um jedoch § 1357 BGB, dessen Zweck unter den heutigen gesellschaftlichen Verhältnissen (weitgehende Durchsetzung der Gleichberechtigung, häufig Doppelverdiener-Ehe) häufig nicht mehr einschlägig ist und sich damit zu einer Gläubigerschutzvorschrift gewandelt hat, nicht zu weit auszudehnen, ist neben der oben erwähnten Orientierung an § 1360a BGB eine Einschränkung auch dahingehend vorzunehmen, dass darunter nur solche Geschäfte fallen, die nach ihrer Bedeutung (in der sozialen Situation der Eheleute, vgl. oben) in der partnerschaftlichen Ehe nicht üblicherweise von beiden Ehegatten gemeinsam getätigt werden.

Ist dagegen für den Vertragspartner erkennbar, dass das vorliegende Geschäft üblicherweise nur von beiden Ehegatten gemeinsam getätigt werden würde, so scheidet die Anwendung des § 1357 BGB aus.

Beispiele, in denen § 1357 BGB eingreift: *Haushaltsgeschäfte, wie die Beschaffung von Lebensmitteln, Unterhaltung der Heizung, Beleuchtung; Ausgaben für die Kindererziehung*

Beispiele, in denen § 1357 BGB nicht eingreift: *Darlehensaufnahme zur Finanzierung eines Hausbaus; Kauf von kostbarem Schmuck, Anmietung einer Wohnung.*[5]

hemmer-Methode: Stellen Sie in problematisch erscheinenden Fällen dieses Spannungsverhältnis klar und machen Sie deutlich, dass § 1357 BGB einer restriktiven Auslegung bedarf, um nicht zu einer - vom Gesetzgeber ursprünglich nicht bezweckten - reinen Gläubigerschutzvorschrift zu werden.
Ob Sie dann im konkreten Fall anhand der Angaben des Sachverhalts die Anwendbarkeit des § 1357 BGB bejahen, ist weitgehend eine Frage Ihrer Argumentation (sowie natürlich auch der Klausurtaktik). Vgl. Sie zu verschiedenen möglichen Problemfällen die Beispiele in Hemmer/Wüst, Familienrecht, Rn. 115 ff.

3. Rechtsfolgen des § 1357 BGB

weitreichende Rechtsfolgen

Auf der Rechtsfolgenseite entfaltet § 1357 BGB in vielerlei Hinsicht rechtliche Wirkungen, die man sich vergegenwärtigt haben sollte, um seine Bedeutung in der Klausur voll auszuschöpfen: 11

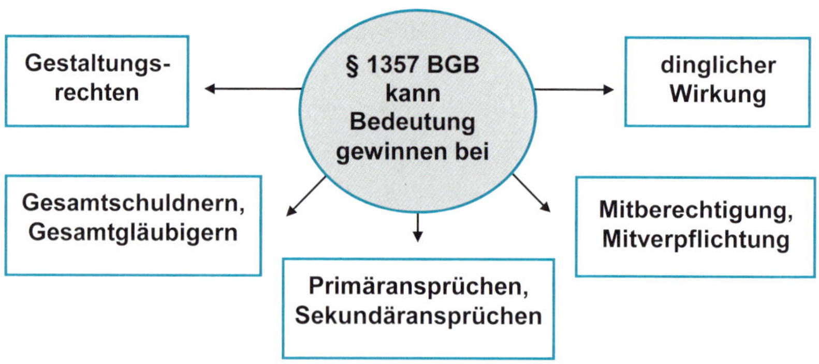

5 Vgl. OLG Brandenburg, NJW-RR 2007, 221 = jurisbyhemmer = Life&Law 2007, 314. Unser Service-Angebot an Sie: kostenlos hemmer-club-Mitglied werden (www.hemmer-club.de) und Entscheidungen der Life&Law lesen und downloaden.

a) Mitberechtigung und Mitverpflichtung des anderen Ehegatten

gesetzliche Vertretungsmacht bzw. Verpflichtungsermächtigung

aa) Liegen die Voraussetzungen des § 1357 BGB vor, so wird 12
der nichthandelnde Ehegatte durch das Geschäft des anderen Ehegatten mitverpflichtet. Hierbei kann § 1357 BGB als

- gesetzliche Vertretungsmacht eingreifen, wenn der handelnde Ehegatte zugleich - ausdrücklich oder konkludent - im Namen des anderen mithandelt, oder als

- gesetzliche Verpflichtungsermächtigung wirken, wenn der andere Ehegatte nicht miterwähnt wird.

akzessorische Mithaftung für Sekundäransprüche

Konsequenz ist, dass auch der nichthandelnde Ehegatte hinsichtlich der vertraglichen Primäransprüche als Gesamtschuldner mithaftet. Da der handelnde Ehegatte wie ein gesetzlicher Vertreter des anderen handelt, tritt nach § 278 BGB auch eine streng akzessorische Mithaftung für Sekundäransprüche ein, § 425 BGB (wonach das Verschulden des einen Gesamtschuldners dem anderen nicht zuzurechnen ist) gilt hier also nicht.

Allerdings kann infolge der strengen Akzessorietät der mithaftende Ehegatte in analoger Anwendung des § 417 I S. 1 BGB dem Gläubiger auch alle Gegenrechte aus der Person seines Partners entgegensetzen.

hemmer-Methode: Ein Sonderproblem stellt sich, wenn der Ehegatte nur als Vertreter des anderen auftritt: Hier wird verbreitet angenommen, dass nach § 1357 BGB, der gerade zur Verpflichtung beider Ehegatten führt, auch der handelnde Ehegatte mitverpflichtet und -berechtigt wird, obwohl er gerade nur im fremden Namen handelt. Möchte er dies ausschließen, so müsse er ausdrücklich klarstellen, dass er selbst vom Vertrag nicht betroffen werden will. Dies erscheint von daher fraglich, weil es sich nach § 1357 I S. 2 HS 2 BGB nur aus den Umständen ergeben muss, wenn nicht beide Ehegatten verpflichtet werden sollen.

Berechtigung beider Ehegatten: nach h.M. § 428 BGB (a.A.: § 432 BGB)

bb) Nach § 1357 I S. 2 BGB werden auch beide Ehegatten berechtigt: Nach e.A. ist dabei von einer gemeinschaftlichen Berechtigung beider Ehegatten auszugehen; bei einem Anspruch auf eine unteilbare Leistung findet dann § 432 BGB Anwendung (sog. Mitgläubigerschaft) und jeder Ehegatte kann Leistung nur an sich und den anderen Ehegatten gemeinsam verlangen. Nach a.A. dagegen sind die beiden Ehegatten Gesamtgläubiger i.S.d. § 428 BGB, sodass jeder Leistung an sich selbst fordern kann.

b) Bedeutung bei Gestaltungsrechten

Mit dieser gemeinsamen Verpflichtung und Berechtigung ist jedoch noch nichts darüber ausgesagt, wer die sich aus dem Vertrag ergebenden Gestaltungsrechte ausüben kann. In anderen Fällen wird im Gesetz teilweise angeordnet, dass Gestaltungsrechte von mehreren Berechtigten nur gemeinsam ausgeübt werden können, vgl. etwa § 351 BGB. 13

keine gemeinsame Ausübung von Gestaltungsrechten erforderlich

Anders ist dies jedoch bei § 1357 BGB: Dieser ermöglicht nämlich jedem Ehegatten alleine nicht nur die Begründung von Rechten und Pflichten mit Wirkung für und gegen den anderen, sondern auch deren Änderung. Daher brauchen Gestaltungsrechte (z.B. Anfechtung, Kündigung, Rücktritt) nicht gemeinschaftlich geltend gemacht zu werden. Soweit allerdings die Ausübung des Gestaltungsrechts an bestimmte Voraussetzungen geknüpft ist, die nur in der Person eines Ehegatten vorliegen, so ist auch nur dieser zur (alleinigen) Ausübung berechtigt.

Bsp.: *Schließt ein Ehegatte einen unter § 1357 BGB fallenden Vertrag und unterliegt dabei einem nach § 119 BGB beachtlichen Irrtum bzw. wird i.S.d. § 123 BGB arglistig getäuscht, so steht das Anfechtungsrecht nur dem sich irrenden Ehegatten zu.*

Daran ändert auch die Anwendung des § 1357 BGB nichts. In diesen Fällen steht dem zumindest „akzessorietätsähnlich" mithaftenden Ehegatten aber jedenfalls die Einrede der Gestaltbarkeit analog §§ 770, 1137 I S. 2 BGB zu.

c) Dingliche Wirkung

nach h.M. keine dingliche Wirkung

Während früher umstritten war, ob § 1357 BGB auch dingliche 14
Wirkung zukommt, d.h. ob er auch automatisch zum Miteigentum führt (was etwa in der Konsequenz der Anwendung von § 432 BGB liegen würde, vgl. oben), ist mittlerweile ganz h.M., dass sich die dingliche Rechtslage nach den allgemeinen sachenrechtlichen Regeln bestimmt. Eine dingliche Wirkung des § 1357 BGB würde mit den Wertungen des Güterrechts kollidieren, die - etwa beim gesetzlichen Güterstand - gerade kein nahezu automatisches Entstehen von Miteigentum kennen, vgl. § 1363 II BGB. Etwas anderes kann sich freilich im Einzelfall im Wege der Auslegung ergeben. Bei Haushaltsgegenständen z.B. kann der Erwerb von Miteigentum auch mit dem Geschäft, für den, den es angeht, konstruiert werden.

hemmer-Methode: Soweit die Ehegatten während der Ehe Haushaltsgegenstände erwerben, wird nach § 1568b II BGB Miteigentum beider Ehegatten vermutet. Der gemeinschaftliche Erwerb wird regelmäßig über das Geschäft für den, den es angeht, konstruiert werden müssen, wenn nicht beide Ehegatten bei der Übereignung „vor Ort“ waren.

IV. Eigentumsvermutung nach § 1362 I S. 1 BGB

grds. auch zw. Ehegatten

Grundsätzlich gilt für Eigentumsverhältnisse die allgemeine Vermutung des § 1006 BGB, wonach bei beweglichen Sachen grds. das Eigentum des Besitzers vermutet wird. 15

Dies gilt im Ausgangspunkt auch zwischen Eheleuten hinsichtlich gemeinsam benutzter Gegenstände.

aber zugunsten der Gläubiger Sonderregelung in § 1362 BGB

Um jedoch durch diese Vermutung i.V.m. den für Außenstehende regelmäßig unklaren Vermengungen des Vermögens von Mann und Frau den Zugriff eines Gläubigers auf einen Gegenstand eines Ehegatten nicht nahezu unmöglich zu machen, enthält das Gesetz in § 1362 BGB eine Sonderregelung. Danach wird zugunsten des Gläubigers eines Ehegatten vermutet, dass die beweglichen, in Besitz eines oder beider Ehegatten befindlichen Sachen Eigentum seines jeweiligen Schuldners sind (§ 1362 I S. 1 BGB). Bedeutung hat dies insbesondere im Fall einer vom Gläubiger eines Ehegatten betriebenen Pfändung:

Hier kann der andere Ehegatte mit einer Drittwiderspruchsklage nach § 771 ZPO nur erfolgreich sein, wenn er sein Alleineigentum beweist. Ohne § 1362 BGB müsste hier der vollstreckende Gläubiger seinerseits die Vermutungsregelung des § 1006 BGB widerlegen.

Ergänzung durch § 739 ZPO

Eine vollstreckungsrechtliche Ergänzung erhält § 1362 BGB außerdem durch § 739 ZPO, womit auch der - für die Zwangsvollstreckung erforderliche - Alleingewahrsam des schuldenden Ehegatten fingiert wird, soweit die Vermutung des § 1362 BGB reicht. Diese Gewahrsamsfiktion kann wegen des Bezugs zu § 1362 BGB nach h.M. ebenfalls nur über die Drittwiderspruchsklage nach § 771 ZPO ausgeräumt werden.

hemmer-Methode: Da der andere Ehegatte aufgrund der Fiktion des § 739 ZPO keinen Mitgewahrsam hat, liegt gerade kein Verstoß gegen die Verfahrensvorschrift des § 809 ZPO vor, sodass eine Vollstreckungserinnerung nach § 766 ZPO ausscheidet. Zur Frage der analogen Anwendung auf die nichteheliche Lebensgemeinschaft vgl. Rn. 58.

V. Eheliche Unterhaltspflicht

Aus der Ehe ergeben sich drei unterschiedliche Arten von Unterhaltsansprüchen: 16

Durch die Ehe begründete Unterhaltsansprüche

Familienunterhalt, §§ 1360 - 1360b BGB	Trennungsunterhalt, § 1361 BGB	Scheidungsunterhalt, §§ 1569 ff. BGB

Trennung der drei Unterhaltsarten

Die drei Arten von Unterhaltsansprüchen aus einer Ehe unterliegen unterschiedlichen Voraussetzungen und sind strikt voneinander zu trennen. Die Voraussetzungen des Scheidungsunterhalts werden dabei unten im Zusammenhang mit den Rechtsfolgen der Scheidung noch näher dargestellt.

diff. während Ehe: Familienunterhalt und Trennungsunterhalt

Während der bestehenden Ehe sind Unterhaltsansprüche beim 17
Zusammenleben (§§ 1360 - 1360b BGB) und beim Getrenntleben (§ 1361 BGB) zu unterscheiden. Anders als im Zweiten Examen spielen im Ersten Examen allerdings Unterhaltsansprüche regelmäßig keine besonders große Rolle, sodass hier auf eine detaillierte Darstellung verzichtet wird.

Wichtig erscheint v.a. der in § 1360a III BGB vorgenommene Verweis auf einige Unterhaltsvorschriften aus dem Verwandtenunterhalt, welche in einer Klausur auch ohne genauere Kenntnisse der detailreichen, unterhaltsrechtlichen Rechtsprechung geprüft werden könnten. Der Verweis gilt über § 1361 IV S. 4 BGB auch für den Trennungsunterhalt.

Besonders wichtig sind dabei folgende Punkte:

§ 1613 BGB

➲ Nach § 1613 BGB ist die Forderung von Unterhalt für die Vergangenheit (sei es als Primäranspruch oder auch als Schadensersatz wegen Nichterfüllung) nur unter eingeschränkten Bedingungen möglich.

nur unter engen Voraussetzungen Unterhalt für die Vergangenheit

Voraussetzung ist, dass der Verpflichtete entweder zum Zwecke der Geltendmachung des Unterhaltsanspruchs aufgefordert worden ist, über seine Einkünfte und sein Vermögen Auskunft zu erteilen, oder dass er in Verzug gekommen oder der Unterhaltsanspruch rechtshängig geworden ist. Nach § 1613 II BGB besteht diese Beschränkung nicht, wenn der Unterhaltsberechtigte einen Anspruch wegen eines unregelmäßigen außergewöhnlich hohen Bedarfs (Sonderbedarf, vgl. Nr. 1) geltend macht und auch nicht für den Zeitraum, in dem der Unterhaltsberechtigte aus rechtlichen oder tatsächlichen Gründen an der Geltendmachung des Unterhaltsanspruchs gehindert war (vgl. Nr. 2).

§ 1614 BGB: kein Verzicht auf zukünftigen Unterhalt

➲ Nach § 1614 I BGB kann auf den Unterhalt für die Zukunft nicht wirksam verzichtet werden. § 1614 II BGB enthält Beschränkungen einer befreienden Wirkung einer Vorausleistung von Unterhalt.

hemmer-Methode: Die Unwirksamkeit eines Verzichts auf zukünftigen Unterhalt nach § 1614 BGB gilt nur über §§ 1360a III, 1361 IV S. 4 BGB für den Familien- bzw. Trennungsunterhalt während Bestehens der Ehe. Vereinbarungen über den Verzicht eines nachehelichen Unterhalts sind dagegen nach § 1585c BGB möglich!

§ 1615 BGB: Erlöschen des Anspruchs im Todesfall

➲ Nach § 1615 BGB erlischt der Unterhaltsanspruch mit dem Tod des Berechtigten oder des Verpflichteten, er ist also nicht vererblich und auch nicht gegen den Erben durchsetzbar; etwas anderes gilt allerdings, soweit der Anspruch auf Erfüllung oder Schadensersatz wegen Nichterfüllung für die Vergangenheit gerichtet ist.

hemmer-Methode: Anders ist dies beim Ehegattenunterhalt. Hier haften die Erben des Verpflichteten nach Maßgabe des § 1586b BGB. Machen Sie sich hier v.a. die Systematik und die dazugehörigen Verweisungsketten klar: Wichtige Regelungen finden sich im Bereich des Verwandtenunterhalts, auf die § 1360a III BGB für den Familienunterhalt (d.h. für die Zeit des Zusammenlebens) verweist.
Für den Trennungsunterhalt (der gerade nicht mit dem Scheidungsunterhalt verwechselt werden darf, vgl. oben!) verweist § 1361 IV S. 4 BGB auf § 1360a III BGB und damit mittelbar ebenfalls auf die Vorschriften über den Verwandtenunterhalt.
Soweit in der für Sie einschlägigen Prüfungsordnung zugelassen, sollten Sie sich diese Querverweise im Gesetz kenntlich machen, um in einer eventuellen Klausur auf dem doch eher ausgefallenen Gebiet des Unterhaltsrechts nicht schon am Anfang auf das völlig falsche Gleis zu geraten.

C) Eheliches Güterrecht[6]

Klausurbedeutung des Güterrechts

Von allen Materien des Familienrechts, die im Ersten Examen als reine Familienrechtsklausur gestellt werden könnten, hat das eheliche Güterrecht sicher die größte Bedeutung. In diesem wird geregelt, in welchem Verhältnis die Vermögensmassen der beiden Ehegatten zueinander stehen, teilweise aber auch, inwieweit ein Ehegatte ohne den anderen im Außenverhältnis über bestimmte Vermögensgegenstände verfügen darf. *18*

Dabei ist die güterrechtliche Regelung davon abhängig, in welchem Güterstand die Ehegatten leben. Das Gesetz kennt drei Güterstände:

6 Umfassend hierzu **Hemmer/Wüst, Familienrecht, Rn. 129 ff.**

Güterstände des BGB

- **Zugewinngemeinschaft, §§ 1363 - 1390 BGB**
- **Gütertrennung, § 1414 BGB**
- **Gütergemeinschaft, §§ 1415 - 1518 BGB**

gesetzlicher Güterstand: Zugewinngemeinschaft

Gesetzlicher Güterstand, d.h. güterrechtliche Regelung, wenn keine abweichende Vereinbarung getroffen wurde, ist die Zugewinngemeinschaft nach §§ 1363 ff. BGB (s. Rn. 20 ff.). 19

hemmer-Methode: Diese Statuierung der Zugewinngemeinschaft als gesetzlicher Güterstand führt dazu, dass von dieser stets auszugehen ist, wenn im Sachverhalt der Klausur keine anderen Anhaltspunkte gegeben sind.

Ehevertrag, §§ 1408, 1410 BGB

Eine solche andere Regelung kann durch einen sog. Ehevertrag nach § 1408 BGB getroffen werden. Durch diesen können entweder statt des gesetzlichen Güterstandes die Güterstände der Gütertrennung (§ 1414 BGB) oder der Gütergemeinschaft (§§ 1415 ff. BGB) gewählt oder aber die Zugewinngemeinschaft nur modifiziert werden (etwa dahingehend, dass bestimmte Gegenstände über die gesetzlichen Regelungen hinaus vom Zugewinn ausgenommen werden). Ein solcher Ehevertrag bedarf der notariellen Form, vgl. § 1410 BGB.

allg. Vorschriften anwendbar, z.B. Anfechtung

Im Übrigen unterliegen die Eheverträge den allgemeinen Vorschriften. Wenn sich im Sachverhalt Anhaltspunkte dafür finden, kann sich also etwa auch die Problematik der Anfechtung nach §§ 119 ff. BGB stellen. Ist der Ehevertrag anfechtbar und erklärt ein Ehegatte die Anfechtung, so ist er nach § 142 BGB ex tunc nichtig und zwischen den Ehegatten gilt wieder die Zugewinngemeinschaft in ihrer gesetzlichen Ausprägung.

hemmer-Methode: Eine solche Kombination von Anfechtung und Gütervertragsrecht würde sich für eine Klausur besonders anbieten: Sie eröffnet zum einen die Prüfung der eher „klassischen" Anfechtungsgründe, welche freilich im Verhältnis der Ehegatten untereinander noch einmal besonders diffizil ist, zum anderen wird - wenn die Anfechtung erfolgreich ist - der Weg frei zur Anwendung der Vorschriften über den Zugewinnausgleich, welche zu den für die Klausur wichtigsten Vorschriften des Familienrechts zählen dürften.

Grenze des § 138 I BGB

Die inhaltliche Grenze der Ehevertragsfreiheit stellt vor allen Dingen § 138 I BGB dar.[7] Der BGH verlangt für die Annahme der Sittenwidrigkeit zum einen eine einseitige Benachteiligung eines Ehegatten **und** zum anderen das Vorliegen weiterer Umstände, aus denen auch auf eine sittenwidrige Gesinnung geschlossen werden kann (subjektives Element des § 138 BGB). Zur Prüfung des § 138 I BGB entwickelte der BGH eine Art Sphärentheorie. Je gewichtiger die vertraglich ausgeschlossene Scheidungsfolge ist, umso geringer sind die Anforderungen, die an das Kriterium „weitere Umstände" zu stellen sind, bzw. - anders formuliert - umso schwerwiegender müssen die Gründe sein, die für den Ausschluss der jeweiligen Scheidungsfolge sprechen.[8]

Vor allen Dingen der Verzicht auf den Betreuungsunterhalt nach § 1570 BGB und den Versorgungsausgleich können hier zur Sittenwidrigkeit nach § 138 I BGB und über § 139 BGB zur Unwirksamkeit des ganzen Ehevertrags führen.

hemmer-Methode: Im Studium und im Ersten Staatsexamen werden hier sicherlich keine Detailkenntnisse von Ihnen erwartet, da sowohl das nacheheliche Unterhaltsrecht als auch der Versorgungsausgleich nicht zum Pflichtfachbereich gehören.

I. Die Zugewinngemeinschaft[9]

1. Einordnung

gesetzl. Güterstand

Die Zugewinngemeinschaft ist - wie oben erwähnt - der gesetzliche Güterstand, d.h. von ihr ist in der Klausur auszugehen, wenn keine abweichende Regelung getroffen ist. 20

= „Gütertrennung mit Zugewinnausgleich"

Die Zugewinngemeinschaft ist dadurch gekennzeichnet, dass das Vermögen der Ehegatten zwar grundsätzlich getrennt bleibt, dass aber in gewissem Umfang schon während der Ehe Verfügungsbeschränkungen bestehen (vgl. dazu Rn. 22 ff.) und dass vor allem nach Beendigung des Güterstandes ein Zugewinnausgleich erfolgt (vgl. dazu Rn. 29 ff.). Insofern wird die Zugewinngemeinschaft teilweise auch als „Gütertrennung mit Zugewinnausgleich" bezeichnet; die Vermögensmassen der Ehegatten bleiben also grds. getrennt, und auch das, was ein Ehegatte während der Ehe erwirbt, wird grds. sein Alleineigentum.

---

7 Umfassend **Hemmer/Wüst, Familienrecht, Rn. 133a ff.**

8 BGH, NJW 2004, 930 = **juris**byhemmer = **Life&Law 2004, 305**.

9 Umfassend **Hemmer/Wüst, Familienrecht, Rn. 137 ff.**

Ausnahmen hiervon sind: 21

- Geschäft für den, den es angeht, das von der Rspr. v.a. beim Erwerb von Hausrat angenommen wird, vgl. § 1568b II BGB.
- Der gemeinschaftliche Erwerb, bei dem im Zweifel Miteigentum entsteht (welches aber nicht über § 1357 BGB begründet wird, vgl. Rn. 14).

2. Verpflichtungs- und Verfügungsbeschränkungen, §§ 1365, 1369 BGB[10]

a) Allgemeine Einordnung

§§ 1365, 1369 BGB: Verfügungs- und Verpflichtungsverbote in der Zugewinngemeinschaft

Zwar bleibt in der Zugewinngemeinschaft jeder Ehegatte Eigentümer seiner Vermögensgegenstände und darf daher grds. nach Belieben mit diesen verfahren, vgl. § 903 BGB. Für den gesetzlichen Güterstand sind allerdings in den §§ 1365 und 1369 BGB zwei Verfügungs- und Verpflichtungsverbote enthalten, die die wirtschaftliche Grundlage und die stoffliche Substanz des Familienlebens sichern sollen. 22

Beide sind als **absolute Verfügungs- und Verpflichtungsverbote** ausgestaltet, d.h. eine Verfügung über einen der in §§ 1365, 1369 BGB enthaltenen Gegenstände bzw. die Verpflichtung dazu sind gegenüber jedermann unwirksam, wenn keine Zustimmung des anderen Ehegatten vorliegt.

Es besteht auch keine Möglichkeit eines „gutgläubigen Erwerbs“, etwa in dem Sinne, dass der Vertragspartner sich darauf beruft, er habe nicht gewusst, dass der andere Vertragsteil verheiratet ist.

b) Verfügung über das Vermögen als Ganzes, § 1365 BGB

§ 1365 BGB: Vermögen als Ganzes

§ 1365 I BGB fordert die Zustimmung des anderen Ehegatten, wenn ein Ehegatte über sein Vermögen als Ganzes verfügen bzw. sich zu einer entsprechenden Verfügung verpflichten will. 23

h.M.: (subjektive) Einzeltheorie

aa) Der Anwendungsbereich des § 1365 I BGB ist nach h.M. nicht nur dann eröffnet, wenn der Vertrag formal das gesamte Vermögen betrifft, sondern auch, wenn das Geschäft einen oder mehrere Vermögensgegenstände betrifft, die „so gut wie das ganze Vermögen“ darstellen (sog. Einzeltheorie; a.A.: Gesamttheorie). Andernfalls würde der Schutzzweck des § 1365 BGB - Schutz der wirtschaftlichen Grundlage der Familie und des künftigen Zugewinnausgleichs - weitgehend leerlaufen!

[10] Umfassend hierzu **Hemmer/Wüst, Familienrecht, Rn. 141**.

Wann dies der Fall ist, hängt bis zu einem gewissen Grad auch von der Größe des entsprechenden Vermögens ab: Bei einem kleinen Vermögen wird man dies bereits bei einem Anteil von ca. 85% - 90 %, bei einem sehr großen Vermögen vielleicht erst bei 95 % annehmen können. 24

Je größer nämlich das Vermögen ursprünglich war, desto mehr Vermögenswerte bleiben beim gleichen Prozentsatz auch in absoluten Beträgen noch übrig, um als Lebensgrundlage der Familie zu dienen.

Bei der Ermittlung des verbleibenden Restvermögens bleiben Gegenleistungen grundsätzlich unberücksichtigt. Diese spielen erst im Rahmen des § 1365 II BGB eine Rolle, wenn es um die Frage geht, ob der andere Ehegatte dem Rechtsgeschäft zustimmen muss, da es um ein Rechtsgeschäft der ordnungsgemäßen Verwaltung geht.[11]

Durch die Erstreckung des § 1365 I BGB auch auf einzelne Vermögensgegenstände kommt es allerdings zu einer gewissen Beeinträchtigung der Verkehrssicherheit. Daher wird von der h.M. in solchen Fällen verlangt, dass der Vertragspartner Kenntnis (nicht von der Ehe, sondern) davon hat, dass es sich bei dem Gegenstand um so gut wie das ganze Vermögen des Veräußerers handelt (subjektive Einzeltheorie).

hemmer-Methode: Unterscheiden Sie diese subjektive Einzeltheorie (insbesondere auch begrifflich!) von der Möglichkeit eines gutgläubigen Erwerbs; ein gutgläubiger Erwerb (insbesondere in dem Sinn, dass der Vertragspartner nicht weiß, mit einem Ehegatten zu kontrahieren, vgl. oben) ist bei den §§ 1365 ff. BGB gerade nicht möglich.
Daher sollten Sie in der Klausur auch die Verwendung des Begriffs „gutgläubiger Erwerb" im Zusammenhang mit den Verfügungsverboten der Zugewinngemeinschaften möglichst vermeiden!
Bei der Kenntniskomponente der subjektiven Einzeltheorie kommt es also nicht darauf an, dass das Verfügungsverbot des § 1365 BGB überwunden wurde, sondern bereits auf die Frage, ob überhaupt das gesamte Vermögen betroffen und damit eine Tatbestandsvoraussetzung des § 1365 I BGB erfüllt ist.
An dem subjektiven Element der positiven Kenntnis des Erwerbers scheitert § 1365 BGB regelmäßig in der Praxis. Nur bei Rechtsgeschäften mit nahen Familienangehörigen bzw. Banken wird diese positive Kenntnis des Erwerbers im Einzelfall nachgewiesen werden können.

maßgebl. Zeitpunkt

Fraglich ist, auf welchen Zeitpunkt es für diese Kenntnis ankommt:

---

[11] OLG München, FamRZ 2005, 272 = **juris**byhemmer = **Life&Law 2005, 225**: Zu berücksichtigen ist ein zeitgleich mit der Übertragung vereinbarter Rückübertragungsanspruch an Teilen des Grundstücks.

Bsp.: *Der verheiratete A, der viele Jahre ein gutgehendes Geschäft betrieben hat, ist in einen schlimmen finanziellen Engpass geraten, sodass er nach und nach fast sein gesamtes Vermögen veräußern muss. Als einziger nennenswerter Gegenstand bleibt ihm sein heißgeliebter Oldtimer, der ungefähr einen Wert von 70.000,- € hat. Am 15.06. einigt sich A mit B über den Verkauf dieses Oldtimers. Übergabe und Übereignung sollen am 01.07. stattfinden. Eine Zustimmung der Ehefrau des A zu dem Vertrag vom 15.06. ist nicht erfolgt.*

Am 25.06. erfährt B von der schlechten Situation des A und von der Tatsache, dass der Oldtimer nahezu das gesamte Vermögen des A darstellt. Gleichwohl lässt er sich das Auto samt Brief am 01.07. übergeben, wobei die Frau des A erneut nicht zugestimmt hat. Am 10.07. verlangt A den Wagen zurück, da dieser sein einziger Vermögensgegenstand gewesen sei und seine Frau nicht zugestimmt habe. B beruft sich darauf, dass er nicht gewusst habe, dass A verheiratet sei, und dies „so hässlich wie A ist" auch nicht hätte ahnen können. Außerdem trägt er vor, bis zum 25.06. nichts davon gewusst zu haben, dass das Auto der einzige Wertgegenstand des A ist.

§ 985 BGB

A könnte gegen B einen Anspruch aus § 985 BGB haben: B ist Besitzer des Wagens; fraglich ist, ob A noch Eigentümer ist. A hat B am 01.07. das Auto samt Fahrzeugbrief übergeben und übereignet, vgl. § 929 BGB. Die Übereignung könnte allerdings mangels Verfügungsbefugnis nach § 1365 I BGB (schwebend) unwirksam sein, da es an einer Zustimmung der Ehefrau des A fehlte. Dazu müsste A jedoch über sein Vermögen im Ganzen i.S.d. § 1365 I BGB verfügt haben:

wirtschaftliche Betrachtung

Der Oldtimer war zwar nicht im formalen Sinne das gesamte Vermögen des A, stellte jedoch laut Sachverhalt bei wirtschaftlicher Betrachtungsweise „so gut wie das ganze Vermögen" dar. Nach der herrschenden subjektiven Einzeltheorie ist dies ausreichend, wenn der Vertragspartner davon Kenntnis hat:

kein gutgläubiger Erwerb

Dabei kommt es nicht etwa auf die Kenntnis davon an, dass der Veräußerer verheiratet ist, sodass der entsprechende Einwand des B insoweit ins Leere geht. Insbesondere ist auch kein gutgläubiger Erwerb möglich.

Problem: Kenntnis von Vermögenslage

Entscheidend ist vielmehr, ob B von der Tatsache Kenntnis hatte, dass der Oldtimer so gut wie das ganze Vermögen des A ausmachte. Laut Sachverhalt hat B hiervon erst zwischen dem Abschluss des Verpflichtungsgeschäfts und dem späteren Verfügungsgeschäft erfahren, sodass sich die Frage stellt, auf welchen Zeitpunkt insoweit abzustellen ist.

Zeitpunkt der Verpflichtung maßgeblich

In Anlehnung an die entsprechende h.M. zur früher bestehenden Vorschrift des § 419 BGB wurde vielfach vertreten, dass es nur auf die Kenntnis z.Zt. des Verfügungsgeschäfts ankomme.

Mittlerweile geht die h.M. jedoch zu Recht davon aus, dass eine Kenntnis des Vertragspartners für diesen unschädlich ist, wenn er sie erst nach Abschluss des Verpflichtungsgeschäfts erlangt. Solange der Vertragspartner nämlich keine Kenntnis davon hat, dass der einzelne Gegenstand „so gut wie das gesamte Vermögen" des Veräußernden ausmacht, ist § 1365 I BGB nicht anwendbar, sodass das Verpflichtungsgeschäft nicht nach § 1365 I S. 1 BGB unwirksam ist.

sonst Diskrepanz zwischen Sachen- und Schuldrecht

Es wäre aber sinnlos, in solchen Fällen bei späterer Kenntniserlangung zur Unwirksamkeit des Verfügungsgeschäfts zu gelangen, wenn der veräußernde Ehegatte jedenfalls schuldrechtlich verpflichtet wäre, die Verfügung wirksam nachzuholen. Außerdem könnte der Vertragspartner dem Herausgabeanspruch nach § 985 BGB wohl ein Recht zum Besitz aufgrund des wirksamen Kaufvertrags entgegenhalten. Daher geht die heute h.M. davon aus, dass es für die Anwendung des § 1365 I BGB einheitlich (d.h. für Verpflichtungs- und Verfügungsgeschäft) auf die Kenntnis zum Zeitpunkt des Verpflichtungsgeschäfts ankommt; § 1365 I S. 2 BGB ist daher zu lesen: „hat er sich ohne die erforderliche Zustimmung ... ".

B ist somit Eigentümer geworden, und A kann den Oldtimer nicht nach § 985 BGB herausverlangen.

Anwendbarkeit bei „auszehrenden" Belastungen

Darüber hinaus ist § 1365 BGB seinem Schutzzweck nach auch bei dinglichen Belastungen des Gegenstandes (z.B. eines Grundstücks) anwendbar, zumindest soweit diese den Wert des Grundstücks vollständig (bzw. bis zu den oben genannten Prozentwerten) aufzehren.

Rechtsfolge: schwebende Unwirksamkeit

bb) Rechtsfolge des § 1365 I BGB ist die schwebende Unwirksamkeit des Vertrags, und zwar sowohl des schuldrechtlichen, § 1365 I S. 1 BGB, als auch des dinglichen, § 1365 I S. 2 BGB. Nach § 1366 I BGB kann ein Vertrag, den ein Ehegatte ohne die erforderliche Einwilligung geschlossen hat, vom anderen Ehegatten genehmigt werden. Bis zu dieser Genehmigung kann der Dritte den Vertrag widerrufen, § 1366 II BGB. Außerdem kann er nach § 1366 III BGB den vertragschließenden Ehegatten auffordern, die erforderliche Einwilligung des anderen beizubringen, insoweit entspricht das Regelungssystem weitgehend dem der §§ 107, 108 BGB beim Geschäft eines Minderjährigen. 25

§ 1368 BGB: Revokationsrecht

Eine wichtige Vorschrift enthält § 1368 BGB: Um den Schutz des zustimmungsberechtigten Ehegatten nicht dadurch leerlaufen zu lassen, dass entsprechende Verfügungen zwar unwirksam sind, der vertragschließende Ehegatte diese Unwirksamkeit jedoch nicht geltend macht, gewährt § 1368 BGB dem zustimmungsberechtigten Ehegatten das Recht, selbst die Unwirksamkeit des Vertrags geltend zu machen.

Dieses sog. Revokationsrecht führt dazu, dass der zustimmungsberechtigte Ehegatte Rückgabe des Gegenstandes an den vertragschließenden Ehegatten - und, wenn dieser nicht bereit ist, die Sache zurückzunehmen, wohl analog §§ 986 I S. 2, 869 I S. 2 BGB auch an sich selbst - verlangen kann.

Er kann dieses Rückforderungsrecht des vertragschließenden Ehegatten aus § 985 BGB auch zulässigerweise vor Gericht geltend machen. § 1368 BGB ist insoweit ein Fall einer sog. gesetzlichen Verfahrensstandschaft.

hemmer-Methode: Streitigkeiten aus §§ 1365 ff. BGB sind güterrechtliche Streitigkeiten nach § 261 I Nr. 1 FamFG. Aus diesem Grund spricht man nicht von einem „Prozess" und einer „Prozessstandschaft", sondern von „Verfahren" und „Verfahrensstandschaft", vgl. § 113 V Nr. 1 FamFG, auch wenn letztlich doch die Vorschriften der ZPO zur Anwendung kommen, § 113 I FamFG i.V.m. § 112 Nr. 2 FamFG.

nach h.M. kein Zurückbehaltungsrecht des Vertragspartners

Der Schutz durch § 1368 BGB wird dadurch abgerundet, dass nach h.M. der Vertragspartner kein Zurückbehaltungsrecht nach § 273 BGB (etwa hinsichtlich des gezahlten Kaufpreises) geltend machen kann. Denn andernfalls könnte sich der Ehegatte, der nach § 1368 BGB vorgehen will, hieran gehindert sehen, wenn er den Kaufpreis - etwa mangels Mitwirkung des Partners - nicht aufbringen kann.

Konvaleszenz bei Beendigung des Güterstandes?

cc) Problematisch und durchaus klausurrelevant ist des Weiteren die Frage, ob bzw. unter welchen Voraussetzungen ein nach § 1365 BGB unwirksames Geschäft durch die Beendigung des Güterstandes wirksam werden kann (Frage nach der sog. Konvaleszenz). Dabei sind verschiedene Fallgruppen zu unterscheiden: 26

bei Scheidung (-), auch Schutz des Zugewinnausgleichs

(1) Durch eine Scheidung der Ehegatten wird zwar der Güterstand der Zugewinngemeinschaft aufgelöst und auch der Schutzzweck des § 1365 BGB, die gemeinsame Lebensgrundlage der Familie zu erhalten, greift nicht mehr ein. Gleichwohl wird in diesen Fällen einhellig eine Konvaleszenz abgelehnt, da § 1365 BGB darüber hinaus auch die effektive Sicherung des Zugewinnausgleichs bezweckt.

ebenso bei Tod des Verfügenden (-)

(2) Das Gleiche gilt, wenn der Güterstand durch den Tod des verfügenden Ehegatten endet, denn auch hier wird ja - sei es nach der erbrechtlichen Lösung (§ 1371 I BGB) oder nach der güterrechtlichen Lösung (§ 1371 II BGB) - der Zugewinn noch ausgeglichen.

Tod des Zustimmungsberechtigten

(3) Anders ist dagegen die Interessenlage, wenn der zustimmungsberechtigte Ehegatte verstirbt.

Da § 1365 BGB ausschließlich seinem Schutz dient, nicht dagegen dem Schutz seiner Abkömmlinge (oder anderer Erben), wird der Schutzzweck mit seinem Tod hinfällig, sodass ein schwebend unwirksames Rechtsgeschäft mit diesem Zeitpunkt wirksam wird. Auch dies gilt nach h.M. unabhängig davon, ob der Zugewinnausgleich im Todesfall nach der erbrechtlichen oder der güterrechtlichen Lösung erfolgt.

Voraussetzung für eine Konvaleszenz in diesen Fällen ist aber, dass das Geschäft nur schwebend, noch nicht dagegen endgültig unwirksam ist. Hat daher der zustimmungsberechtigte Ehegatte zu Lebzeiten seine Zustimmung verweigert (vgl. § 1365 IV BGB), so kann auch mit seinem Tod keine Konvaleszenz eintreten.

hemmer-Methode: In einem solchen Fall kann sich dann nach dem Tod des nachversterbenden, verfügenden Ehegatten allenfalls die Frage stellen, ob in der nach § 1365 BGB unwirksamen Verfügung unter Lebenden nicht auch ein Erbvertrag gesehen werden kann (vgl. § 140 BGB: Umdeutung).
Da es sich bei den nach der subjektiven Einzeltheorie unter § 1365 I BGB fallenden einzelnen Gegenständen regelmäßig (anders als in unserem Beispielsfall oben) um Grundstücke handeln wird, wäre bei Einhaltung der Form nach § 311b BGB dann zumeist auch die für den Erbvertrag nach § 2276 BGB erforderliche Form eingehalten.
Gleichwohl stehen h.L. und BGH einer solchen Lösung eher zurückhaltend gegenüber: Dabei wird angeführt, dass im bloßen Abschluss eines Vertrags noch nicht zugleich die Einsetzung als (u.U. sogar Allein-)Erbe liegen soll. Daran kann man zwar u.U. zweifeln, da kaum einzusehen ist, weshalb der verfügende Ehegatte, der das Grundstück sogar zu Lebzeiten übertragen möchte, dies auf einmal nach seinem Tod nicht mehr wollen sollte. Allerdings erscheint die Ansicht des BGH im Ergebnis überzeugend, da § 1365 BGB sonst in sehr vielen Fällen letztlich leerlaufen würde.

c) Die Verfügung über Haushaltsgegenstände

§ 1369 BGB: Haushaltsgegenstände eines Ehegatten

§ 1369 BGB ordnet eine entsprechende Regelung wie bei Gegenständen des § 1365 BGB (vgl. auch den Verweis auf die §§ 1366 - 1368 BGB in § 1369 III BGB) für Gegenstände des ehelichen Haushalts an, die einem Ehegatten gehören. 27

Auch über solche kann er nur verfügen bzw. sich zu einer solchen Verfügung verpflichten, wenn der andere Ehegatte einwilligt.

z.B. Haushaltsgeräte, Wohnungseinrichtung

Gegenstände des ehelichen Haushaltes sind dabei solche, die dem ehelichen Haushalt dienen, z.B. Wohnungseinrichtungsgegenstände, Haushaltsgeräte u.Ä. Ob diese einem Ehegatten alleine gehören (und insbesondere auch welchem von beiden), ist dabei nach den allgemeinen Vorschriften zu beurteilen. 28

nicht aber bei persönlichen Gebrauchsgegenständen

Keine Gegenstände i.S.d. § 1369 BGB sind solche, die nur zum persönlichen Gebrauch eines Ehegatten dienen (z.B. der Rasierapparat des Mannes bzw. der Frau).

h.M.: analog auf Gegenstände des anderen anwendbar

Nach wohl überwiegender Ansicht ist § 1369 BGB analog auf solche Gegenstände anzuwenden, die dem anderen Ehegatten gehören (argumentum e minore ad maius). Freilich ist diese Frage zumeist eher theoretischer Natur, da bei einer Verfügung über Gegenstände des anderen Ehegatten der Erwerb des Dritten, der hier nur gutgläubig möglich wäre, regelmäßig an § 935 I BGB scheitern wird.

An den gemeinsamen Haushaltsgegenständen haben die Eheleute nämlich Mitbesitz, dessen Verlust für ein Abhandenkommen i.S.d. § 935 I BGB ausreicht.

hemmer-Methode: Etwas anderes würde in dem Fall gelten, in dem der andere Ehegatte (also der Eigentümer) den gemeinsamen Haushalt dauerhaft verlassen hat, sodass kein Mitbesitz mehr angenommen werden kann. In diesen Fällen erscheint allerdings fraglich, ob § 1369 BGB seinem Schutzzweck nach analog angewendet werden sollte, da dann gerade auch keine Grundlage für einen gemeinschaftlichen Haushalt mehr gesichert werden muss.

Im Übrigen gelten - gerade durch den oben genannten Verweis in § 1369 III BGB - die Ausführungen zu den §§ 1365 ff. BGB weitgehend entsprechend.

d) Abschließender Beispielsfall

Bsp.: *Jürgen und Sabrina sind im gesetzlichen Güterstand der Zugewinngemeinschaft miteinander verheiratet. Am 17.12.2015 nimmt Jürgen in eigenem Namen einen Kredit bei der X-Bank in Höhe von 600.000,- € auf. Jürgen wird ordnungsgemäß über sein Widerrufsrecht belehrt, alle Formalitäten werden gewahrt. Er verpflichtet sich dabei auch zur Bestellung einer Grundschuld an seinem Grundstück (Wert: 800.000,- €) in gleicher Höhe. Da Jürgen noch ein Bankguthaben von 100.000,- € hat, hält er es nicht für erforderlich, dem zuständigen Sachbearbeiter seine weiteren Vermögensverhältnisse offen zu legen.*

Immerhin habe er das Recht, nach Belieben über sein Eigentum zu verfügen. Obwohl Sabrina am 03.01.2016 gegenüber der X-Bank dem Geschäft ausdrücklich widerspricht, bestellt Jürgen am 10.01.2016 wie vereinbart die Grundschuld; am 13.01.2016 kommt es zur Eintragung in das Grundbuch. Jürgen will nun von seinem Anwalt wissen, wieweit er von der Bank in Anspruch genommen werden kann.

Ansprüche der X-Bank

Fraglich ist, ob Jürgen den Ansprüchen der X-Bank ausgesetzt ist.

I. § 488 I BGB

Der X-Bank könnte ein Anspruch auf Darlehensrückzahlung in Höhe von 600.000,- € aus § 488 I BGB zustehen.

1. Wirksamer Vertragsschluss

Voraussetzung hierfür ist ein wirksamer Vertragsschluss i.S.d. §§ 145 ff. BGB.

übereinstimmende WEs (+)

Zwischen Jürgen und dem für die X-Bank handelnden Sachbearbeiter wurden übereinstimmende Willenserklärungen i.S.d. §§ 145 ff. BGB hinsichtlich des Abschlusses eines Darlehensvertrags ausgetauscht; dabei handelte letzterer zumindest nach den Umständen erkennbar im Namen der X-Bank (§ 164 I S. 2 BGB), vom Bestehen seiner Vertretungsmacht i.S.d. § 164 BGB ist auszugehen.

Damit liegt ein wirksamer Vertragsschluss vor.

hemmer-Methode: Hätte J auch im Namen der S gehandelt, wäre an § 139 BGB zu denken, da J die S mangels Vertretungsmacht nicht wirksam mitverpflichten konnte; insbesondere unterfällt die Kreditaufnahme nicht § 1357 BGB, wonach dem Ehegatten, der ausdrücklich im Namen des anderen auftritt, Vertretungsmacht zusteht.

2. Widerrufsrecht des Jürgen

§§ 491, 495 BGB

Jürgen steht als Verbraucher nach §§ 491, 495 BGB zwar grundsätzlich ein Widerrufsrecht zu. Da er über dieses ordnungsgemäß belehrt wurde, hätte er es allerdings in der Zwei-Wochen-Frist des § 355 I, II BGB ausüben müssen. Da dies nicht geschehen ist, ist sein Widerrufsrecht entfallen.

3. § 1365 I S. 1 BGB

Der Darlehensvertrag könnte jedoch nach § 1365 I S. 1 BGB nichtig sein. Da die Ehegatten im gesetzlichen Güterstand der Zugewinngemeinschaft i.S.d. §§ 1363 ff. BGB leben, findet diese Vorschrift Anwendung.

§ 1365 I S. 1 BGB bei reinen Geldschulden nicht anwendbar.

Jedoch unterfällt die Begründung reiner Geldschulden schon nach dem Wortlaut der Norm nicht dem in § 1365 I S. 1 BGB enthaltenen Verpflichtungsverbot. Damit ergibt sich hieraus nicht die Nichtigkeit des Darlehensvertrags.

4. Ergebnis zu I

Rückzahlungsanspruch somit (+)

Nach Fälligkeit des Darlehens gem. § 488 III BGB kann die X-Bank somit von Jürgen Zahlung von 600.000,- € verlangen.

II. §§ 1192 I, 1147 BGB

einredefreie Grundschuld der X-Bank?

Die X-Bank könnte gegen Jürgen auch einen Anspruch auf Duldung der Zwangsvollstreckung in sein Grundstück aus einer Grundschuld nach §§ 1192 I, 1147 BGB haben. Dazu müssten der Bank eine Grundschuld an dem Grundstück und dürften Jürgen keine Einreden gegen ihre Geltendmachung zustehen.

1. Entstehungsvoraussetzungen der Grundschuld

Einigung, Eintragung, Briefübergabe bzw. Ausschluss der Brieferteilung (+)

Von einer wirksamen dinglichen Einigung i.S.d. §§ 1191 I, 873 BGB sowie der Ordnungsmäßigkeit der nach §§ 1191 I, 873 BGB erforderlichen und am 13.01.2016 erfolgten Grundbucheintragung nach §§ 1192 I, 1115 BGB ist auszugehen. Ob eine Brief- oder Buchgrundschuld erteilt wurde, vgl. §§ 1192 I, 1116 BGB, ist nicht bekannt; es ist jedoch anzunehmen, dass auch insoweit den besonderen Anforderungen der §§ 1192 I, 1116, 1117 BGB Genüge getan wurde.

Damit liegen insoweit die Voraussetzungen für die Entstehung einer Grundschuld vor.

2. § 1365 I BGB

Alleineigentum des J (+)

a) Unabhängig davon, ob Jürgen das Grundstück vor oder nach der Eheschließung erworben hat, wurde dieses nicht gemeinschaftliches Eigentum der Ehegatten, vgl. § 1363 II S. 1 BGB. Vielmehr ist Jürgen Alleineigentümer am Grundstück und somit auch grundsätzlich zur Bestellung einer Grundschuld berechtigt.

b) Er müsste jedoch auch verfügungsbefugt gewesen sein; dem könnte **§ 1365 I BGB** entgegenstehen.

(1) Dazu müsste es sich bei der Bestellung der Grundschuld um ein **Gesamtvermögensgeschäft** i.S.d. § 1365 I BGB handeln. Dies scheint zunächst zweifelhaft, da Jürgen zumindest ein Restvermögen von 100.000,- € in Form eines Sparguthabens verblieb.

Gesamttheorie

(a) Wollte man darauf abstellen, dass eine Verfügung über das gesamte Vermögen als solches („en bloc“) eines Ehegatten vorliegen müsse, wäre § 1365 I BGB in den seltensten Fällen anwendbar. Den Vertretern einer solchen „Gesamttheorie“ ist der Gesetzeszweck der Norm entgegenzuhalten, die wirtschaftliche Grundlage der Familie sowie den Zugewinnausgleichsanspruch nach Beendigung des Güterstandes zu sichern.

Einzeltheorie

(b) Deshalb fällt nach der sog. Einzeltheorie auch eine Verfügung über einen Einzelgegenstand, der das ganze oder nahezu das ganze Vermögen eines Ehegatten ausmacht, unter § 1365 I BGB.

Maßgeblich ist demnach das verbleibende Restvermögen, das - je nach Größe des Ausgangsvermögens - noch zwischen 10 % und 15 % betragen kann, ohne dass § 1365 I BGB ausgeschlossen wäre.

bei Abstellen auf Betrag der Grundschuld § 1365 I BGB (-)

Auf den ersten Blick scheint auch danach § 1365 I BGB unanwendbar zu sein, wenn man den Betrag der Grundschuld i.H.v. 600.000,- € mit seinem Gesamtvermögen von 900.000,- € vergleicht: Danach verbliebe ein Restvermögen von 33 %.

jedoch wertausschöpfende Belastung; auf Wert des belasteten Gegenstands abstellen!

Jedoch ist zu beachten, dass bei einer Zwangsversteigerung durch den Grundschuldgläubiger kaum der volle Verkehrswert des Grundstücks erzielt werden wird. Sofern der Wert des Grundstücks durch die Belastung im Wesentlichen ausgeschöpft wird, liegt deshalb der Fall nicht anders, als wenn der Gegenstand insgesamt veräußert worden wäre.

Bei der vorliegenden Belastung von 75 % liegt eine Wertausschöpfung des Grundstücks im obigen Sinne vor. Damit beträgt das maßgebliche Restvermögen (Bankguthaben) nur 100.000,- €, also 11 % (100.000,- € von 900.000,- € Gesamtvermögen). Somit liegt ein Gesamtvermögensgeschäft i.S.v. § 1365 I BGB vor.

☑

hemmer-Methode: Auch wenn Ihnen obige Problematik nicht geläufig war, hätten Sie doch sehen müssen, dass Sie mit einer Ablehnung der Anwendbarkeit von § 1365 I BGB wichtige Folgeprobleme nicht mehr hätten diskutieren können. In einem solchen Fall empfiehlt es sich, die gefundene Lösung aus klausurtaktischen Gründen nochmals zu überdenken!

subjektive Theorie: positive Kenntnis des Vertragspartners

(2) Aus Gründen des Verkehrsschutzes und der mit der Einzeltheorie vorgenommenen Ausweitung des Anwendungsbereiches des § 1365 I BGB ist jedoch zu fordern, dass dem Geschäftspartner bewusst sein muss, dass seitens des Verfügenden ein Gesamtvermögensgeschäft vorliegt, sog. subjektive Theorie. Hierfür besteht ein Bedürfnis, da § 1365 I BGB als absolute Verfügungsbeschränkung nicht durch gutgläubigen (Weg-)Erwerb nach § 892 I S. 2 BGB überwunden werden kann. Eine entsprechende positive Kenntnis des Sachbearbeiters wäre der X-Bank nach § 166 I BGB zuzurechnen.

evtl. pos. Kenntnis durch Mitteilung der S

Eine solche Kenntnis könnte durch den „Widerspruch“ der Sabrina gegenüber der Bank entstanden sein, wenn Sabrina hierbei die Vermögensverhältnisse des Jürgen offengelegt haben sollte. Im Zeitpunkt der Verpflichtung zur Bestellung der Grundschuld am 17.12.2015 war eine entsprechende Kenntnis laut Sachverhalt nicht gegeben.

hemmer-Methode: Dies wird gerade bei Geschäften mit Banken in der Praxis oft anders sein, da diese auf einer umfassenden und vollumfänglichen Vermögensauskunft bestehen, bevor sie bspw. ein Darlehen vergeben.

problematisch: auf welchen Zeitpunkt abzustellen?

Da vorliegend die Wirksamkeit der Verfügung in Frage steht, könnte auf den Zeitpunkt der Grundschuldbestellung abzustellen sein; dies geschah zu einem Zeitpunkt, zu dem die X-Bank bereits infolge der Mitteilung der Sabrina positive Kenntnis hätte haben können.

wg. Gefahr einer Schadensersatzhaftung auf Abschluss des Verpflichtungsgeschäfts abstellen

Wäre dies der Fall, hätte sich Jürgen zwar wirksam zur Bestellung der Grundschuld am 17.12.2015 verpflichten, diese Verpflichtung aber infolge nachträglicher positiver Kenntnis der Bank nicht mehr erfüllen können. Hieraus könnte sich eine Haftung des Jürgen aus §§ 280, 283 BGB hinsichtlich der Pflichten aus dem Sicherungsvertrag vom 17.12.2015, der die Grundlage für die Bestellung der Grundschuld bildet, ergeben; ein solcher Haftungsanspruch kann erhebliche Ausmaße annehmen, etwa wenn die Bank ihre vermeintliche Grundschuld an Dritte übertragen will. Dies würde dem Schutz des § 1365 I BGB vor einer Gefährdung der Lebensgrundlage der Familie zuwiderlaufen.

damit hier § 1365 I BGB (-)

Abzustellen ist somit bereits auf den Zeitpunkt der schuldrechtlichen Verpflichtung, also den 17.12.2015. Zu diesem Zeitpunkt fehlte es an der positiven Kenntnis der X-Bank, weshalb eine Anwendung von § 1365 I BGB ausscheidet.

c) Damit steht § 1365 I BGB der Wirksamkeit der Grundschuldbestellung nicht im Wege.

3. Einreden des Jürgen

§ 821 BGB, wenn Grundschuldbestellung rechtsgrundlos

a) Gegen die Geltendmachung der Grundschuld in Form eines Anspruchs auf Duldung der Zwangsvollstreckung nach den §§ 1192 I, 1147 BGB stünde Jürgen die Einrede des § 821 BGB zu, wenn die Grundschuld ohne Rechtsgrund bestellt worden wäre.

Sicherungsvertrag enthält Rechtsgrund; § 1365 I S. 1 BGB mangels Kenntnis (-)

Rechtsgrund für die Bestellung der Grundschuld ist der Sicherungsvertrag vom 17.12.2015. Da hierdurch die Verpflichtung zu einem Gesamtvermögensgeschäft begründet wird, kommt die Anwendung von § 1365 I S. 1 BGB in Betracht. Jedoch fehlt es - wie oben gesehen - im maßgeblichen Zeitpunkt des Vertragsschlusses an der positiven Kenntnis der Bank.

Damit liegt der Grundschuld ein wirksamer Sicherungsvertrag zugrunde. Die Bereicherungseinrede des § 821 BGB scheidet aus.

aber aus Sicherungsvertrag Einrede gg. Grundschuld, wenn Forderung nicht fällig

b) Sofern die Rückzahlungsforderung der X-Bank noch nicht fällig ist (s.o.), ist dem Sicherungsvertrag eine Einrede des Jürgen gegen die Geltendmachung der Grundschuld zu entnehmen. Dies ist nach §§ 133, 157 BGB auch bei fehlender ausdrücklicher Vereinbarung anzunehmen, da die Grundschuld nur der Sicherung der Forderung dienen, nicht dem Gläubiger einen weiteren Vermögensvorteil verschaffen soll.

☑

hemmer-Methode: § 1137 BGB sollten Sie in diesem Zusammenhang besser nicht erwähnen, auch wenn dessen Wirkung über die Sicherungsabrede faktisch herbeigeführt wird. Die Nennung akzessorietätsbezogener Vorschriften im Rahmen einer Grundschuldklausur könnte für den Korrektor ein „rotes Tuch" darstellen.

4. Ergebnis zu II

Anspruch auf Duldung der ZV also (+)

Damit besteht ein Anspruch der X-Bank gegen Jürgen auf Duldung der Zwangsvollstreckung in dessen Grundstück aus §§ 1192 I, 1147 BGB.

III. Ergebnis

Also kann die X-Bank Jürgen wahlweise aus der obligatorischen Forderung oder aus der Grundschuld in Höhe von 600.000,- € in Anspruch nehmen.

3. Der Zugewinnausgleich

Zugewinnausgleich bei Beendigung des Güterstandes

Wichtigste Konsequenz des gesetzlichen Güterstandes ist der sog. Zugewinnausgleich bei seiner Beendigung. Wie oben dargelegt, bleibt während des gesetzlichen Güterstandes die Zuordnung von Gegenständen zum Vermögen des einen oder anderen Ehegatten grundsätzlich unberührt. Wird der Güterstand allerdings beendet, so soll grundsätzlich ausgeglichen werden, wenn ein Ehegatte von der Zeit während des Bestehens des Güterstandes „mehr profitiert" hat, also den höheren Zugewinn hatte. 29

☑

hemmer-Methode: Der Zugewinnausgleich nach Beendigung des Güterstandes ist die Konsequenz daraus, dass die Ehe zwar als Lebens- und auch Vermögensgemeinschaft gesehen wird, im gesetzlichen Güterstand aber gleichwohl keine veränderte Zuordnung der Vermögensgegenstände erfolgt. Vielmehr sollen nur die Vor- bzw. Nachteile, die während des Bestehens des gesetzlichen Güterstandes eingetreten sind, ausgeglichen werden.

Wenn Sie dieses Grundprinzip im Hinterkopf behalten, ergeben sich nicht nur bestimmte gesetzliche Besonderheiten (so z.B. der erweiterte Begriff des Anfangsvermögens in § 1374 II BGB) mehr oder weniger von selbst, Sie finden in der Klausur auch immer wieder Anhaltspunkte für eine richtige (oder zumindest vertretbare) Argumentation.

Eine Beendigung des Güterstandes und damit ein Zugewinnausgleich kommen in Betracht bei

- Scheidung,
- Beendigung des Güterstandes während Fortbestands der Ehe (etwa durch einen Ehevertrag),
- Tod eines Ehegatten.

Zwischen dem Fall einer Beendigung des Güterstandes während Bestehens der Ehe und dem Zugewinnausgleich im Falle der Scheidung bestehen keine nennenswerten Unterschiede. Beide Fälle sind in §§ 1372 ff. BGB geregelt. Besonderheiten ergeben sich jedoch, wenn der Güterstand durch den Tod beendet wird, § 1371 BGB. Dies ist jedoch eine Frage, die systematisch eher ins Erbrecht gehört und daher auch dort (vgl. Rn. 81 ff.) behandelt wird.

a) Begriff des Zugewinnausgleichs

§ 1378 I BGB: schuldrechtlicher Anspruch auf Ausgleich des Zugewinns

Der Anspruch auf Zugewinnausgleich ist in § 1378 I BGB (i.V.m. §§ 1378 III S. 1, 1372 BGB) geregelt. Er ist ein schuldrechtlicher, auf Geldzahlung gerichteter Anspruch, mit dem unterschiedliche Zugewinne während der Ehe ausgeglichen werden. Der Zugewinnausgleich erfolgt, indem der Ehegatte, der einen größeren Zugewinn erzielt hat, dem anderen Ehegatten bei Beendigung des gesetzlichen Güterstandes die Hälfte des übersteigenden Zugewinns ausgleicht. 30

$$\textbf{Zugewinnausgleich} = \frac{\textbf{(Zugewinn Schuldner – Zugewinn Gläubiger)}}{\textbf{2}}$$

Definition des Zugewinns

Der Zugewinn eines jedes Ehegatten ist der Betrag, um den das (im Gesetz jeweils näher definierte) Endvermögen das Anfangsvermögen übersteigt. Aus der Gesetzesformulierung „übersteigt“ ergibt sich dabei, dass der Zugewinn niemals negativ sein kann, sondern kleinstmöglich Null ist.

Zugewinn = Endvermögen – Anfangsvermögen

§ 1373 = § 1375 BGB – § 1374 BGB

__Bsp.:__ Als M und F heirateten, hatte M ein Anfangsvermögen von 20.000,- € und F eines von 100.000,- €. Während ihrer gemeinsamen Ehe war M stets berufstätig und hatte zu dem für den Zugewinn maßgeblichen Zeitpunkt ein Endvermögen von 400.000,- €.

F hatte während dieser Zeit nicht gearbeitet, jedoch ihr Vermögen durch eine geschickte Geldanlage auf 300.000,- € gesteigert. Wer kann von wem wie viel Ausgleich verlangen?

	Mann	**Frau**
Anfangsvermögen:	20.000	100.000
Endvermögen	400.000	300.000
Zugewinn	380.000	200.000

Ausgleichsforderung, § 1378 BGB: (380.000 – 200.000)/2 = 90.000

Der Zugewinn des M ist um 180.000,- € größer als der Zugewinn der F. F hat daher einen Anspruch auf 90.000,- € als Zugewinnausgleich.

hemmer-Methode: Muss in einer Klausur - wie in den Fällen des Zugewinnausgleichs - mehr oder weniger viel gerechnet werden, ergibt sich ein gewisses Darstellungsproblem. Einerseits ist natürlich eine Tabelle, wie sie hier im Beispiel verwendet wurde, regelmäßig nicht als Falllösung ausreichend. Andererseits ist ein Fließtext, in dem die Berechnung vorgenommen wird, häufig unübersichtlich. Daher bietet sich u.U. ein Kompromiss an: Zunächst wird im Fließtext und im normalen Gutachtenstil dargelegt, welche Vermögensmassen jeweils zum Anfangs- und Endvermögen zählen. Wenn dann alle Zahlen feststehen, kann die Berechnung entweder wie hier in einer Tabelle und/oder in einer separaten Zeile als Rechnung dargelegt werden.

b) Anfangsvermögen

§ 1374 I BGB: Anfangsvermögen

Das Anfangsvermögen wird nach § 1374 I BGB als Summe der Aktiva abzüglich der Passiva z.Zt. des Eintritts des Güterstandes errechnet. Dabei kommen nicht nur Sachwerte, sondern z.B. auch Forderungen u.Ä. in Betracht. Nach § 1374 III BGB kann dabei das Anfangsvermögen auch negativ sein, d.h. der Abzug der Passiva kann unter Null erfolgen. 31

§ 1374 II BGB: fiktives zusätzliches Anfangsvermögen

Nach § 1374 II BGB ist dem Anfangsvermögen auch ein später erworbenes Vermögen hinzuzurechnen, welches erworben wird:

- von Todes wegen,
- mit Rücksicht auf ein späteres Erbrecht,
- durch Schenkung oder
- als Ausstattung.

§ 1374 II BGB fügt sich in das System des Zugewinnausgleichs insoweit ein, als diese Vermögensmehrungen mit der Ehe in keinerlei Zusammenhang stehen und daher auch beim Zugewinnausgleich nicht erfasst werden sollen.

Zusätzlich sind die in § 1374 II BGB genannten Erwerbsarten dadurch gekennzeichnet, dass sie regelmäßig von einem Dritten aufgrund eines besonderen Näheverhältnisses erfolgen. Aus diesem Grunde und da die Ehe auch eine Erwerbsgemeinschaft darstellt, ist die Norm nach h.M. abschließend, sodass andere „eheneutrale“ Vermögensmehrungen (z.B. Schmerzensgeldansprüche, Lottogewinne[12]) nicht dem Anfangsvermögen zugerechnet werden.[13]

hemmer-Methode: Die einzige Ausnahme zur abschließenden Wirkung des § 1374 II BGB ist die Lebensversicherung. Hier erwirbt der Bezugsberechtigte nach § 159 VVG einen unmittelbaren Anspruch gegen die Versicherung durch ein Rechtsgeschäft unter Lebenden. Trotzdem stellt die ganz h.M. diesen Fall dem Erwerb von Todes wegen gleich.

nur bei Zuwendungen Dritter

Keine Anwendung findet § 1374 II BGB nach h.M. auf Schenkungen oder - was den Regelfall darstellen dürfte - unbenannte Zuwendungen zwischen Ehegatten. Seinem Zweck nach ist die Vorschrift vielmehr auf Fälle beschränkt, in denen die Zuwendung gewissermaßen „von außen“ kommt. Zuwendungen unter Ehegatten sind dagegen nur i.R.d. Anrechnung des § 1380 BGB (vgl. Rn. 34 ff.) beachtlich.

Wertzuwächse

Da nach § 1376 I BGB das Anfangsvermögen mit seinem Wert im Zeitpunkt der Eingehung des Güterstandes bewertet wird, stellen (inflationsbereinigte) Wertsteigerungen Zugewinn da. Gleiches gilt für Wertzuwächse der Vermögensgegenstände, die unter § 1374 II BGB fallen, da diese Gegenstände mit dem Wert im Zeitpunkt des privilegierten Erwerbs angesetzt werden.

---

[12] BGH, Beschluss vom 16. Oktober 2013 - XII ZB 277/12 = **Life&Law 2014, 103** = **juris**byhemmer.

[13] Vgl. zu § 1374 II BGB und der Spezialfrage der Bewertung, wenn der geschenkte Gegenstand belastet ist BGH, NJW 2005, 3710 = **juris**byhemmer = **Life&Law 2006, 242**.

c) Endvermögen

Endvermögen z.Zt. der Beendigung des Güterstandes (bzw. z.Zt. nach § 1384 BGB)

Das Endvermögen ist nach § 1375 I BGB als Überschuss der Aktiva über die Passiva zur Zeit der Beendigung des Güterstandes zu berechnen. Eine Besonderheit gilt im Falle der Scheidung: Hier wird der Güterstand zwar erst durch die Rechtskraft des Scheidungsspruchs beendet; jedoch ist nach § 1384 BGB bei der Scheidung (d.h. für den Fall, dass gerade die Scheidung den Güterstand beendet) für die Bestimmung des Endvermögens der Zeitpunkt der Rechtshängigkeit des Scheidungsantrags maßgeblich, vgl. §§ 113 I, 124 FamFG, §§ 253, 261 ZPO. 32

Hinzurechnung nach § 1375 II, III BGB

Grundsätzlich sind genau wie bei der Ermittlung des Anfangsvermögens auch bei der Ermittlung des Endvermögens alle zum Bewertungszeitpunkt vorhandenen vermögenswerten Positionen einzubeziehen. Auch gegenseitige Ansprüche der Ehegatten sind im jeweiligen Endvermögen beim Schuldner als Passiv-, beim Gläubiger als Aktivposten einzustellen.[14]

Außerdem ist dem Endvermögen gem. § 1375 II, III BGB der Wert gewisser Vermögensminderungen hinzuzurechnen, die in den letzten zehn Jahren vor Beendigung des Güterstandes ohne Einverständnis des anderen Ehegatten erfolgt sind.

Berücksichtigung realer Wertsteigerungen

Ausgleichspflichtig sind dabei auch reale Wertsteigerungen hinsichtlich eines Gegenstandes, der von Anfang an im Vermögen war, so etwa die Wertsteigerung eines Grundstücks, das während des Bestehens des Güterstandes vom Acker zum Bauland wurde o.Ä. Im Anfangsvermögen ist nach § 1376 I BGB der damalige Wert, im Endvermögen der heutige Wert anzusetzen. Die Differenz stellt Zugewinn dar.[15]

(nicht aber der Inflation)

Allerdings müssen nur solche Wertsteigerungen ausgeglichen werden, die tatsächlich auf einer real anderen Bewertung beruhen, nicht dagegen bloße Preissteigerungen infolge von Inflation. Insoweit müssten im Sachverhalt allerdings klare Angaben gemacht werden.

hemmer-Methode: In der Praxis wird der ausgleichspflichtige Wertgewinn dadurch ermittelt, dass zunächst einmal die Inflation „herausgerechnet“ wird. Dies geschieht anhand von speziellen Indizes, welche die durchschnittliche Preissteigerung zwischen zwei bestimmten Jahren angeben. In Klausuren sind die im Sachverhalt angegebenen Beträge regelmäßig schon „indiziert“, sodass Sie keine Inflationsbereinigung mehr durchführen müssen.

14 BGH, Urteil vom 06.10.2010, XII ZR 10/09 = jurisbyhemmer = **Life&Law 2011, 402.**

15 Vgl. oben Rn. 31.

d) Ausgleichsanspruch

aa) Entstehen und Rechtsnatur

Ausgleichsforderung: schuldrechtlicher Anspruch auf Geldzahlung

Die Ausgleichsforderung entsteht als schuldrechtlicher Anspruch auf Geldzahlung (nicht etwa auf Herausgabe bestimmter Gegenstände) mit der Beendigung des Güterstandes (vgl. § 1378 I BGB) und ist ab diesem Zeitpunkt vererblich und übertragbar (vgl. § 1378 III S. 1 BGB). Dagegen kann sich ein Ehegatte nach § 1378 III S. 3 BGB nicht vor Beendigung des Güterstandes wirksam verpflichten, über die Ausgleichsforderung zu verfügen. 33

Der Anspruch ist nach § 1378 II BGB auf die Höhe des Vermögens beschränkt, das der Ausgleichschuldner im Zeitpunkt der Beendigung des Güterstandes hat.

Auf diesem Weg soll verhindert werden, dass der Ausgleichspflichtige durch den Zugewinnausgleich in die Verschuldung getrieben wird. Maßgeblich ist auch hier nach § 1384 BGB im Fall der Beendigung des Güterstandes durch Scheidung die Rechtshängigkeit des Scheidungsantrags.

> ***Bsp.:*** *Frau hat ein Anfangs- und ein Endvermögen von Null. Mann hat ein Anfangsvermögen von minus 1 Mio. €, ein Endvermögen von 100.000,- €. Sein Zugewinn beträgt 1,1 Mio. €, sodass er eigentlich 550.000,- € Zugewinnausgleich schulden würde. Nach § 1378 II BGB ist die Forderung der Frau aber auf 100.000,- € beschränkt. Hieran ändert auch ein späterer etwaiger Vermögenserwerb des Mannes nichts mehr!*

bb) Anrechnung von Vorausempfängen, § 1380 BGB

§ 1380 BGB: Zuwendungen anrechenbar

Nach § 1380 BGB sind Zuwendungen eines Ehegatten an den anderen, die während des Bestehens des Güterstandes erfolgten, auf die Ausgleichsforderung anzurechnen, wenn eine entsprechende Anrechnungsbestimmung getroffen wurde. 34

Von einer solchen ist im Zweifel auszugehen, wenn der Wert der Zuwendung über Gelegenheitsgeschenke hinausgeht, die nach den Lebensverhältnissen der Ehegatten üblich sind, § 1380 I S. 2 BGB.

Faustregel: zuwendender Ehegatte soll so gestellt werden, wie wenn die Zuwendung Teil der Ausgleichszahlung wäre

Nicht ganz einfach ist das konkrete Anrechnungsverfahren i.R.d. § 1380 BGB. Eine gewisse Faustregel ist dabei, dass der zuwendende Ehegatte grds. nicht besser oder schlechter stehen soll, als wenn er die Zuwendung nicht getätigt hätte und diese nun gewissermaßen Bestandteil seiner Ausgleichsleistung wäre, wobei durch die frühere Zuwendung allerdings das Risiko des Untergangs insoweit auf ihn übergeht, als der zugewendete Gegenstand auf jeden Fall nach § 1380 II S. 1 BGB in seinem Endvermögen berücksichtigt wird. 35

nur auf Zuwendungen des Ausgleichspflichtigen anwendbar

Ausgangspunkt jeder Überlegung muss sein, welcher Ehegatte nach §§ 1378, 1372 BGB ausgleichspflichtig ist. § 1380 BGB ist nur anzuwenden, wenn der Zuwendungsempfänger zugleich Inhaber der Ausgleichsforderung ist. Auf eine Zuwendung des Ausgleichsberechtigten ist § 1380 BGB nicht anzuwenden.

§ 1380 II S. 1 BGB: Hinzurechnung beim Zuwendenden

In einem ersten Schritt ist nach § 1380 II S. 1 BGB der Wert der Zuwendung dem Zugewinn des Zuwendenden hinzuzurechnen. Nicht ausdrücklich festgeschrieben ist im Gesetz dagegen, wie die Zuwendung im Vermögen des Empfängers zu behandeln ist. Fest steht allerdings, dass die Zuwendung dort den rechnerischen Zugewinn nicht erhöhen darf, da sonst das Ergebnis der Berechnung verfälscht würde. Aus diesem Grund wird die Zuwendung aus dem Zugewinn des Empfängers herausgerechnet, nach h.M. allerdings nur dann, wenn und soweit die Zuwendung dort noch vorhanden ist, also bspw. dann nicht, wenn sie verloren wurde.

Anschließend wird der Zugewinnausgleich anhand der nach § 1380 II BGB bereinigten Vermögensmassen berechnet; aus dem sich daraus ergebenden Anspruch wird der Wert der Zuwendung nach § 1380 I S. 1 BGB angerechnet.

36 Dadurch, dass die Zuwendung nun beim Ausgleichsberechtigten zugewinnneutral bleibt, dagegen das Endvermögen des Ausgleichsverpflichteten erhöht, andererseits aber vom Zugewinnausgleich abgezogen wird, ergibt sich regelmäßig kein Unterschied zu der Situation, dass die Zuwendung nicht erfolgt wäre und nun i.R. des Zugewinnausgleichs zu erbringen wäre. Zu anderen Ergebnissen führt das Anrechnungsverfahren des § 1380 BGB nur, wenn die Zuwendung im Endvermögen des Ausgleichsberechtigten nicht mehr in vollem Umfang vorhanden ist und wenn der Zugewinn des Empfängers kleiner als die Zuwendung ist.

> **Bsp.:** *M hat einen Zugewinn von 100, F von 20. M hat F ein Auto im Wert von 40 zukommen lassen.*
>
> Ohne Anwendung des § 1380 BGB stünde F ein Ausgleichsanspruch in Höhe von 40 zu. Da es sich um eine nach § 1380 I S. 2 BGB anzurechnende Zuwendung handelt, ist allerdings zunächst der Zugewinn des M um 40 zu erhöhen, § 1380 II BGB.
>
> Im Gegenzug wird der Zugewinn der F um die Zuwendung bereinigt. Da es keinen negativen Zugewinn geben kann - vgl. den Wortlaut des § 1373 BGB „übersteigt" -, kann der Zugewinn der F aber nur auf Null sinken.
>
> Der Ausgleichsanspruch der F beträgt somit 70 (140 : 2). Von diesen 70 ist nach § 1380 I S. 1 BGB die Zuwendung abzuziehen, sodass sich ein „Restanspruch" von nur noch 30 ergibt. Durch die Anwendung des § 1380 BGB ist also der Ausgleichsanspruch der F um 10 gesunken.

hemmer-Methode: Lassen Sie sich nicht verschrecken: § 1380 BGB gehört sicherlich zu den schwierigeren Fragen der Zugewinnberechnung. Arbeiten Sie daher den abschließenden Beispielsfall sehr sorgfältig durch, und wiederholen Sie gegebenenfalls die vorangegangenen Ausführungen.

cc) Einreden und Abwehrmöglichkeiten

§ 1381 BGB: Einrede der groben Unbilligkeit

Nach § 1381 BGB kann der Ausgleichsverpflichtete die Einrede 37
der groben Unbilligkeit gegen den Ausgleichsanspruch erheben. Sie greift ein, wenn die vollständige oder teilweise Gewährung des Ausgleichsanspruchs dem Gerechtigkeitsempfinden in unerträglicher Weise widersprechen würde.

§ 1382 BGB: Stundung

Nach § 1382 BGB kann der Verpflichtete beim Familiengericht auch Stundung der Ausgleichsforderung beantragen.

§§ 195, 199 BGB: Regelverjährung

Die Ausgleichsforderung verjährt in der Regelverjährung von drei Jahren, §§ 195, 199 BGB.

hemmer-Methode: Denken Sie hier an die Hemmung der Verjährung nach § 207 BGB bei Ansprüchen zwischen den Ehegatten, solange die Ehe besteht.

e) Abschließender Beispielsfall

Nach zehnjähriger Ehe wurden M und seine Frau F im Dezember 2013 geschieden. Zu Beginn der Ehe hatte F kein nennenswertes Vermögen. Z.Zt. des Scheidungsbeschlusses betrug ihr Vermögen insgesamt ca. 250.000,- €. Dieses Vermögen besteht aus einer Eigentumswohnung, die ihr M noch im Jahr 2011 geschenkt hat.

M dagegen hatte gute Geschäfte gemacht, sodass er trotz eines Schuldenstands von 50.000,- € z.Zt. der Eheschließung bis zur Rechtshängigkeit des Scheidungsantrags ein Vermögen von 800.000,- € anhäufen konnte, wobei ihm im Jahr 2004 von seinem Bruder B 200.000,- € geschenkt worden waren.

Anspruch der F auf Zugewinnausgleich?

Ein Anspruch auf Zugewinnausgleich könnte sich aus § 1378 I BGB ergeben:

I. Nach § 1378 I BGB ist bei der Beendigung der Zugewinngemeinschaft ein Zugewinnausgleich durchzuführen.

1. Dazu müsste zunächst überhaupt eine Zugewinngemeinschaft vorgelegen haben: Davon ist mangels anderer Angaben auszugehen, da diese den gesetzlichen Güterstand bildet. Der Güterstand wurde durch die Scheidung auch beendet.

2. Durchgeführt wird der Zugewinnausgleich dadurch, dass dem Ehegatten, der den geringeren Zugewinn verzeichnet, die Hälfte des Betrags zusteht, um den sein Zugewinn unter dem des Partners liegt.

3. Maßgeblich für die Beurteilung ist dabei grundsätzlich der Vermögensstand bei Beendigung des Güterstandes, § 1375 I S. 1 BGB; dies wäre bei einer Scheidung die Rechtskraft des Scheidungsbeschlusses.

Gerade für den Fall der Scheidung allerdings wird nach § 1384 BGB der maßgebliche Zeitpunkt vorverlagert auf die Rechtshängigkeit des Scheidungsantrags, die nach §§ 113 I, 124 FamFG, §§ 253 I, 261 ZPO mit der Zustellung des Antrags eintritt.

4. Berechnet wird der Zugewinn eines jeden Ehegatten zum maßgeblichen Zeitpunkt nach § 1373 BGB durch die Differenz zwischen seinem Anfangs- und seinem Endvermögen.

II. Berechnung bei F

1. Das Anfangsvermögen der F lag grundsätzlich bei Null.

a) Da ihr aber von M die Wohnung geschenkt worden war, könnte ein Fall des § 1374 II BGB vorliegen, nach dem Schenkungen, die ein Ehegatte nach Eintritt des Güterstandes erhält, seinem Anfangsvermögen zuzurechnen sind.

b) Zwar wird man hier eine echte Schenkung und keine sog. unbenannte Zuwendung annehmen müssen, da die Wohnung nicht ersichtlich der ehelichen Lebensgemeinschaft diente.

c) Allerdings ist fraglich, ob eine Schenkung unter Ehegatten überhaupt unter § 1374 II BGB fällt: Die Rspr. und wohl h.M. verneint dies, was auch plausibel erscheint: Sinn und Zweck des § 1374 II BGB ist es, den anderen Ehegatten von der Beteiligung an einem solchen Vermögenszuwachs auszuschließen, an dem er nicht beteiligt war, der vielmehr von außen zugeflossen ist.

Dies ist aber bei Schenkungen untereinander nicht der Fall, vielmehr wurde das dafür erforderliche Geld gemeinsam erwirtschaftet.

Überdies wäre es sinnwidrig, wenn eine ohnehin erfolgte Schenkung mittelbar (nämlich durch fiktive Erhöhung des Anfangsvermögens) zu einem niedrigeren Zugewinn und damit einem höheren Ausgleichsanspruch des Beschenkten führen würde.

Im Ergebnis ist deshalb eine Anwendung des § 1374 II BGB auf die Schenkung der Wohnung abzulehnen, vielmehr ist diese später i.R.d. § 1380 BGB zu berücksichtigen.

2. Das Endvermögen der F beträgt zum maßgeblichen Zeitpunkt (vgl. o.) 250.000,- €.

3. Der Zugewinn der F beträgt somit nach § 1373 BGB 250.000,- €.

III. Berechnung bei M

1. Das Anfangsvermögen des M betrug -50.000,- €, § 1374 III BGB.

a) Allerdings sind hier dem Anfangsvermögen des M die 200.000,- € hinzuzurechnen, die er von seinem Bruder B geschenkt bekam. Voraussetzungen und Anwendbarkeit des § 1374 II BGB sind hier unzweifelhaft gegeben.

b) Damit ergibt sich ein Anfangsvermögen von 150.000,- €

2. Das Endvermögen des M betrug laut Sachverhalt zum maßgeblichen Zeitpunkt 800.000,- €.

3. Der Zugewinn des M ist demnach mit 650.000,- € anzusetzen.

IV. Zugewinnausgleich

1. Der Ausgleichsanspruch der F beläuft sich nach § 1378 I BGB auf die Hälfte von 650.000,- € - 250.000,- € = 400.000,- €, also auf 200.000,- €.

2. Fraglich ist, ob sich an diesem Ergebnis etwas ändert, wenn man berücksichtigt, dass M der F schon die Wohnung im Wert von 250.000,- € geschenkt hat, was nach § 1380 BGB anzurechnen sein könnte.

a) Eine ausdrückliche Anrechnungsbestimmung i.S.d. § 1380 I S. 1 BGB ist nicht ersichtlich, sodass zu prüfen ist, ob die Wohnung den Wert eines nach den ehelichen Lebensverhältnissen üblichen Gelegenheitsgeschenks übersteigt.

Dies ist selbst bei den relativ guten finanziellen Verhältnissen der Ehegatten zweifelsohne zu bejahen, sodass mangels anderer Anhaltspunkte die Vermutungsregel des § 1380 I S. 2 BGB Anwendung findet, die 250.000,- € sind also anzurechnen.

b) Nach dem Wortlaut des § 1380 BGB kommt eine Anrechnung nur in Frage, wenn der Vorausempfang dem Ausgleichsberechtigten geleistet wurde, was hier offensichtlich der Fall ist.

c) Die Berücksichtigung hat nach h.M. in zwei Schritten zu erfolgen, wobei zuerst nach § 1380 II BGB, dann nach § 1380 I BGB vorzugehen ist:

aa) Zunächst erfolgt gemäß § 1380 II BGB eine Hinzurechnung zum Zugewinn des Schenkers (M), sodass sich dieser von 650.000,- € auf 900.000,- € erhöht.

bb) Um eine doppelte Benachteiligung der beschenkten F (nämlich zum einen durch erhöhtes Endvermögen, das zu erhöhtem Zugewinn und damit geringerem Zugewinnausgleichsanspruch führt, zum anderen durch einen Abzug des Geschenkwertes von eben diesem Anspruch) zu vermeiden, muss bei F der Wert des Geschenkes (zumindest wenn es wie hier im Endvermögen noch vorhanden ist) vom Endvermögen abgezogen werden.

Danach läge der Zugewinn der F bei Null.

cc) Es ergibt sich also ein bereinigter Zugewinnausgleichsanspruch von 900.000,- € - Null € = 900.000,- €, geteilt durch zwei, mithin von 450.000,- €.

Von diesem Betrag sind nun nach § 1380 I BGB die 250.000,- € für die Wohnung abzuziehen, sodass sich auch hier im Ergebnis ein Anspruch von 200.000,- € ergibt.

II. Die Gütertrennung, § 1414 BGB

Gütertrennung

Die Gütertrennung ist der Güterstand, der eintritt, wenn der gesetzliche Güterstand aufgehoben wird, ohne dass eine andere Regelung getroffen wird; außerdem kann sie natürlich auch ausdrücklich vereinbart werden. 38

Die Gütertrennung bewirkt eine strikte Trennung der Gütermassen, d.h.

- jeder Ehegatte behält, was er in die Ehe einbringt und erwirbt,

- ➲ jeder Ehegatte verwaltet sein Vermögen selbst, und es bestehen keine Verfügungsbeschränkungen,
- ➲ es bestehen nach Beendigung des Güterstandes keine güterrechtlichen Ausgleichsansprüche.

Aus der Gütertrennung selbst erwachsen somit im Prinzip keinerlei klausur- oder praxisrelevanten Wirkungen, weshalb sie im Gesetz auch nur in einer einzigen Vorschrift geregelt ist. Damit bietet sie sich auch kaum für eine Klausur mit einem familienrechtlichen Schwerpunkt an. 39

☑ **hemmer-Methode: Sollte der Sachverhalt gleichwohl einmal eine Gütertrennung beinhalten (wobei insbesondere auch die Vermutung des § 1414 S. 2 BGB zu beachten ist, Gütertrennung durch den Ausschluss des Versorgungsausgleichs), ist vor allem auf drei Gesichtspunkte zu achten:**

- **Zunächst kann die Gütertrennung eine „Falle" dahingehend sein, dass die Vorschriften der §§ 1363 ff. BGB (z.B. die Verfügungsbeschränkungen) gerade nicht anwendbar sind, obwohl der Sachverhalt auf sie hinzuweisen scheint.**
- **Des Weiteren ist zu beachten, dass die Vorschriften über die allgemeinen Ehewirkungen auch bei Gütertrennung gelten, so z.B. die Verpflichtungsermächtigung des § 1357 BGB, das Haftungsprivileg des § 1359 BGB oder die Gläubigerschutzvorschriften der § 1362 BGB und § 739 ZPO.**
- **Schließlich kann es mangels spezieller familienrechtlicher Vorschriften erforderlich sein, ähnlich wie bei der nichtehelichen Lebensgemeinschaft (vgl. dazu unten Rn. 58 ff.) nach (Ausgleichs-)Regelungen aus allgemeinen schuldrechtlichen Vorschriften zu suchen.**

III. Die Gütergemeinschaft, §§ 1415 ff. BGB

Gütergemeinschaft

1. Die Gütergemeinschaft beruht auf dem Gedanken einer Lebensgemeinschaft auch im vermögensrechtlichen Bereich. Wegen zahlreicher mit ihr verbundener Schwierigkeiten spielt sie in der Praxis nur eine geringe Rolle und bietet sich regelmäßig auch nicht als (alleiniger) Gegenstand einer Klausur an. Gleichwohl sollte man zumindest den Begriff kennen und ein gewisses Grundverständnis besitzen. 40

fünf denkbare Vermögensmassen

2. Grundsätzlich verschmelzen bei der Gütergemeinschaft das Vermögen des Mannes und das der Frau nach § 1416 BGB zum sog. Gesamtgut.

Daneben kann jedoch noch jeder Ehegatte Sondergut i.S.d. § 1417 BGB oder Vorbehaltsgut i.S.d. § 1418 BGB (lesen!) besitzen. Damit können sich bei der Gütergemeinschaft insgesamt fünf Vermögensmassen ergeben.

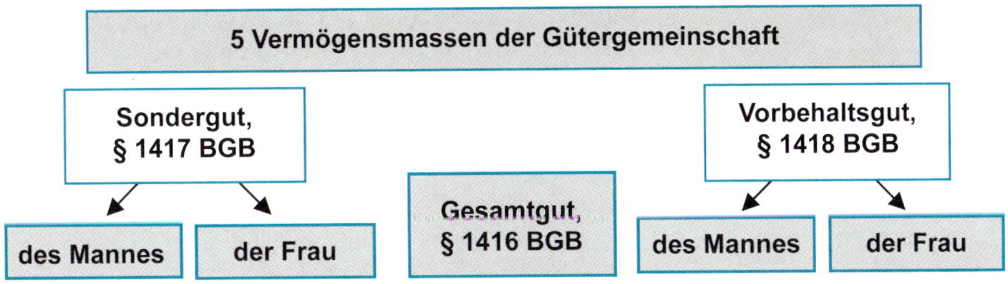

Verwaltung

3. Sonder- und Vorbehaltsgut verwaltet jeder Ehegatte als Eigentümer selbst. 41

Gesamtgut in Gesamthandsgemeinschaft

Dagegen bilden die Ehegatten hinsichtlich des Gesamtguts eine Gesamthandsgemeinschaft, vgl. § 1421 BGB. Soweit die Ehegatten insoweit keine Einzelverwaltung durch einen von ihnen vereinbaren (vgl. §§ 1422 ff. BGB), verwalten sie dieses Gesamtgut gemeinschaftlich, vgl. §§ 1450 ff. BGB. 42

gutgläubiger Erwerb bei Einzelverwaltung

4. Ein klassisches Klausurproblem, dessen Bewältigung Verständnis für das System des Familienrechts erfordert, kann sich stellen, wenn Einzelverwaltung nach §§ 1422 ff. BGB vereinbart wurde. Der verwaltende Ehegatte bedarf dabei unter den Voraussetzungen der §§ 1423 - 1425 BGB für bestimmte Geschäfte der Zustimmung seines Ehegatten. Diese (auch Verfügungs-)Verbote sollen allerdings anders als §§ 1365, 1369 BGB nicht absolut wirken, sondern durch guten Glauben des Erwerbers überwunden werden können. Dies erscheint auf den ersten Blick paradox, denn bei der Gütergemeinschaft sind die Ehegatten gerade Miteigentümer, während die §§ 1365, 1369 BGB Verfügungen bzw. Verpflichtungen des anderen Ehegatten, der Alleineigentümer ist, betreffen. Begründet wird dies damit, dass sich die Verbote der §§ 1423 ff. BGB nicht unmittelbar aus dem Gesetz, sondern aus einer Vereinbarung der Ehegatten ergeben und somit weniger stark wirken sollen. 43

Dies kann zumindest angezweifelt werden, da hier wie dort die Verfügungsverbote gesetzliche Konsequenz des jeweiligen Güterstandes sind und man durchaus auch sagen könnte, dass die Ehegatten sich bewusst auf die Beibehaltung des gesetzlichen Güterstandes geeinigt haben.

> ***Bsp.:*** *F ist Alleineigentümerin eines Grundstücks. Sie heiratet M und schließt mit diesem einen wirksamen Ehevertrag, in dem Gütergemeinschaft vereinbart und F das Verwaltungsrecht übertragen wird. In der Folgezeit veräußert F das Grundstück ohne Zustimmung des M an K, welcher F für die Alleineigentümerin hielt, da dies so im Grundbuch eingetragen ist. K wird im Grundbuch als Eigentümer eingetragen. Als M davon erfährt, protestiert er lautstark und verlangt von K die Herausgabe des Grundstücks. Zu Recht?*

§§ 985, 1428 BGB

M könnte gegen K einen Anspruch auf Herausgabe des Grundstücks nach §§ 985, 1428 BGB haben. Voraussetzung dafür ist, dass F und M Gesamthandseigentümer gem. § 1416 I, II BGB sind.

urspr. Alleineigentum

I. Ursprünglich war F Alleineigentümerin des Grundstücks. Mit Abschluss des Ehevertrags könnte allerdings kraft Gesetzes Gesamthandseigentum an dem Grundstück entstanden sein. Laut Sachverhalt liegt ein wirksamer Ehevertrag vor, §§ 1408, 1410 BGB.

Gesamthandseigentum, wenn Gesamtgut

1. Das Gesamthandseigentum entsteht gemäß § 1416 II BGB kraft Gesetzes. Dass F weiterhin als Alleineigentümerin im Grundbuch stand, ist für die materielle Rechtslage irrelevant.

2. Gesamtgut entsteht aber nur dann, wenn das Grundstück nicht ins Sondergut oder ins Vorbehaltsgut gefallen ist.

Sondergut (-)

a) Sondergut ist gem. § 1417 II BGB das rechtsgeschäftlich nicht übertragbare Vermögen beider Ehegatten, wie z.B. ein Nießbrauch oder Renten. Sondergut kann nicht durch Vertrag begründet werden. Sein Inhalt ist gesetzlich festgeschrieben. Da das Grundstück übertragbar ist, scheidet Sondergut aus.

Vorbehaltsgut (-)

b) Vorbehaltsgut ist gem. § 1418 BGB das, was durch den Ehevertrag zum Vorbehaltsgut erklärt worden ist oder sonst unter die Fälle des § 1418 II Nr. 1 - 3 BGB fällt. Dafür bietet der Sachverhalt allerdings keine Anhaltspunkte.

Gesamthandseigentum (+)

Es bleibt daher festzuhalten, dass mit Abschluss des Ehevertrags kraft Gesetzes Gesamthandseigentum von F und M an dem Grundstück entstanden ist.

Verlust durch Veräußerung?

II. Dieses Gesamthandseigentum könnte durch die Veräußerung durch F an K wieder erloschen sein.

Verwaltung bei F

1. F wurde wirksam das Verwaltungsrecht übertragen, § 1421 S. 1 BGB. Dann kann sie grundsätzlich auch über die zum Gesamtgut gehörigen Gegenstände verfügen, § 1422 S. 1 BGB.

aber § 1424 BGB

Allerdings hätte die Veräußerung des Grundstücks der Zustimmung des M bedurft, § 1424 S. 1 BGB. Dieser hat aber weder eingewilligt noch das geschlossene Geschäft genehmigt, sodass der Vertrag unwirksam war.

allenfalls gutgl. Erwerb

2. Möglicherweise hat K das Grundstück aber gutgläubig erworben gem. §§ 892 I S. 2, 135 II BGB. Das setzt jedoch voraus, dass gegenüber der Verfügungsbeschränkung des § 1424 BGB ein gutgläubiger Erwerb überhaupt möglich ist.

P.: absolutes Verfügungsverbot?

a) Das wäre dann nicht der Fall, wenn es sich bei § 1424 BGB um ein absolutes Verfügungsverbot wie bei §§ 1365, 1369 BGB handeln würde.

e.A. (-); Beschränkung resultiert erst aus Vertragsschluss

(1) Nach einer Ansicht ist § 1424 BGB überwindbar. Es werde lediglich eine ehevertraglich eingeräumte Verwaltungszuständigkeit in besonderen Fällen vom Gesetz eingeschränkt, was nicht mehr sei als die Wiederherstellung des normalen Zustandes, dass über gemeinschaftliche Gegenstände auch nur gemeinschaftlich verfügt werden darf.

Eine weitergehende Bedeutung habe die Vorschrift nicht. Außerdem ergäben sich die Beschränkungen des § 1424 BGB erst durch Abschluss eines Ehevertrags.

a.A. (+), da sonst paradoxes Ergebnis

(2) Nach anderer Ansicht handelt es sich bei § 1424 BGB um ein absolutes Verfügungsverbot, das nicht über § 135 II BGB überwunden werden kann.

Andernfalls hätte man ein paradoxes Ergebnis im Vergleich zum gesetzlichen Güterstand: Während von einem Ehegatten, der im gesetzlichen Güterstand lebt, nicht erworben werden kann, obwohl er Alleineigentümer ist, könnte von einem Ehegatten in Gütergemeinschaft, der gerade kein Alleineigentum hat, gutgläubig erworben werden.

vorzugswürdig, da kein Widerspruch zwischen schuld- und sachenrechtl. Lage

(3) Letztere Ansicht erscheint vorzugswürdig. Denn auch bei den §§ 1423 ff. BGB geht es erkennbar um den Erhalt der wirtschaftlichen Grundlage der ehelichen Gemeinschaft. Im Übrigen resultieren aber auch diese Verfügungsbeschränkungen unmittelbar aus dem Gesetz, auch wenn vorher der Abschluss eines Ehevertrags erforderlich ist. Das ist nicht mehr als der Ausfluss der bereits im Vorfeld getroffenen Wahl zwischen Zugewinn- und Gütergemeinschaft.

Letztlich entscheidend ist jedoch folgende Überlegung: Konsequenz der ersten Ansicht wäre im Fall der Gutgläubigkeit, dass zwar die Verfügung wirksam wäre, nicht aber das zugrunde liegende Verpflichtungsgeschäft. Dieses verstößt gegen § 1424 S. 1 BGB. Auf einen schuldrechtlichen Vertrag kann die Gutgläubigkeit keinen Einfluss haben.

Der gutgläubige Erwerber wäre also einem Bereicherungsanspruch ausgesetzt, § 812 I S. 1 Alt. 1 BGB. Auch wenn dieser Anspruch über § 1428 BGB gestärkt sein soll, erscheint die Konstruktion doch eher umständlich, da das Ergebnis wirtschaftlich identisch ist.

gutgl. Erwerb (-)

Die Möglichkeit eines gutgläubigen Erwerbs ist daher abzulehnen.

K hat somit kein Eigentum an dem Grundstück erworben. F und M sind weiterhin Gesamthandseigentümer. Der Anspruch aus § 985 BGB besteht daher fort.

§ 1428 BGB

III. Diesen Anspruch kann M gem. § 1428 BGB alleine geltend machen, auch wenn F Gesamtverwalterin ist.

§ 273 I BGB wegen Kaufpreis (-)

IV. Fraglich ist aber, ob K diesem Anspruch ein Zurückbehaltungsrecht gemäß § 273 I BGB entgegenhalten kann, sofern er - wovon nach den Umständen auszugehen ist - den Kaufpreis bereits an F gezahlt haben sollte.

Aufgrund der Unwirksamkeit des Kaufvertrags steht K ein Anspruch aus § 812 I S. 1 Alt. 1 BGB gegen F zu, der konnex i.S.d. § 273 BGB ist.

§ 1428 BGB soll nicht leerlaufen

Die h.M. lässt ein solches Zurückbehaltungsrecht nicht zu. Dem ist zuzustimmen, weil das Revokationsrecht des § 1428 BGB nur so seine Wirkung entfalten kann. Andernfalls könnte sich M eventuell gehindert sehen, nach § 1428 BGB vorzugehen, etwa weil er den Rückzahlungsbetrag nicht alleine aufbringen kann und F ihre Mitwirkung verweigert.

K kann seinen Bereicherungsanspruch daher nur gegen F persönlich geltend machen.

hemmer-Methode: Neben dem Anspruch aus § 985 BGB kann M über § 1428 BGB auch noch die Zustimmung zur Berichtigung des Grundbuchs nach § 894 BGB verlangen. Daneben besteht noch ein Besitzkondiktionsanspruch aus § 812 I S. 1 Alt. 1 BGB. Darauf soll hier aber mangels speziellen Bezugs zum Familienrecht nicht eingegangen werden.

Auseinandersetzung bei Beendigung

5. Wird die Gütergemeinschaft beendet, so erfolgt grds. eine 44
Auseinandersetzung nach Maßgabe der §§ 1471 ff. BGB.

Es besteht allerdings nach §§ 1483 ff. BGB die Möglichkeit, dass die Ehegatten in ihrem Ehevertrag vereinbaren, dass die Gütergemeinschaft nach dem Tod eines Ehegatten zwischen dem überlebenden Ehegatten und den gemeinschaftlichen Abkömmlingen fortgesetzt wird (sog. fortgesetzte Gütergemeinschaft).

D) Ehescheidungsrecht

Bedeutung der Ehescheidung in der Klausur

Die Ehescheidung bietet sich ebenfalls als ein „familienrechtlicher Baustein“ für die Klausur an: Sie besitzt nicht nur immense 45
praktische Bedeutung, sondern ermöglicht die Prüfung von Verständnis des Systems der Ehescheidung sowie der exakten Arbeit am Sachverhalt. Schließlich bietet sich das Ehescheidungsrecht als Anknüpfungspunkt zu verschiedenen anderen Problemen an (z.B. Zugewinnausgleich, Unterhalt, aber auch erbrechtliche Fragen etwa i.R.d. §§ 1933 I, 2077, 2268 II BGB).

I. Scheidungsvoraussetzungen

Die Scheidung erfolgt gem. § 1564 BGB durch (Gestal- 46
tungs-)Beschluss.

hemmer-Methode: In Familiensachen ergehen die Entscheidungen des Gerichts in Form eines Beschlusses, § 116 I FamG, und nicht durch Urteil.

Dieser Beschluss darf nur ergehen, wenn die Scheidungsvoraussetzungen erfüllt sind:

1. Scheitern der Ehe

Scheitern der Ehe, § 1565 I BGB

Voraussetzung der Ehescheidung ist nach § 1565 I BGB, dass 47
die Ehe gescheitert ist. Dies ist nach § 1565 I S. 2 BGB der Fall, wenn die Lebensgemeinschaft der Ehegatten nicht mehr besteht und nicht erwartet werden kann, dass die Ehegatten sie wieder herstellen.

Dies muss vom Gericht positiv festgestellt werden, wenn keine (unwiderlegbare!) Zerrüttungsvermutung nach § 1566 BGB eingreift.

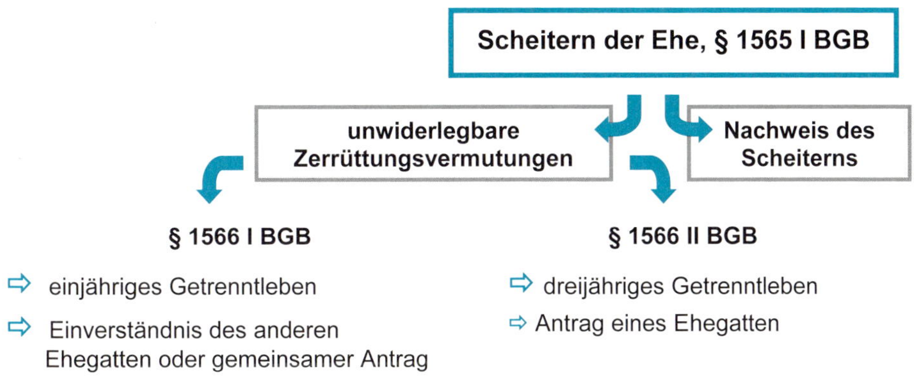

§ 1566 I BGB:
⇨ ein Jahr Trennung
⇨ gemeinsamer Antrag

a) Das Scheitern der Ehe (sog. Zerrüttung) muss vom Gericht 48
nicht detailliert dargelegt werden, wenn einer der im Gesetz geregelten unwiderlegbaren Vermutungstatbestände vorliegt: Dies ist nach § 1566 I BGB der Fall, wenn die Ehegatten mindestens ein Jahr getrennt leben und entweder einen gemeinsamen Antrag auf Scheidung stellen oder der andere Ehegatte dem Scheidungsantrag zustimmt.

hemmer-Methode: Achten Sie darauf, dass der Scheidungsantrag i.S.d. § 1566 I BGB den inhaltlichen Anforderungen des § 133 FamFG entsprechen muss.
Machen Sie sich außerdem klar, dass - auch wenn dies in der Praxis manchmal de facto anders behandelt wird - § 1566 I BGB nur eine unwiderlegbare Vermutung für das Scheitern der Ehe darstellt, welches alleiniger Scheidungsgrund ist. Konstruktiv gibt es also nach deutschem Recht keine sog. Konsensualscheidung, d.h. die einverständliche Scheidung der Ehegatten i.S.e. einvernehmlichen Vertragsaufhebung.
Das deutsche Recht geht nach wie vor vom Prinzip der möglichst unauflösbaren Ehe aus, sodass eine Scheidung nur bei Zerrüttung in Betracht kommt. Diese wird nur durch den gemeinsamen Antrag der Ehegatten in Verbindung mit dem einjährigen Getrenntleben (auf welches deswegen auch regelmäßig nicht verzichtet werden kann) indiziert.

Getrenntleben: § 1567 BGB

Der Begriff des Getrenntlebens ist in § 1567 BGB näher geregelt: Nach § 1567 I BGB leben die Ehegatten getrennt, „wenn zwischen ihnen keine häusliche Gemeinschaft besteht und ein Ehegatte sie erkennbar nicht mehr herstellen will“. § 1567 I S. 2 BGB stellt klar, dass die Ehegatten grds. auch innerhalb der ehelichen Wohnung getrennt leben können.[16] 49

auch innerhalb der Wohnung möglich

Die Möglichkeit, auch innerhalb der ehelichen Wohnung getrennt zu leben, ist u.a. ein Zugeständnis an die schwierige Wohnungssituation, in der es vielen Paaren finanziell nicht möglich sein wird, während des Bestands der Ehe eine zweite Wohnung zu beziehen.

Umgekehrt wird man hinsichtlich der Ernsthaftigkeit des Getrenntlebens innerhalb der eigenen Wohnung größere Anforderungen zu stellen haben, wenn nach der finanziellen Situation der Ehegatten (etwa Doppelverdiener mit einer gewissen Vermögensrücklage und ohne Kinder) das Anmieten einer zweiten Wohnung an sich unproblematisch möglich wäre. Etwas anderes kann freilich wieder gelten, wenn die eheliche Wohnung (z.B. ein großes Haus) so zugeschnitten ist, dass sich die Ehegatten tatsächlich auch innerhalb der Wohnung „aus dem Weg gehen können“, insbesondere wenn selbst Räume wie Küche, Bad usw. nicht gemeinsam genutzt werden müssen.

§ 1567 II BGB: keine Unterbrechung durch kurze Versöhnungsversuche

§ 1567 II BGB stellt klar, dass kürzere Versöhnungsversuche die Getrenntlebenszeit nicht unterbrechen. Diese Vorschrift soll verhindern, dass der Versuch, die Ehe „zu retten“ (was vom Gesetzgeber immer noch als vorzugswürdiges Ziel angesehen wird), allein deshalb nicht unternommen wird, weil man Angst hat, sonst die Scheidung noch weiter hinausziehen zu müssen.

16 Vgl. hierzu m.w.N. OLG Köln, FamRZ 2013, 1738.

§ 1566 II BGB: dreijähriges Getrenntleben

b) Nach § 1566 II BGB liegt eine unwiderlegliche Zerrüttungs- 50
vermutung vor, wenn die Ehegatten drei Jahre getrennt leben und ein Ehegatte den Antrag auf Scheidung stellt.

§ 1565 I BGB: Einzelfallprüfung des Scheiterns der Ehe

c) Liegen die Voraussetzungen der Zerrüttungsvermutungen nach § 1566 I, II BGB vor, darf das Gericht das Vorliegen einer Zerrüttung nicht mehr prüfen. Sind sie dagegen nicht gegeben, muss die Zerrüttung, d.h. das Scheitern der Ehe i.S.d. § 1565 I BGB, festgestellt werden. Indizien für das Scheitern der Ehe sind auch wiederum (insbesondere längere) Zeiten des Getrenntlebens, die fest erklärte Absicht zumindest eines Ehegatten, die Ehe nicht fortsetzen zu wollen, die Aufnahme einer anderweitigen Beziehung durch einen oder beide Ehegatten u.Ä.

hemmer-Methode: Hier haben Sie in der Klausur Gelegenheit zu argumentieren: Während die Vermutungstatbestände des § 1566 BGB „nur" eine saubere Subsumtion unter ihre Voraussetzungen erfordern, ist für die Frage nach dem Scheitern der Ehe i.S.d. § 1565 I BGB der Sachverhalt vollständig auszuschöpfen.
Dabei ist freilich gerade bei Kriterien wie dem Getrenntleben oder dem Scheidungswillen eines Ehegatten darauf zu achten, dass die Voraussetzungen des § 1566 BGB nicht vollständig unterlaufen werden: Dieser stellt immerhin einige feste Anforderungen an die Zeit des Getrenntlebens bzw. den Scheidungsantrag. Andererseits darf § 1566 BGB nicht so verstanden werden, dass er etwa „Mindestanforderungen" aufstellen würde, sondern er bildet nur eine Vermutungsregel, bei deren Vorliegen die Voraussetzungen des § 1565 BGB nicht mehr näher geprüft werden dürfen.
Dies schließt natürlich nicht aus, dass - wenn seine Voraussetzungen nicht ganz erfüllt sind - eine Zerrüttung trotzdem bejaht wird, wenn noch andere Merkmale dazukommen, die für ein Scheitern der Ehe sprechen. Die Praxis verfährt hier eher großzügig, insbesondere wenn entweder beide Ehegatten die Scheidung wollen oder ein Ehegatte klar macht, dass eine Fortführung der Ehe für ihn nicht in Betracht kommt.

2. Mindesttrennungsdauer, § 1565 II BGB

ein Jahr Mindesttrennungsdauer

Nach § 1565 II BGB soll eine Ehe grds. nicht vor einer Mindestt- 51
rennungsdauer von einem Jahr geschieden werden. Etwas anderes gilt nur, „wenn die Fortsetzung der Ehe für den Antragsteller aus Gründen, die in der Person des anderen Ehegatten liegen, eine unzumutbare Härte darstellen würde". Dabei ist auf zwei Punkte zu achten:

Härtefallregel:
⇨ Härte in Person des anderen Ehegatten begründet

- Die Härte muss gerade in der Person des anderen Ehegatten liegen, d.h. es genügt z.B. nicht, wenn der Mann sich scheiden lassen möchte, weil seine Geliebte ein Kind von ihm erwartet.

➲ Selbst wenn man in der Tatsache, mit einer anderen Frau als der Mutter seines Kindes verheiratet zu sein, eine Härte sehen würde, so würde diese hier doch nicht in der Person seiner Ehefrau liegen.

⇨ Härte bereits im „Band der Ehe" an sich

➲ Da es in § 1565 II BGB ja um die Mindesttrennungsdauer geht, darf die unzumutbare Härte nicht im (ja nicht mehr notwendigen) weiteren Zusammenleben liegen, sondern sie muss so beschaffen sein, dass alleine „das Band der Ehe" bzw. sein Fortbestand bis zum Ablauf dieses Jahres eine unzumutbare Härte darstellt, was nur in Extremfällen angenommen wird.

Bspe.:[17] *Beispiele für solche Umstände können sein (wobei es jeweils stets auf den Einzelfall ankommt): Gewalttätigkeiten gegen den Ehegatten und die Familie, Alkoholmissbrauch, Prostitution, dauernde Verweigerung des Geschlechtsverkehrs, Vorschlag zum Geschlechtsverkehr zu dritt, homosexuelle Beziehungen, Geschlechtsverkehr mit der Stieftochter, Verhältnis mit dem Schwager, Nichtzahlung von Unterhalt und dauernde Schikane.*

Dagegen reichen regelmäßig nicht aus: Unkenntnis vorehelicher Umstände (z.B. Vorstrafen); bei Eheschließung bekannte Nervenkrankheiten; Lieblosigkeiten; der Ehebruch als solcher; Zuwendung zu einem neuen Partner, es sei denn, es ist in dieser Beziehung „ein Kind unterwegs", da ohne die Scheidung der Ehegatte juristischer Vater würde, § 1592 Nr. 1 BGB.

Im Übrigen ist darauf zu achten, dass die Berufung auf eine 52
Unzumutbarkeit nach § 1565 II BGB ausgeschlossen ist, wenn der Ehegatte, der sich darauf berufen möchte, die gleichen Verfehlungen wie der andere Ehegatte (insbesondere ebenfalls die Aufnahme einer ehebrecherischen Beziehung) begangen hat.

3. Härtefälle, § 1568 BGB

Ausschluss der Scheidung

Nach § 1568 I BGB soll die Ehe nicht geschieden werden, auch 53
wenn sie gescheitert ist, wenn und solange die Aufrechterhaltung der Ehe „im Interesse der aus der Ehe hervorgegangenen minderjährigen Kinder aus besonderen Gründen ausnahmsweise notwendig ist oder wenn und solange die Scheidung für den Antragsgegner, der sie ablehnt, aufgrund außergewöhnlicher Umstände" eine schwere Härte darstellt.

Dabei ist insbesondere hinsichtlich der Härteklausel zugunsten der Kinder (welche wohl die größere Rolle spielt) darauf zu achten, dass das Vorhandensein von Kindern nicht schlechterdings jede Ehescheidung ausschließt.

---

17 M.w.N. OLG Köln, FamRZ 2013, 1738, sowie OLG Düsseldorf, FamRZ 2013, 1764.

Vielmehr müssen besondere Umstände vorliegen, warum es für das Kind (in seiner jetzigen Situation) mit besonders negativen Konsequenzen verbunden wäre, wenn seine Eltern sich scheiden ließen. Dabei sind bei der Abwägung jedoch die auch zu erwartenden Belastungen durch die zwangsweise zusammengehaltene, an sich aber gescheiterte Ehe mit zu berücksichtigen.

Scheidungsvoraussetzungen

Scheitern der Ehe
§§ 1565 I, 1566 BGB

Kein Härtefall
§ 1568 BGB

Trennungsjahr
§ 1565 II BGB

II. Scheidungsfolgen

Liegen die Voraussetzungen für eine Ehescheidung vor, so erfolgt diese durch Scheidungsbeschluss, vgl. § 116 I FamFG, eine gerichtliche Gestaltungsentscheidung. Aus der Ehescheidung erwachsen verschiedene Konsequenzen, welche allerdings von unterschiedlicher Relevanz (insbesondere für das Erste Staatsexamen) sind: 54

⇨ Zugewinnausgleich

- Durch den rechtskräftigen Scheidungsbeschluss wird der eheliche Güterstand beendet, sodass im Fall der Zugewinngemeinschaft ein Zugewinnausgleich zu erfolgen hat (vgl. dazu Rn. 29 ff.). Dies dürfte die für das Erste Staatsexamen mit weitem Abstand relevanteste Frage sein.

⇨ Versorgungsausgleich

- Des Weiteren hat ein Versorgungsausgleich nach § 1587 BGB i.V.m. dem VersAusglG stattzufinden, welcher zwar von großer praktischer Bedeutung, nicht jedoch von Klausurrelevanz ist. Der Versorgungsausgleich wird vom Gericht von Amts wegen durchgeführt.

⇨ Sorgerecht

- Hinsichtlich der gemeinsamen Kinder kann eine Regelung des Sorgerechts bzw. des Aufenthaltsbestimmungsrechts getroffen werden. Die gemeinsame Sorge besteht nach § 1671 BGB grundsätzlich auch bei Trennung und Scheidung fort. Nur auf Antrag kommt es ggf. zur alleinigen Sorge. Im Fall der Trennung muss aber häufig geklärt werden, ob sich das Kind künftig gewöhnlich bei Mutter oder Vater aufhält. Das Aufenthaltsbestimmungsrecht ist ein Teilaspekt des Sorgerechts.

➪ Kindesunterhalt

- Ferner muss - falls sich die Beteiligten nicht einigen - die Frage des Kindesunterhalts geregelt werden.

➪ Scheidungsunterhalt

- Schließlich ist über den Scheidungsunterhalt der Ehegatten zu entscheiden, wenn die Voraussetzungen der §§ 1569 ff. BGB vorliegen und keine Einigung der Beteiligten erzielt werden kann.

Auf eine Darstellung von Einzelheiten wird hier wegen der geringen Relevanz für das Erste Staatsexamen (ganz anders für das Zweite Staatsexamen in vielen Bundesländern!) verzichtet. Sie sollten sich aber merken, dass für den Zeitraum nach der Scheidung (anders als beim Getrenntleben während der Ehe) der Grundsatz der Eigenverantwortlichkeit gilt, d.h. jeder Ehegatte sollte grds. selbst für seinen Unterhalt sorgen. Etwas anderes gilt nur, wenn einer der Unterhaltstatbestände der §§ 1570 ff. BGB vorliegt.

E) Rechtsfragen einer Partnerschaft außerhalb der Ehe

Verlöbnis und neLG

Das BGB enthält im Wesentlichen Vorschriften für den Zeitraum **55**
während einer Ehe bzw. nach einer (gescheiterten) Ehe. Dagegen ist der Zeitraum bzw. die Situation außerhalb der Ehe nur rudimentär geregelt.

Es kommen dabei insbesondere in Betracht:

- der Zeitraum während eines Verlöbnisses, aber vor Eheschließung sowie
- das Vorliegen einer nichtehelichen Lebensgemeinschaft.

I. Das Verlöbnis

Verlöbnis: gegenseitiges Heiratsversprechen von Mann und Frau

Unter dem Begriff des Verlöbnisses versteht man sowohl das **56**
gegenseitige Heiratsversprechen von Mann und Frau als auch das daraus entstehende Schuldverhältnis. Die Rechtsnatur des Verlöbnisses ist umstritten:

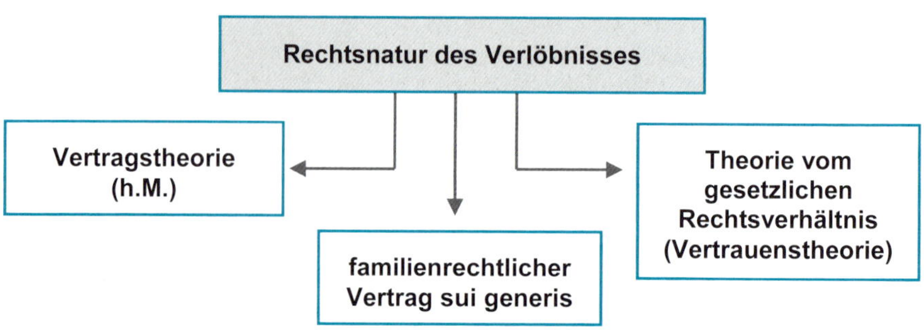

höchstpersönliches Rechtsgeschäft

Unabhängig von der Einordnung des Verlöbnisses, welche regelmäßig keine praktischen Auswirkungen haben dürfte, ist zu beachten, dass jedenfalls (genau wie bei der Eheschließung) die §§ 164 ff. BGB unanwendbar sind, da es sich um ein höchstpersönliches Rechtsgeschäft handelt.

keine vollstreckbare Pflicht zur Eheschließung, aber bei Scheitern u.U. SchaE-Ansprüche

Aus dem Verlöbnis als gegenseitigem Heiratsversprechen ergibt sich tatsächlich eine Rechtspflicht zur Eingehung der Ehe, die aber nicht klagbar und auch nicht vollstreckbar ist (vgl. § 1297 I BGB, § 120 III FamFG). Das Gesetz sieht zwar die Möglichkeit vor, sich von dieser Rechtspflicht durch Rücktritt zu lösen, jedoch löst dieser eine Schadensersatzpflicht nach Maßgabe des § 1298 I, II BGB (lesen!) aus.

Etwas anderes gilt, wenn ein wichtiger Grund für den Rücktritt 57
vorliegt, § 1298 III BGB. In diesem Fall ist sogar der andere Verlobte nach § 1299 BGB i.V.m. § 1298 I, II BGB ersatzpflichtig, wenn er den wichtigen Grund zu vertreten hat. Kommt es nicht zur Eheschließung, so besteht außerdem für jeden Verlobten der Anspruch, von dem anderen die Herausgabe „desjenigen, was er ihm geschenkt oder zum Zeichen des Verlöbnisses gegeben hat“, nach Bereicherungsrecht zu verlangen.

Bedeutung des Verlöbnisses außerhalb des Familienrechts

Größere Bedeutung als im Familienrecht dürfte das Verlöbnis ohnehin in anderen Rechtsgebieten haben, wo ein (wirksames) Verlöbnis z.B. zu einer Angehörigenstellung (und damit etwa zu einem strafprozessualen Zeugnisverweigerungsrecht, vgl. § 52 I Nr. 1 StPO) führen kann.

II. Die nichteheliche Lebensgemeinschaft (neLG)

neLG: Verbindung von zwei Personen zum Zweck der Lebensführung „ohne Trauschein“

Die nichteheliche Lebensgemeinschaft ist die Verbindung zwei- 58
er Personen zum Zwecke einer gemeinsamen Lebensführung „ohne Trauschein“. Vom Verlöbnis unterscheidet sie sich insbesondere dadurch, dass sie gerade nicht auf die (sichere) spätere Eingehung einer Ehe gerichtet ist. Die neLG ist im deutschen Familienrecht kein eigenständig geregeltes Rechtsinstitut. Auch eine analoge Anwendung der Ehevorschriften kommt grds. nicht in Betracht.

hemmer-Methode: Dies lässt sich damit begründen, dass die Betroffenen eine Ehe ja gerade auch nicht eingehen wollten.
Verwechseln Sie nicht die neLG mit der eingetragenen Lebenspartnerschaft. Diese sog. Homoehe ist im LPartG geregelt und in den prüfungsrelevanten Bereichen der klassischen Ehe gleichgestellt.

im Außenverhältnis grds. bedeutungslos

Damit ist die neLG im Außenverhältnis grds. bedeutungslos. Gesetzlich erwähnt ist die neLG allein in § 563 II S. 4 BGB. Aus dem Eherecht werden grundsätzlich keine Vorschriften analog angewendet. Die Ausnahme stellt § 1359 BGB dar. Eine analoge Anwendung der § 1362 BGB, § 739 ZPO, die viele Stimmen schon zur Vermeidung verfassungswidriger Nachteile für Eheleute, Art. 6 I GG, forderten, lehnt der BGH mangels planwidriger Regelungslücke ab.[18]

hemmer-Methode: Hingegen wird z.B. eine analoge Anwendung der Vorschriften über das Zeugnisverweigerungsrecht o.Ä. von der ganz h.M. abgelehnt: „Wer sich nicht in den Hafen der Ehe begibt, bedarf auch nicht deren Schutzes“.

Abwicklung im Innenverhältnis

Ihre Klausurrelevanz erhält die neLG gerade daraus, dass keine 59
familienrechtlichen Sonderregelungen bestehen und sie dadurch bei der Frage nach Ausgleichspflichten im Innenverhältnis nach ihrer Beendigung leicht zu einem Sprungbrett in allgemeine Fragen des Schuldrechts wird.

mehrere Anspruchsgrundlagen denkbar, aber i.d.R. alle (-)

Da die §§ 1372 ff. BGB mangels Vorliegen einer Ehe grds. unanwendbar sind und auch vertragliche Ausgleichsansprüche nur bestehen, wenn diese - was durch das Eingehen einer neLG regelmäßig gerade nicht der Fall ist - vereinbart wurden, stellt sich die Frage, welche anderen Ausgleichsmöglichkeiten in Betracht kämen.

Die wichtigsten dabei sind:

⇨ §§ 705 ff. BGB

- Der Ausgleich nach Gesellschaftsrecht, §§ 705 ff. BGB. Ein solcher ist jedoch nur möglich, wenn die neLG einen Zweck verfolgt, der über das bloße Zusammenleben hinausgeht.

⇨ § 812 I BGB

- § 812 I S. 1 u. S. 2 Alt. 1 BGB scheidet aus, da die neLG einen Rechtsgrund für erbrachte Leistungen bildet.

- In Betracht kommt eine Kondiktion nach § 812 I S. 2 Alt. 2 BGB, wenn im Einzelfall als Zweck einer Leistung nicht die momentan bestehende neLG, sondern der Fortbestand derselben angenommen werden kann.

⇨ SGG

- Auch ein Ausgleich nach den Grundsätzen über die Störung der Geschäftsgrundlage ist denkbar, wird von der Rspr. aber wohl nur dann bejaht, wenn Vermögenswerte von erheblicher wirtschaftlicher Bedeutung geschaffen werden, und nicht bei Zuwendungen des täglichen Lebens, da hier der Fortbestand der Beziehung nicht die Grundlage der Zuwendung ist.[19]

---

18 BGH, FamRZ 2007, 457 = **juris**byhemmer = **Life&Law 4/2007, 237 ff.**

19 BGH, Urt. v. 09.07.2008, XII ZR 179/05 = **Life&Law 2008, 719**; vgl. auch schon BGH, NJW 2008, 443 = **Life&Law 2008, 227**, sowie BGH, Urteil vom 08.05.2013, XII ZR 132/12, NJW 2013, 2187 = **juris**byhemmer= **Life&Law 1/2014**.

Soweit die Beziehung durch den Tod des Zuwendenden beendet wird, ist die Geschäftsgrundlage aber nicht gestört oder weggefallen, da Grundlage maximal ein Zusammenleben bis zum Tod eines der beiden sein kann.[20]

dagegen Ersatz für Aufwendungen nach Ende der neLG nach allg. Vorschriften

Während also damit ein Ausgleich für Zahlungen bzw. Leistungen, die während des Bestandes der neLG erfolgten, regelmäßig nicht geschuldet wird, bestimmt sich der Ersatz für Aufwendungen nach Beendigung der neLG (z.B. die Tilgung von Schulden, die der Partner aufgenommen hat) nach den allgemeinen Vorschriften (insbesondere auch §§ 683, 670 BGB). 60

Dies gilt selbst dann, wenn die Grundlage für diese Leistung - also etwa der Darlehensvertrag - noch während der neLG entstand.

☑

hemmer-Methode: Ein interessantes Sonderproblem stellt dabei der Rückgriff eines nichtehelichen Lebenspartners dar, der als Bürge für seinen früheren Partner in Anspruch genommen wird: Erfolgt die Zahlung des Bürgen während des Bestandes der neLG, so wird man einen Rückgriffsanspruch nach § 774 I BGB wegen § 774 I S. 3 BGB ausschließen müssen, da die Wertungen der neLG das Innenverhältnis prägen. Erfolgt die Inanspruchnahme dagegen erst nach Auflösung dieser Gemeinschaft, dürfte ein Rückgriffsanspruch nach § 774 I BGB bestehen.
Dieses doch von großen Zufälligkeiten abhängige Ergebnis macht allerdings deutlich, dass in der Klausur bei entsprechender Begründung sicher auch eine andere Ansicht vertretbar wäre.

F) Weitere ausgewählte Sonderprobleme

Eine umfassende Darstellung des Familienrechts würde den Rahmen dieses Skripts sprengen. Neben den genannten - als „reine" Familienrechtsklausuren bzw. „Familienrechts-Blöcke" denkbaren - Bereichen sollen aber kurz noch einige ausgewählte Sonderprobleme zumindest angesprochen werden, deren Kenntnis bzw. zumindest Einordnung für die Klausur von Bedeutung sein kann. 61

I. Verwandtschaft

Verwandtschaft und Schwägerschaft

1. Für Personen, zwischen denen bestimmte biologische und/oder persönliche Bindungen bestehen, sieht die Rechtsordnung besondere Rechte und Pflichten vor. 62

---

[20] BGH, Urteil vom 25.11.2009, XII ZR 92/06 = jurisbyhemmer, **Life&Law 2010, 234**.

Dabei unterscheidet das Gesetz zwischen:

- Verwandtschaft, § 1589 BGB, welche wiederum
  - geradlinig sein (Personen, die voneinander abstammen, z.B. Eltern-Kind, Großeltern-Enkel) oder
  - in der Seitenlinie bestehen (Personen, die nicht in gerader Linie verwandt sind, aber von derselben dritten Person abstammen, z.B. Geschwister) kann.
- Schwägerschaft, § 1590 BGB: Verwandte eines Ehegatten sind mit dem anderen Ehegatten verschwägert.

keine Unterscheidung ehelich/nichtehelich mehr

Während hinsichtlich der Abstammung früher zwischen ehelicher (§§ 1591 ff. BGB a.F.) und nichtehelicher Abstammung (§§ 1600a ff. BGB a.F.) unterschieden wurde, werden solche Unterscheidungen seit dem Inkrafttreten des Kindschaftsrechtsreformgesetzes am 01.07.1998 nicht mehr gemacht, sondern es gibt einheitliche Abstammungstatbestände in §§ 1591, 1592 BGB.

Mutter eines Kindes ist gem. § 1591 BGB die Frau, die es geboren hat.

Vater eines Kindes ist gem. § 1592 BGB der Mann, der

- zum Zeitpunkt der Geburt mit der Frau verheiratet ist,
- die Vaterschaft anerkannt hat oder
- dessen Vaterschaft gerichtlich festgestellt ist.

Unterhaltsansprüche

2. Aus der Verwandtschaft erwachsen nach Maßgabe der §§ 1601 ff. BGB Unterhaltsansprüche. Die wichtigsten allgemeinen Unterhaltsprinzipien (§§ 1613 - 1615 BGB) wurden dabei bereits im Zusammenhang mit dem Unterhalt unter Ehegatten (über §§ 1360a III, 1361 IV S. 4 BGB) erörtert, s.o. Rn. 16 ff.[21]

Beziehung Eltern-Kind (insbesondere §§ 1626, 1629 BGB)

3. Von gewissem Interesse ist die Beziehung zwischen Eltern und Kindern. Auch in allgemeinen Klausuren (etwa mit dem Schwerpunkt auf dem Minderjährigenrecht) ist dabei insbesondere die gesetzliche Vertretungsmacht nach §§ 1626, 1629 BGB von Bedeutung, die Ausfluss der elterlichen Sorge ist. 63

Dabei besteht nach § 1629 I S. 1 BGB grds. Gesamtvertretung, allerdings wird man oft eine stillschweigende gegenseitige Einzelbevollmächtigung annehmen können. Außerdem ist die Passivvertretung nach § 1629 I S. 2 BGB auch für ein Elternteil allein möglich.

[21] Zum Unterhaltsanspruch eines Studenten vgl. **Life&Law 2011, 912**.

§ 1629 II BGB i.V.m. § 1795 BGB

§ 1643 BGB i.V.m. §§ 1821, 1822 BGB

Einschränkungen dieses Vertretungsrechts ergeben sich zum einen aus § 1629 II BGB i.V.m. § 1795 I BGB (bestimmte Vertretungsverbote) bzw. §§ 1795 II, 181 BGB, zum anderen aus § 1643 BGB i.V.m. §§ 1821, 1822 BGB, wonach für bestimmte Geschäfte die Genehmigung des Familiengerichts erforderlich ist.

§ 1664 BGB: Haftungsbeschränkung

Des Weiteren ist im Verhältnis zwischen Eltern und Kindern die Haftungsbeschränkung nach § 1664 BGB auf die eigenübliche Sorgfalt zu beachten, für welche im Wesentlichen auf das zu § 1359 BGB Ausgeführte (vgl. oben Rn. 8) verwiesen werden kann. Insbesondere stellt sich auch hier das mögliche Problem des gestörten Gesamtschuldnerausgleichs. 64

§ 1626a BGB: elterliche Sorge bei nichtverheirateten Kindern

4. Hinsichtlich der elterlichen Sorge für Kinder von nicht miteinander verheirateten Eltern ist die Vorschrift des § 1626a BGB zu beachten. Hieraus ergibt sich, dass grds. die Mutter das alleinige Sorgerecht hat, wenn kein Fall der gemeinsamen Sorge vorliegt. Diese kommt in Betracht, wenn die Eltern

- erklären, dass sie die Sorge gemeinsam übernehmen wollen (sog. Sorgerechtserklärung, vgl. Nr. 1.),
- einander heiraten, (vgl. Nr. 2.),
- das Familiengericht ihnen die gemeinsame Sorge überträgt, (Nr. 3). Diese Übertragung findet auf Antrag eines Elternteils statt, wenn die gemeinsame Sorge dem Kindeswohl nicht widerspricht, vgl. § 1626a III BGB.

Die näheren Modalitäten und Formerfordernisse der Sorgerechtserklärung sind in den §§ 1626b - 1626e BGB geregelt.

II. Vormundschaft, Pflegschaft und Betreuung

Vormundschaft, Pflegschaft und Betreuung

Neben den aus der Verwandtschaft erwachsenden Sorgerechtsbeziehungen gibt es auch „Sorgeverhältnisse“, die zwischen nichtverwandten Personen begründet werden, soweit dies erforderlich ist. Dabei sind folgende Rechtsinstitute zu unterscheiden: 65

Vormundschaft	Pflegschaft	Betreuung
= rechtlich umfassend geregelte Sorge für einen Minderjährigen, dessen Eltern nicht kraft Sorgerechts als gesetzliche Vertreter fungieren, vgl. §§ 1773, 1793 BGB	Sorge nur für einzelne persönliche oder vermögensrechtliche Angelegenheiten, §§ 1909 ff. BGB	ersetzt die frühere Vormundschaft über Volljährige, wobei Bestellung nur erfolgt, soweit sie erforderlich ist, vgl. § 1896 II BGB

Vormundschaft (beachte u.a. die Verweisungen aus dem Recht der Eltern)

1. Die **Vormundschaft** als solche spielt im Ersten Staatsexamen regelmäßig keine Rolle. Gleichwohl erlangen die vormundschaftsrechtlichen Vorschriften insbesondere dadurch Bedeutung, dass für das Verhältnis zwischen Eltern und Kindern auf diese verwiesen wird. 66

Die entsprechenden Verweisungsnormen müssen Ihnen daher bekannt sein: Am wichtigsten sind insoweit § 1629 II BGB und § 1643 BGB.

Pflegschaft

2. Die **Pflegschaft** dürfte keine besondere Klausurbedeutung haben. Sie sollten aber den Begriff kennen, insbesondere da das Institut des „Ergänzungspflegers“ nach § 1909 BGB etwa in Fällen in Betracht kommen kann, in denen das gesetzliche Vertretungsrecht der Eltern ausgeschlossen ist (und die damit thematisch eng mit dem prüfungsrelevanten Minderjährigenrecht zusammenhängen). § 1915 BGB enthält einen weitreichenden Verweis auf die Vorschriften aus dem Vormundschaftsrecht. 67

Betreuung: Betreuer als Vertreter, aber Betreuter bleibt grds. geschäftsfähig

3. Ist eine **Betreuung** erforderlich und wird daher ein Betreuer bestellt (vgl. § 1896 II BGB, Erforderlichkeits- und Subsidiaritätsprinzip), so ist dieser für den Betreuten nach § 1902 BGB vertretungsberechtigt. Daneben besteht aber die Geschäftsfähigkeit des Betreuten grds. fort, wenn nicht eine Ausnahme eingreift: 68

- Nach § 1903 BGB kann ein Einwilligungsvorbehalt des Betreuers angeordnet werden, dann sind die Regelungen ähnlich wie im Minderjährigenrecht.

- Die Willenserklärung des Betreuten ist nach § 105 I BGB nichtig, wenn er sich in einem Zustand nach § 104 Nr. 2 BGB befindet; allerdings kommt es dafür auf seinen tatsächlichen Zustand an, die Betreuung führt nicht - wie früher die Vormundschaft über Volljährige - automatisch zur Geschäftsunfähigkeit.

Probleme aus „Konkurrenz“ zwischen Betreuer & Betreutem

Aus diesem Verhältnis zwischen Willenserklärungen des Betreuten und des Betreuers können sich in zweierlei Hinsicht klausurrelevante Probleme ergeben:

sich widersprechende WE (⇨ Prioritätsprinzip)

Zum einen kann sich aus der gleichzeitigen Vertreterstellung des Betreuers und der fortbestehenden Geschäftsfähigkeit des Betreuten die Problematik möglicher Doppelverpflichtungen bzw. sich widersprechender Willenserklärungen ergeben. Hier gilt grds. das Prioritätsprinzip.

§ 1903 BGB: Einwilligungsvorbehalt: Genehmigung als Neuvornahme in Fällen des § 104 Nr. 2 BGB?

Soweit nach § 1903 BGB ein Einwilligungsvorbehalt angeordnet wird, kann sich ein Problem ergeben, wenn der Betreute beim konkreten Rechtsgeschäft nach § 104 Nr. 2 BGB vorübergehend geschäftsunfähig war. In diesem Fall liegt nämlich gar kein schwebend unwirksames Geschäft vor, das der Betreuer genehmigen könnte.

Die Umdeutung einer möglicherweise ausgesprochenen Genehmigung in eine Neuvornahme erscheint dogmatisch bedenklich, da die Genehmigung einer fremden Willenserklärung gegenüber der Abgabe einer eigenen nicht - wie von § 140 BGB vorausgesetzt - ein „Weniger“, sondern wohl sogar ein „Mehr“ ist.

III. Wichtige Strukturen des Familienverfahrensrechts

FamFG: Sonderregelungen für das Familienverfahrensrecht

Das Familienverfahrensrecht spielt im Ersten Staatsexamen 69
(wiederum anders als im Zweiten Examen) keine große Rolle. Wichtig für Sie ist aber jedenfalls zu wissen, dass das FamFG Sonderregelungen für familiengerichtliche Verfahren gegenüber der ZPO enthält.

§ 23b GVG: Zuständigkeit des FamG

Für familiengerichtliche Verfahren werden nach § 23b I GVG bei den Amtsgerichten Abteilungen für Familiensachen gebildet (sog. Familiengerichte), wobei es sich bei der Abgrenzung zwischen dem Amtsgericht als Prozessgericht und dem Amtsgericht als Familiengericht nach h.M. um eine Frage der Geschäftsverteilung, nicht der sachlichen Zuständigkeit handelt.

Die Familiengerichte sind streitwertunabhängig zuständig für Familiensachen, §§ 23a I Nr. 1, 23b I GVG.

Der Begriff der Familiensache ist in § 111 FamFG definiert. Dabei kann wie folgt differenziert werden:

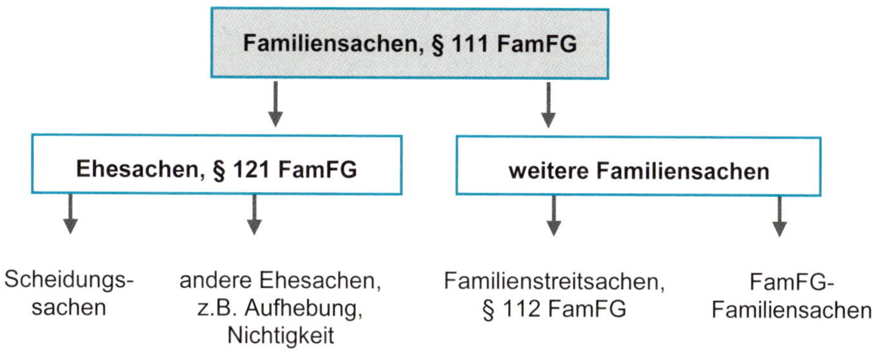

Wichtig ist hier die Unterscheidung zwischen den verschiedenen familienrechtlichen Streitigkeiten, in denen jeweils auch unterschiedliche verfahrensrechtliche Regelungen gelten: Für Familienstreitsachen i.S.d. § 112 FamFG und für Ehesachen nach § 121 FamFG sind gemäß § 113 FamFG weitgehend die Vorschriften der ZPO maßgeblich. Für die übrigen Familiensachen gelten hingegen umfassend die Regelungen des FamFG.

§ 122 FamFG: Zuständigkeit bei Ehesachen

Am ehesten noch Klausurrelevanz könnten Zuständigkeitsfragen haben, da bei diesen Verständnis für die Gesetzessystematik geprüft werden kann. 70

Die örtliche Zuständigkeit in Ehesachen ergibt sich dabei aus § 122 FamFG. Hier ist zu beachten, dass die Prüfung der verschiedenen Varianten des § 122 FamFG streng der gesetzlichen Reihenfolge nach zu erfolgen hat, da zwischen ihnen jeweils Subsidiarität besteht (sog. „Stufenleiter").

sonstige Familiensachen

Die örtliche Zuständigkeit für andere Familiensachen ist im jeweiligen Unterabschnitt des FamFG geregelt und regelmäßig davon abhängig, ob gleichzeitig eine Ehesache anhängig ist. Ein v.a. in der Praxis wichtiges Beispiel ist das Unterhaltsrecht:

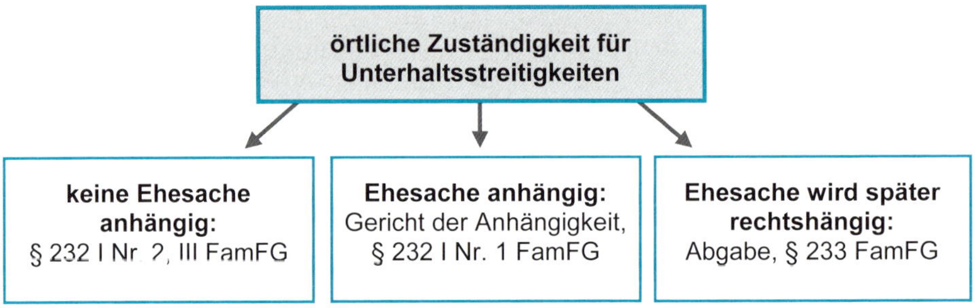

§ 3 ERBRECHT

A) Allgemeines, Überblick und Auswahl

Bedeutung des Erbrechts

Obwohl die meisten Prüfungsordnungen zum Ersten Staatsexamen im Erbrecht nur „Grundzüge“ verlangen, sollten Sie seine Bedeutung (wegen seiner immensen wirtschaftlichen Relevanz für die „Generation der Erben“ auch mit Blick auf eine spätere berufliche Tätigkeit) nicht unterschätzen. Das Erbrecht enthält genügend Probleme für reine Erbrechtsklausuren. 71

Bsp.: *Ein Fall, in dem das Verhältnis mehrerer letztwilliger Verfügungen (einschließlich etwaiger Bindungswirkungen) untereinander geklärt, das letztendlich wirksame Testament ausgelegt und möglicherweise noch ein Pflichtteil berechnet werden muss, kann den Bearbeiter leicht fünf Stunden beschäftigen.*

Andererseits können erbrechtliche Probleme aber auch nur als Einstieg in eine Klausur oder in Kombination mit anderen Fragestellungen eine Rolle spielen:

Bsp.: *Macht etwa der Erbe eine Forderung des Erblassers geltend, so ist zweistufig zu prüfen: Zum einen muss festgestellt werden, dass die Forderung überhaupt in der Person des Erblassers entstanden ist (allgemeine Fragen des Schuldrechts). Zum anderen ist zu prüfen, ob der Anspruchsteller überhaupt Erbe geworden ist. Die entsprechende Situation ergibt sich bei der Frage der Erbenhaftung, § 1967 BGB.*

Bei der Frage des gutgläubigen Erwerbs können sachenrechtliche Probleme der §§ 932 ff. BGB und erbrechtliche Regelungen der §§ 2366 f. BGB ineinandergreifen.

Ziele des Skripts

Der Zielsetzung dieses Skripts nach soll das Kapitel über das Erbrecht also dreierlei Kenntnisse vermitteln:

- Hinweise auf die Normen, die sich besonders gut mit Fragen aus allgemeinen zivilrechtlichen Klausuren verbinden lassen.
- Eine vertiefte Behandlung der Probleme, die in reinen Erbrechtsklausuren erfahrungsgemäß relativ häufig eine Rolle spielen.
- Einen ersten Überblick in den Gebieten, die zwar weniger häufig, aber doch ab und an in der Klausur geprüft werden, um Ihnen insoweit bereits die wichtigsten Grundbegriffe zu vermitteln.

hemmer-Methode: Es liegt auf der Hand, dass insbesondere hinsichtlich der dritten Zielsetzung die Darstellung nur selektiv und nicht allzu vertieft erfolgen kann. Für Details sei bereits an dieser Stelle allgemein auf das Skript Hemmer/Wüst, Erbrecht verwiesen. Unterschätzen Sie aber gerade im Erbrecht auch nicht das generelle Verständnis und die Sicherheit in den essentiellen Grundbegriffen: Gerade hier ist - wie in vielen Nebengebieten - „der Einäugige oft König unter den Blinden".

Einem ersten Überblick über das Erbrecht soll die folgende Skizze zum Aufbau des 5. Buches des BGB dienen:

5. Buch des BGB

1. Abschnitt: **Erbfolge, §§ 1922 ff.**	4. Abschnitt: **Erbvertrag, §§ 2274 ff.**	7. Abschnitt: **Erbverzicht, §§ 2346 ff.**
2. Abschnitt: **Rechtliche Stellung des Erben, §§ 1942 ff.**	5. Abschnitt: **Pflichtteil, §§ 2303 ff.**	8. Abschnitt: **Erbschein, §§ 2353 ff.**
3. Abschnitt: **Testament, §§ 2064 ff.**	6. Abschnitt: **Erbunwürdigkeit, §§ 2339 ff.**	9. Abschnitt: **Erbschaftskauf, §§ 2371 ff.**

Besonders wichtig sind im 5. Buch des BGB vor allem der zweite und dritte Abschnitt, innerhalb derer einige klausurrelevante, in der obigen Übersicht nicht einzeln aufgezählte Schwerpunkte geregelt sind, so z.B. die Erbengemeinschaft, die Vorschriften über den Erbschaftsbesitz u.a.

hemmer-Methode: Denken Sie rechtsgebietsübergreifend! Weitere erbrechtliche Regelungen innerhalb des BGB finden sich etwa im Familienrecht (§ 1371 BGB), im Sachenrecht (vgl. §§ 857, 1061, 1089 BGB) sowie im Schuldrecht (vgl. etwa §§ 311b I, 331, 563 BGB). Daneben sind im Erbrecht natürlich auch die Vorschriften des allgemeinen Teils bzw., wenn es um schuldrechtliche Ansprüche geht (z.B. beim Vermächtnis), auch des allgemeinen Schuldrechts anwendbar, soweit sich im 5. Buch keine Sonderregelungen finden.

I. Rechtsquellen des Erbrechts

Rechtsquellen des Erbrechts

Abgesehen von den oben erwähnten Ausnahmen ist das Erb- 72
recht im 5. Buch des BGB geregelt. Darüber hinaus sind jedoch einzelne erbrechtlich relevante Vorschriften auch in anderen Gesetzen enthalten, so etwa im Handelsgesetzbuch über die Vererblichkeit einer Handelsfirma (§ 22 HGB) oder die Haftung der Erben eines Kaufmanns (§ 27 HGB), in der ZPO über den Gerichtsstand der Erbschaft (§ 27 ZPO) oder die Vollstreckung in den Anteil einer Erbengemeinschaft (vgl. § 859 II ZPO) sowie in einzelnen weiteren, für das Erste Examen aber sicher nicht relevanten „exotischen" Gesetzen wie dem Anerbengesetz, dem Reichsheimstättengesetz oder auch dem Erbschaftssteuergesetz.

Die Darstellung in diesem Skript beschränkt sich im Wesentlichen auf die wichtigsten Regelungen des BGB, andere Vorschriften werden allenfalls an der jeweils relevanten Stelle kurz erwähnt.

Sie sollten aber in der Klausur daran denken, gegebenenfalls auch in anderen Gesetzen nach erbrechtlichen Regelungen zu suchen, wenn der Sachverhalt einen Hinweis darauf enthält (etwa wenn Kaufleute auftreten oder wenn es um zwangsvollstreckungsrechtliche Fragen geht).

II. Wichtige Grundbegriffe zu den Voraussetzungen und Folgen eines Erbfalls

Als Grundlage für die nachfolgende Darstellung sollen einige 73
wichtige Grundbegriffe kurz definiert werden, deren grundsätzliche Kenntnis im Folgenden vorausgesetzt wird, sowie ein kurzer Überblick über die Stellung des Erben gegeben werden, deren grobe Kenntnis auch schon für die Teile der folgenden Darstellung wichtig ist, in denen die Einzelfragen nach der Stellung des Erben noch nicht vertieft worden sind.

1. Erbfall

Erbfall

Der Erbfall ist der Tod einer natürlichen Person (vgl. § 1922 I 74
BGB), des sog. Erblassers.

2. Erbe

Erbe

Erbe kann jede natürliche oder juristische Person sein. Ist es 75
eine natürliche Person, so muss diese zum Zeitpunkt des Erbfalls leben oder aber jedenfalls bereits gezeugt sein (Erbrecht des nasciturus, vgl. § 1923 I, II BGB). Eine juristische Person muss zum Zeitpunkt des Erbfalls grds. bereits rechtsfähig bestehen (Ausnahme ist die noch nicht rechtsfähige Stiftung, vgl. § 84 BGB).

3. Berufung zum Erben

Erbfolge kraft Gesetzes oder kraft letztwilliger Verfügung

Die Berufung zum Erben kann entweder kraft Gesetzes (sog. gesetzliche Erbfolge, vgl. §§ 1924 ff. BGB) oder kraft Verfügung von Todes wegen erfolgen (sog. gewillkürte Erbfolge; vgl. zum Verhältnis dieser beiden näher unten Rn. 78.). Falls weder ein gesetzlicher noch ein gewillkürter Erbe vorhanden ist, wird der Fiskus nach Maßgabe des § 1936 BGB „Zwangserbe". 76

☑

hemmer-Methode: Ist in der Klausur die Berufung zum Erben relevant, so ist immer genau „abzuchecken", wo mögliche Probleme verborgen sein könnten: Oft wird eine Klausur so konstruiert sein, dass mehrere Voraussetzungen der Erbenstellung unproblematisch gegeben sind und somit kurz abgehandelt werden können, während an ein oder zwei Punkten Probleme im Sachverhalt angesprochen sind, zu denen Sie ausführlicher Stellung nehmen müssen. Denken Sie dabei auch klausurtaktisch: Wenn sich bestimmte Folgeprobleme (etwa die Rechtsposition des Erben) nur bei Annahme bzw. bei Ablehnung der Erbenstellung eines bestimmten Beteiligten ergeben, so spricht einiges dafür, dass der Klausurersteller auch von ihrem Vorliegen bzw. Nichtvorliegen ausgegangen ist.

4. Stellung des Erben

Stellung des Erben: Universalsukzession

Charakteristisch für die Stellung des Erben ist die sog. „Universalsukzession" (Gesamtrechtsnachfolge), mittels der der Erbe kraft Gesetzes unmittelbar in die Position des Erblassers eintritt, vgl. § 1922 BGB. Dabei findet auch ein (fiktiver) Eintritt in die Besitzposition des Erblassers statt, vgl. § 857 BGB, schon bevor der Erbe die Nachlassgegenstände tatsächlich in Besitz genommen hat. Der Erwerb des Erben erfolgt dabei als „von-selbst-Erwerb" ohne einen rechtlichen Übertragungsakt. 77

☑

hemmer-Methode: Mit anderen Worten: Mit dem Erbfall wird der Erbe automatisch Eigentümer der Sachen, Inhaber der Rechte, die zuvor dem Erblasser zustanden. Aber auch die Passiva gehen grundsätzlich auf den Erben über, vgl. § 1967 BGB.

Ausnahme: höchstpersönliche Rechte und Sonderrechtsnachfolge

Eine Ausnahme bilden zum einen höchstpersönliche Rechte wie etwa künftige Unterhaltsansprüche, die nicht vererbbar sind. Zum anderen findet hinsichtlich bestimmter Gegenstände eine Art „Sonderrechtsnachfolge" statt, so z.B. beim Übergang der Mietwohnung auf den Ehegatten (§ 563 BGB) und bei bestimmten Formen der Übertragung eines Gesellschaftsanteils (bei sog. „qualifizierter Nachfolgeklausel").

Erbengemeinschaft

Werden - sei es kraft Gesetzes, sei es kraft letztwilliger Verfügung - mehrere Personen gleichzeitig Erben (anders also etwa bei der Ersatz- oder der Nacherbschaft, vgl. dazu unten Rn. 136 ff.), so bilden diese eine sog. Erbengemeinschaft als Gesamthandsgemeinschaft, §§ 2032 ff. BGB, vgl. dazu unten Rn. 158 ff.

B) Gesetzliche Erbfolge[22]

I. Das Verhältnis zwischen gesetzlicher und gewillkürter Erbfolge

Vorrang der gewillkürten Erbfolge

Hat der Erblasser eine wirksame letztwillige Verfügung getroffen, so geht die gewillkürte Erbfolge der gesetzlichen Erbfolge vor. Dies ist im Gesetz zwar nirgends explizit angeordnet, ergibt sich aber etwa aus § 1937 BGB sowie aus der Tatsache, dass andernfalls für die gewillkürte Erbfolge kein Anwendungsbereich bliebe. **78**

aber u.U. auch dort Bedeutung der gesetzlichen Erbfolge

Gleichwohl kann der gesetzlichen Erbfolge auch in den Fällen, in denen ein wirksames Testament vorliegt, Bedeutung zukommen. Die gesetzliche Erbfolge kann in solchen Fällen etwa Auskunft darüber geben, ob einem Beteiligten ein Pflichtteilsanspruch zusteht, oder auch für die Auslegung des Testaments von Bedeutung sein.

hemmer-Methode: Solche Konstellationen bieten sich für die Klausur geradezu an. Der Ersteller kann nämlich auf diese Weise sowohl Ihre Kenntnisse hinsichtlich der gewillkürten Erbfolge (etwa Wirksamkeitsvoraussetzungen und insbesondere Auslegung eines Testaments) als auch hinsichtlich der gesetzlichen Erbfolge prüfen.

Prüfungsreihenfolge in der Klausur

Für die Klausur bedeutet dies, dass grds. zuerst zu prüfen ist, ob eine wirksame letztwillige Verfügung vorliegt. Nur wenn dies nicht der Fall ist (oder aber die Verfügung keine Erbeinsetzung enthält) bzw. im Rahmen der oben genannten Folgeprobleme, ist die gesetzliche Erbfolge zu prüfen.

hemmer-Methode: Klausuren werden deshalb häufig so konstruiert sein, dass Sie auch dann, wenn im Ergebnis eine letztwillige Verfügung wirksam ist, in irgendeinem Zusammenhang kurz auf die gesetzliche Erbfolge eingehen müssen. Neben den oben bereits genannten Konstellationen könnte dies etwa auch der Fall sein, wenn ein Mandant fragt, ob es für ihn möglicherweise günstiger ist, die gewillkürte (insbesondere Mit-)Erbenstellung auszuschlagen und stattdessen gesetzlicher Erbe zu werden.

---

[22] Umfassend hierzu **Hemmer/Wüst, Erbrecht, Rn. 16 ff.**

Auch wenn kein solcher Fall vorliegt, sollten Sie in der Klausur zumindest dann trotz der Existenz eines wirksamen Testaments kurz auf die gesetzliche Erbfolge eingehen, wenn von Ihnen nach der Aufgabenstellung nicht die Beantwortung konkreter Fragen, sondern ein „umfassendes Gutachten der erbrechtlichen Lage“ gefordert ist. Hier dürfte sich klausurtaktisch in aller Regel empfehlen, eine (insbesondere unproblematische) gesetzliche Erbfolge ganz kurz und unter Zitat der einschlägigen Vorschriften im Urteilsstil festzustellen, bevor Sie mit einem Satz wie dem folgenden in die Prüfung der letztwilligen Verfügung überleiten: „Diese gesetzliche Erbfolge würde allerdings dann nicht eintreten, wenn bzw. soweit der Erblasser eine wirksame letztwillige Verfügung getroffen hat ... “.

II. Die gesetzlichen Erben

Gesetzliche Erben sind Verwandte des Erblassers sowie sein Ehegatte. *79*

1. Das Verwandtenerbrecht

Parentelsystem: unterschiedliche Ordnungen

Bei der Frage, ob bzw. welcher Verwandte des Erblassers Erbe wird, gilt das sog. Parentelsystem: Danach werden die Verwandten in unterschiedliche Ordnungen eingeteilt (vgl. §§ 1924 ff. BGB), wobei Verwandte der vorgehenden Ordnung solche einer nachgehenden von der Erbfolge ausschließen, vgl. § 1930 BGB. Dabei unterscheidet das Gesetz zwischen vier unterschiedlichen Ordnungen. *80*

Das System der Ordnungen im Verwandtenerbrecht

1. Ordnung, § 1924:	**2. Ordnung, § 1925:**	**3. Ordnung, § 1926:**	**4. Ordnung, § 1928:**
Abkömmlinge	Eltern und deren Abkömmlinge	Großeltern und deren Abkömmlinge	Urgroßeltern und deren Abkömmlinge
⇨ Kinder ⇨ Enkel etc.	⇨ Eltern ⇨ Geschwister ⇨ Neffen u. Nichten	⇨ Großeltern ⇨ Onkel u. Tanten ⇨ Cousins u. Cousinen	⇨ Urgroßeltern ⇨ Großonkel und Großtanten

hemmer-Methode: Seit Inkrafttreten des Erbrechtsgleichstellungsgesetzes am 01.04.1998 werden eheliche und nichteheliche Kinder hinsichtlich ihrer erbrechtlichen Stellung sowohl nach dem Vater als auch nach der Mutter völlig gleich behandelt.
Vor dieser Gesetzesänderung gab es für nichteheliche Kinder eine Sonderregelung nach dem Vater:

Danach hatte das nichteheliche Kind nach §§ 1934a ff. BGB kein gesetzliches Erbrecht, sondern nur einen sog. Erbersatzanspruch, welcher als schuldrechtlicher Anspruch auf eine Geldzahlung in Höhe des gesetzlichen Erbteils gerichtet war. Der Zweck einer solchen schuldrechtlichen Lösung war es, konfliktgeladene Erbengemeinschaften zwischen dem nichtehelichen Kind und der Ehefrau bzw. den Verwandten des verstorbenen Mannes zu vermeiden.

innerhalb der Ordnungen Erbfolge nach Stämmen, Linien oder Gradualsystem

Da innerhalb einer Ordnung stets Personen und deren Abkömmlinge genannt sind (also z.B. Kinder u. Enkel, Eltern u. Geschwister oder Großeltern u. Tanten), enthält das Gesetz auch Vorschriften darüber, dass innerhalb einer Ordnung grundsätzlich die ältere Generation ihre Abkömmlinge von der Erbfolge ausschließt und wie sich das Vorversterben eines Erbberechtigten auf das gesetzliche Erbrecht seiner Abkömmlinge auswirkt.

Dabei erfolgt die Verteilung innerhalb einer Ordnung wie folgt:

In der ersten Ordnung nach Stämmen, d.h. jedes Kind bildet einen Stamm, der einen gleichen Erbteil enthält, vgl. § 1924 IV BGB; innerhalb der Stämme gilt das Repräsentationsprinzip, vgl. § 1924 II BGB, wonach ein noch lebender Abkömmling seine Abkömmlinge von der Erbfolge ausschließt. Mit dem Tod des Abkömmlings rücken aber die durch ihn mit dem Erblasser verwandten Abkömmlinge in seine Stellung nach, § 1924 III BGB.

In der zweiten und dritten Ordnung nach sog. „Linien“, wobei jeder (Groß-)Elternteil eine Linie bildet, vgl. §§ 1925 II, III, 1926 II - IV BGB.

Ab der vierten Ordnung nach dem sog. Gradualsystem, d.h. das Erbrecht wird nach dem Grad der Verwandtschaft (d.h. der Zahl der vermittelnden Geburten) bestimmt.

hemmer-Methode: Zumindest für die mündliche Prüfung sollte man Begriffe wie Parentelsystem oder Repräsentationsprinzip kennen und kurz erklären können. In der Klausur ist es zwar auch hilfreich, wenn man diese Prinzipien kennt.
Wichtiger hingegen ist es jedoch, sauber anhand der in §§ 1924 ff. BGB relativ ausführlichen gesetzlichen Regelungen zu arbeiten.

Einen Überblick über mögliche Verwandten des Erblassers und ihre Einteilung in Ordnungen gibt die nachfolgende Skizze, wobei eine gewisse Erfahrung dafür spricht, dass im Rahmen einer Klausur kaum einmal Verwandte über die (hier noch dargestellte) dritte Ordnung hinaus auftauchen:

Beispiel zur gesetzlichen Erbfolge

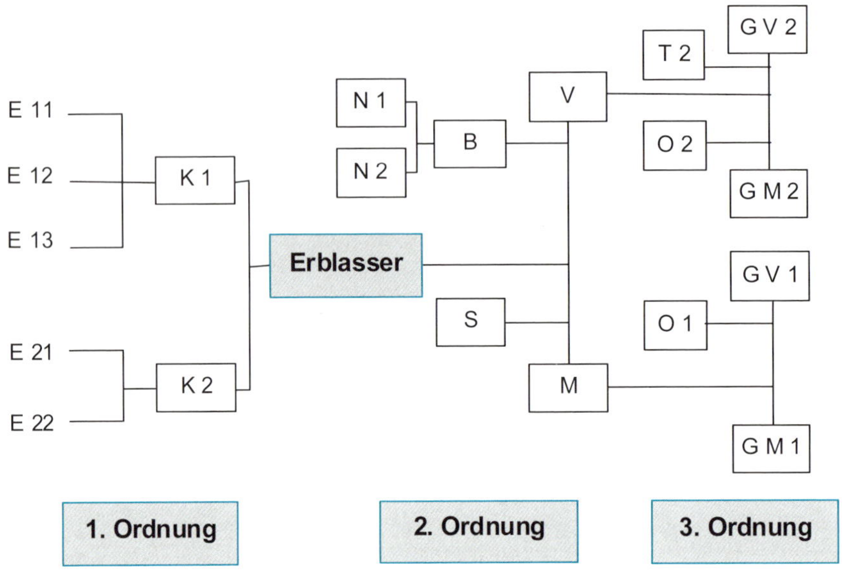

Bsp.: *In obiger Skizze verdrängt die jeweils niedrigere Ordnung die höhere, d.h. solange Kinder oder Enkel vorhanden sind, erben Eltern und Geschwister bzw. gar Großeltern und Onkel bzw. Tanten nichts. Das Repräsentationsprinzip hat zur Folge, dass die Enkel nichts erben, wenn beide Kinder zur Zeit des Erbfalls noch leben. Die Verteilung nach Stämmen bewirkt, dass wenn K 1 bereits vorverstorben ist, E 11 bis E 13 an seine Stelle treten, d.h. dass also K 2 zur Hälfte und E 11 bis E 13 jeweils zu einem Sechstel erben würden.*

Sind Erben der 1. Ordnung nicht mehr am Leben, so erben V und M jeweils zur Hälfte. Ist V bereits vorverstorben, so wird sein Erbteil unter B und S aufgeteilt. Ist auch B bereits vorverstorben, so treten N 1 und N 2 an seine Stelle, sodass in diesem Falle M die Hälfte, S ein Viertel und N 1 sowie N 2 jeweils ein Achtel erben würden. Wäre M bereits vorverstorben und der Erblasser hätte keine weiteren Geschwister (d.h. B und S existieren nicht), so würde V Alleinerbe, vgl. § 1925 III S. 2 BGB.

hemmer-Methode: Eine der hier dargestellten vergleichbare (aber natürlich auf die im Sachverhalt genannten Personen beschränkte und damit i.d.R. stark vereinfachte) Skizze kann auch in der Klausur ratsam sein, um in der Prüfungssituation die Zusammenhänge nicht aus den Augen zu verlieren. Streicht man dann die jeweils vorverstorbenen Personen noch durch, so kann man auch anhand eines solchen Stammbaums die Anordnungen des Gesetzes in den §§ 1924 ff. BGB sehr gut nachvollziehen.

2. Das Erbrecht des Ehegatten[23]

a) Einordnung und Prüfungsreihenfolge

Ehegattenerbrecht (§§ 1931 ff. BGB) getrennt zu prüfen

Neben den Verwandten hat auch der Ehegatte ein gesetzliches 81
Erbrecht. Da sich dieses jedoch nach eigenen Regelungen in den §§ 1931 ff. BGB bestimmt, wird es hier getrennt vom Verwandtenerbrecht dargestellt und ist auch in der Klausur grds. getrennt von diesem zu prüfen.

Abhängigkeit von daneben erbenden Verwandten

Allerdings besteht ein Zusammenhang zwischen Ehegatten- und Verwandtenerbrecht, da das Erbrecht des Ehegatten von der Ordnung der daneben erbenden Verwandten abhängig ist. Andererseits steht es - wenn diese Ordnung ermittelt ist - der Höhe nach fest, da der Ehegatte nicht wie die Verwandten einer Ordnung mit anderen „Gleichberechtigten" teilen muss (da eine Vielehe in Deutschland nicht zulässig ist!).

Prüfungsreihenfolge

Für die Prüfungsreihenfolge in der Klausur empfiehlt sich daher 82
folgendes Vorgehen:

- Zunächst ist zu bestimmen, welcher Ordnung die neben dem Ehegatten möglicherweise erbenden Verwandten angehören.

- Davon ausgehend ist der Anteil des Ehegatten mit einer festen Quote festzulegen.

- Schließlich kann der nach dem Anteil des Ehegatten verbleibende Rest auf die neben ihm erbenden Verwandten verteilt werden.

Bsp.: *Leben als Verwandte des Erblassers nur noch die vier Großeltern, so ist der Ehegatte neben diesen regelmäßig Erbe zu drei Vierteln (vgl. näher sogleich unten). In der Klausur wäre also zunächst diese Erbquote anhand der §§ 1931 I, III, 1371 I BGB festzustellen. Daraus ergibt sich die feste Erbquote des Ehegatten mit drei Vierteln. Die vier gleichberechtigten Großeltern müssen sich das verbleibende Viertel teilen, sodass jeder Erbe zu ein Sechzehntel würde. Soweit ein Großelternteil vorverstorben, geht dessen Anteil nicht nach § 1926 III BGB auf den oder die Abkömmlinge des Verstorbenen, sondern nach § 1931 I S. 2 BGB auf den Ehegatten über.*

b) Höhe des Ehegattenerbrechts und Einfluss des Güterstandes

Für den gesetzlichen Erbteil des Ehegatten sind zwei Faktoren 83
von Bedeutung: zum einen die Ordnung der neben ihm erbenden Verwandten, zum anderen der eheliche Güterstand.

[23] Umfassend hierzu **Hemmer/Wüst, Erbrecht, Rn. 25 ff.**

Quote des Ehegatten neben Verwandten

aa) Zunächst ergibt sich eine unabhängig vom Güterstand bestehende Quote, die sich nach den neben den Ehegatten erbenden Verwandten richtet, vgl. § 1931 I, II BGB:

Erbrecht des Ehegatten (unabhängig vom Güterstand)

- Neben Verwandten der 1. Ordnung: **ein Viertel**
- Neben Verwandten der 2. Ordnung oder Großeltern: **die Hälfte**
- Neben anderen Verwandten: **alleiniges Erbrecht des Ehegatten**

Einfluss des Güterstandes

bb) Daneben hat aber auch der von den Ehegatten gewählte Güterstand Einfluss auf die Höhe des Erbteils:

Einfluss des Güterstandes auf das Erbrecht des Ehegatten

- **Bei Gütergemeinschaft:** keine Besonderheiten, Erbrecht bestimmt sich allein nach § 1931 I, II BGB
- **Bei Zugewinngemeinschaft:** Erhöhung des Erbanteils nach § 1931 I, II BGB um ein weiteres Viertel, § 1931 III i.V.m. § 1371 I BGB (pauschalierter Zugewinnausgleich)
- **Bei Gütertrennung:** § 1931 IV BGB, d.h. der Ehegatte erbt bei einem oder zwei Kindern mindestens gleich viel wie jedes Kind, i.Ü. § 1931 I, II BGB

Zugewinngemeinschaft: pauschalierter Ausgleich i.H.v. ¼

In dem in der Klausur wichtigsten (weil auch in der Praxis häufigsten) Fall der Zugewinngemeinschaft findet also nach § 1931 III BGB i.V.m. § 1371 I BGB ein pauschalierter Zugewinnausgleich dadurch statt, dass der Erbteil des Ehegatten um ein weiteres Viertel erhöht wird. Dabei ist es unerheblich, ob sich für den überlebenden Ehegatten nach den §§ 1373 ff. BGB überhaupt ein Anspruch auf Ausgleich des Zugewinns ergeben hätte. 84

Bsp.: *Der verstorbene M hinterlässt seine Frau F sowie zwei Kinder, K 1 und K 2. K 1 und K 2 sind nach § 1924 I BGB Erben der 1. Ordnung, sodass das Ehegattenerbrecht der F nach § 1931 I S. 1 BGB ein Viertel beträgt.*

Leben F und M, was mangels anderer Hinweise angenommen werden muss, im gesetzlichen Güterstand der Zugewinngemeinschaft, so erhöht sich der Erbteil nach § 1931 III BGB i.V.m. § 1371 I BGB um ein weiteres Viertel, sodass F zur Hälfte und K 1 sowie K 2 jeweils zu einem Viertel erben.

Abwandlung: *Würden M und F in Gütertrennung leben, so wäre bei zwei Kindern die Regelung des § 1931 IV BGB zu beachten, wonach der überlebende Ehegatte und jedes Kind zu gleichen Teilen (hier also F und K 1 und K 2 jeweils zu einem Drittel) erben. Hätten M und F dagegen sechs Kinder, so würde es bei einem Viertel für F bleiben und die Kinder K 1 bis K 6 müssten sich zu sechst die übrigen drei Viertel teilen, d.h. jedes würde Erbe zu einem Achtel.*

hemmer-Methode: Die Auswirkungen des Güterrechts auf den Erbteil und v.a. den Pflichtteil des überlebenden Ehegatten werden im Detail in den Rn. 178 ff. dargestellt.

c) Sonderfragen

Voraus des Ehegatten

Enthält der Sachverhalt entsprechende Anhaltspunkte, so ist 85
außerdem der sog. „Voraus“ des Ehegatten nach § 1932 BGB zu beachten, ein gesetzlich angeordnetes Vorausvermächtnis an den zum ehelichen Haushalt gehörenden Gegenständen.

kein Ehegattenerbrecht bei Scheidung oder „Scheidungsreife“

Ein Ehegattenerbrecht besteht nicht mehr, wenn die Eheleute vor dem Erbfall geschieden wurden. Außerdem ist nach § 1933 BGB das Ehegattenerbrecht bereits dann ausgeschlossen, wenn zur Zeit des Todes des Erblassers die Voraussetzungen für die Scheidung gegeben waren, §§ 1565 ff. BGB, und der Erblasser die Scheidung beantragt oder ihr zugestimmt hatte.

hemmer-Methode: Auf diese Weise können in eine erbrechtliche Klausur Fragestellungen des Scheidungsrechts nach §§ 1565 ff. BGB eingestreut werden.

C) Gewillkürte Erbfolge[24]

I. Einführung und Allgemeines

1. Einordnung

Testierfreiheit, durch Art. 14 GG geschützt

Die gewillkürte Erbfolge geht im Falle einer wirksamen letztwilli- 86
gen Verfügung der gesetzlichen vor. Sie ist Ausfluss der sog. Testierfreiheit, d.h. des durch Art. 14 GG garantierten Rechts, jede beliebige Person grds. ohne Angabe von Gründen als Erbe einzusetzen.

---

[24] Umfassend hierzu **Hemmer/Wüst, Erbrecht, Rn. 48 ff.**

hemmer-Methode: Gewisse - verfassungsgemäße - Grenzen der Testierfreiheit ergeben sich durch den erbrechtlichen Typenzwang (d.h. die durch das Erbrecht vorgegebenen Möglichkeiten der erbrechtlichen Gestaltung in Testamenten), allgemeine Vorschriften wie §§ 134, 138 BGB (vgl. dazu unten bei der Wirksamkeit des Testaments) sowie das Pflichtteilsrecht.

2. Arten letztwilliger Verfügungen

Arten

Das Gesetz kennt verschiedene Arten letztwilliger Verfügungen, und zwar 87

- (Einzel-)Testament (als öffentliches Testament, §§ 2231 Nr. 1, 2232 BGB, eigenhändiges Testament, §§ 2231 Nr. 2, 2247 BGB, sowie Nottestament, §§ 2249 - 2252 BGB),
- das gemeinschaftliche Ehegattentestament, §§ 2265 ff. BGB, und
- den Erbvertrag, §§ 2274 ff. BGB.

Entsprechend der Relevanz für Ausbildung und Prüfung werden im Folgenden (II. - IV.) nur das eigenhändige Testament, das Ehegattentestament und der Erbvertrag näher dargestellt, wobei es in diesem Abschnitt vorrangig um die formalen Anforderungen sowie die Wirkungen geht. Die in einer letztwilligen Anordnung möglichen inhaltlichen Regelungen werden näher in Abschnitt D dargestellt.

3. Allgemeine Wirksamkeitsvoraussetzungen

Bei allen im Folgenden näher dargestellten Formen von letztwilligen Verfügungen sind gewisse Gesichtspunkte zu beachten, die teils für alle Verfügungsformen gleich, teils für jede Verfügungsform speziell geregelt sind und die hier vorab im Überblick vorgestellt werden sollen. 88

a) Testierfähigkeit

Testierfähigkeit

Ein Testament kann nur wirksam errichtet werden, wenn der Erblasser bei seiner Abfassung testierfähig i.S.d. § 2229 BGB war. Die Testierfähigkeit ist die erbrechtliche Ausprägung der Geschäftsfähigkeit. Einen Erbvertrag kann als Erblasser grds. nur ein unbeschränkt Geschäftsfähiger schließen, vgl. § 2275 I BGB (zu den Ausnahmen vgl. § 2275 II, III BGB). 89

bei Volljährigen grds. vermutet

Insbesondere hinsichtlich der Testierfähigkeit ist zu beachten, dass diese - bei volljährigen Personen - vermutet wird, d.h. die Beweislast für die Testierunfähigkeit trägt derjenige, der sich auf die Unwirksamkeit des Testaments beruft.

Sind im Sachverhalt daher keine eindeutigen Anhaltspunkte für eine Testierunfähigkeit gegeben (bzw. ist nicht positiv im Sachverhalt klargestellt, dass Testierunfähigkeit vorliegt), so ist - auch wenn die Testierfähigkeit von einem Beteiligten bestritten wird - in der „non-liquet-Situation“ von der Testierfähigkeit und damit von der Wirksamkeit des Testaments auszugehen. Hiervon ist allerdings der Fall zu unterscheiden, in dem die Testierfähigkeit ab einem gewissen Zeitpunkt feststeht, es aufgrund des fehlenden Datums im Testament aber unklar ist, ob der Erblasser dieses vor oder nach diesem Zeitpunkt errichtet hat.[25]

b) Höchstpersönlichkeit der letztwilligen Verfügung

§ 2064 BGB: Höchstpersönlichkeit (⇨ keine Stellvertretung)
§ 2065 BGB: Inhaltsbestimmung durch Dritte nicht zulässig

Nach § 2064 BGB (bzw. der Sondervorschrift des § 2274 BGB für den Erbvertrag) sind letztwillige Verfügungen höchstpersönlich zu errichten, d.h. eine Stellvertretung ist nicht zulässig. Nach § 2065 BGB muss dabei grds. der Inhalt der letztwilligen Verfügung im Testament durch den Erblasser selbst bestimmt werden, d.h. eine Inhaltsbestimmung durch Dritte ist - auch mit Gestattung des Erblassers - grds. nicht zulässig (Ausnahmen finden sich etwa in den §§ 2048, 2151 f., 2191 BGB). 90

Abgrenzung „Einsetzung“ ⇔ Bezeichnung durch Dritte

Zulässig ist dagegen, wenn der Dritte den Erben nur noch „bezeichnen“ muss. Im Einzelfall kommt es also darauf an, ob ausreichend genaue Kriterien für die Auswahl des Dritten vorgegeben sind:

freies Wahlrecht unzulässig

Unproblematisch sind dabei die Fälle, in denen dem Dritten ein völlig freies Wahlrecht zugestanden wird; dies ist stets unzulässig.

bloße „Benennung“ zulässig

Ebenfalls unstreitig sind die Fälle, in denen solche objektiven Anhaltspunkte gegeben werden, die nicht nur im Testament genannte Personen, sondern auch jeder beliebige Dritte nachvollziehen könnte (so z.B. denjenigen Sohn zum Erben bestimmen soll, der als erster heiratet, sein Studium abgeschlossen hat o.Ä.). Solche Fälle, in denen der Dritte den Erben nicht auswählen, sondern eigentlich nur noch „benennen“ muss, sind unproblematisch zulässig.

Zulässigkeit „gebundenen Ermessens“ str.

Umstritten und damit besonders klausurrelevant sind die Grenzfälle zwischen diesen beiden Extremen, so wenn z.B. als Erbe der „für die Fortführung des Betriebes geeignetste Sohn“ eingesetzt werden soll.

[25] Vgl. hierzu unten Rn. 99.

Nach Ansicht des Reichsgerichts ist ein solches „gebundenes Ermessen“ des Dritten unschädlich, da sachliche Gesichtspunkte für die Auswahl vorgegeben sind. Der BGH dagegen ist hier strenger und fordert, dass dem Dritten keinerlei eigener Beurteilungsspielraum zukommen darf, sodass das Testament mit der oben genannten Formulierung ungültig wäre.

hemmer-Methode: Beachten Sie, dass die §§ 2151 ff. BGB das Bestimmtheitsgebot für die Anordnung eines Vermächtnisses lockern. So ist es nach § 2151 BGB möglich, dass der Erbe unter mehreren Benannten den Vermächtnisnehmer aussucht.

c) Form

Formvorschriften

Für die verschiedenen Arten des Testaments sowie den Erbvertrag sind bestimmte Formen vorgeschrieben. Werden diese nicht eingehalten, so ist die letztwillige Verfügung nach § 125 BGB nichtig. Die Einhaltung dieser Formen wird häufig einen Schwerpunkt in der Klausur bilden. Die Einzelheiten hierzu finden Sie unter Rn. 97 ff. 91

hemmer-Methode: Sie können von der Formwirksamkeit des Testaments in der Klausur unproblematisch ausgehen, wenn diese im Sachverhalt erwähnt wird (z.B.: „ ... durch formgültiges Testament vom ... “). Dagegen besteht ein erhöhtes Bedürfnis für die Prüfung der Formwirksamkeit (sowie für eine anschließende Auslegung des Testaments!), wenn die Umstände der Errichtung genau geschildert und das Testament im Wortlaut abgedruckt werden.

d) Testierwille

Testierwille

Die formgerechte Verfügung muss der Erblasser gerade mit dem Willen errichtet haben, von Todes wegen zu handeln. Soweit das Schriftstück mit „Testament“ oder „Mein letzter Wille“ überschrieben ist, können Sie den Testierwillen in einem Satz feststellen. Problematisch ist dieser Prüfungspunkt hingegen dann, wenn ein Testament in Briefform errichtet wurde oder wenn es um die Abgrenzung zwischen einer postmortalen Vollmacht und einer letztwilligen Verfügung geht (zu problematischen Fällen vgl. auch Rn. 97). 91a

e) Keine Aufhebung der Verfügung

keine Aufhebung (Widerruf, Anfechtung, Rücktritt)

Ähnlich, wie bei einem vertraglichen Anspruch zunächst anspruchsbegründende und ausschließende rechtsvernichtende bzw. rechtshemmende Tatbestände zu prüfen sind, so ist bei der Wirksamkeit einer letztwilligen Verfügung nach deren wirksam gewordenem Zustandekommen zu prüfen, ob sie nicht wieder aufgehoben wurde. 92

Als solche Aufhebungen kommen insbesondere der Widerruf, die Anfechtung oder der Rücktritt von der Verfügung in Betracht.

Möglichkeit und Voraussetzungen von Widerruf bzw. Anfechtung sind bei den verschiedenen Arten der letztwilligen Verfügungen (als Konsequenz ihrer unterschiedlichen Bindungswirkung) unterschiedlich geregelt und werden daher jeweils im Zusammenhang mit diesen näher dargestellt (vgl. bspw. Rn. 102 ff.).

Als allgemeinen Prüfungspunkt sollten Sie sich aber merken, dass stets die Aufhebung einer letztwilligen Verfügung mit ihren unterschiedlichen Möglichkeiten im Blickfeld zu halten ist.

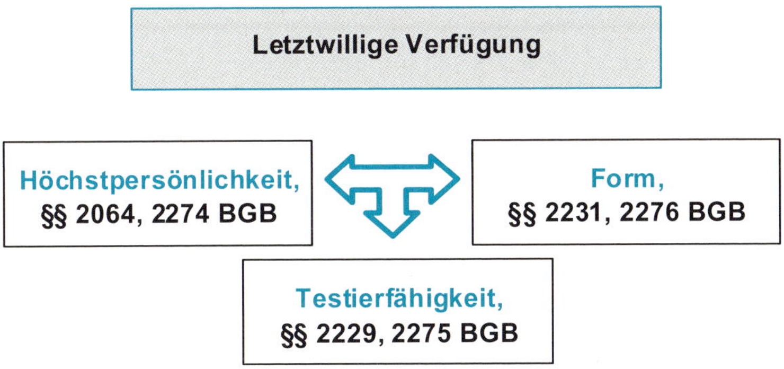

4. Auslegung und Inhalt letztwilliger Verfügungen

Auslegung: Ermittlung des Erblasserwillens

Wurde nach Maßgabe der oben genannten Punkte festgestellt, dass eine wirksame letztwillige Verfügung vorliegt, so sind in Praxis und Klausur noch die Anordnungen des Erblassers auszulegen und ihr Inhalt zu ermitteln. 93

§ 133 BGB: Ermittlung des Erblasserwillens

Grundsätzlich allein entscheidend ist als Ausfluss der Testierfreiheit der Wille des Erblassers. Dieser muss also gem. § 133 BGB ermittelt werden. 94

§ 157 BGB bei Testamenten nicht anwendbar

Dagegen gilt § 157 BGB zumindest für die Auslegung einfacher Testamente nicht (anders bei gemeinschaftlichen Ehegattentestamenten), da es hier anders als bei Verträgen gerade nicht darum geht, einen Dritten über die Beachtung des „objektiven Empfängerhorizonts“ zu schützen, sondern nur um die Verwirklichung des Erblasserwillens. Denn beim Testament handelt es sich um eine einseitige, nicht empfangsbedürftige Willenserklärung.

hemmer-Methode: Anders ist dies bei vertragsmäßigen Verfügungen in einem Erbvertrag und wechselbezüglichen Verfügungen in einem gemeinschaftlichen Testament. Diese Verfügungen richten sich gerade an den Vertragspartner bzw. den Ehegatten, sodass bei der Auslegung § 157 BGB heranzuziehen ist.

zweistufiges Vorgehen

Bei der Auslegung ist dabei nach h.M. ein zweistufiges Vorgehen erforderlich:

Auf der ersten Stufe ist der Erblasserwille anhand von allen verfügbaren Anhaltspunkten zu ermitteln, § 133 BGB. Dies sind also nicht allein der Inhalt des Testaments, sondern auch bekannte Gepflogenheiten, Äußerungen gegenüber Dritten etc.

Andeutungstheorie

Auf der zweiten Stufe ist zu prüfen, ob dieser Wille im Testament wenigstens angedeutet wurde (sog. Andeutungstheorie). Aufgrund des Formzwanges letztwilliger Verfügungen muss der Erblasserwille nämlich wenigstens andeutungsweise auch in der gesetzlich vorgeschriebenen Form niedergelegt werden. Andererseits sind die Erfordernisse der Andeutungstheorie hierfür vergleichsweise geringer, als man sie bei einer Ableitung allein aus dem Text der letztwilligen Verfügung stellen müsste.

hemmer-Methode: Die Andeutungstheorie wird in der Literatur teilweise kritisiert, da es in der Tat eine gewisse Zufälligkeit ist, ob für einen bestimmten Willen eine „und auch noch so schwache Andeutung" enthalten ist oder gerade nicht. Im Ergebnis sollte man in der Klausur jedoch der h.M. folgen, was man mit einem kurzen Hinweis darauf begründen kann, dass andernfalls die gesetzlichen Formvorschriften völlig leerlaufen würden. Eine gewisse Durchbrechung erfährt die Andeutungstheorie jedoch auch nach der h.M. dadurch, dass auch hier der Grundsatz der „falsa-demonstratio-non-nocet" gelten soll.

Auslegungsregeln: Vorrang der Auslegung nach § 133 BGB

Daneben enthält das Erbrecht eine große Zahl von Auslegungsregeln, etwa in den §§ 2066 - 2077, 2087, 2097, 2102 ff., 2269, 2270 II BGB. All diesen ist jedoch gemeinsam, dass sie erst anwendbar sind, wenn nach der Auslegung noch Zweifel bestehen bleiben, d.h. die Auslegung nach § 133 BGB ist vorrangig.

hemmer-Methode: Dies müssen Sie in der Klausur aus zwei Gründen unbedingt beherzigen: Zum einen zeigen Sie anderenfalls, dass Sie die gesetzliche Systematik nicht verstanden haben. Zum anderen wird es in der Klausur gerade auf die Auslegung nach § 133 BGB eine Menge Punkte geben, da Sie mit dieser Ihr Einfühlungsvermögen sowie Ihre Fähigkeit zu einer eigenständigen und überzeugenden Begründung unter Beweis stellen können.
Kommt man in der Klausur - was häufig der Fall sein wird - bereits durch Auslegung zu dem Ergebnis, das auch die Zweifelsregelung anordnen würde, so sollte man deutlich klarstellen, dass man dieses auf die Auslegung nach § 133 BGB stützt.

Allerdings dürfte es i.d.R. nicht verkehrt sein, gleichsam hilfsweise darauf hinzuweisen, dass man nach der gesetzlichen Auslegungsregelung zum gleichen Ergebnis selbst dann käme, wenn man der vorgenommenen Auslegung nicht folgen möchte, dass aber eine feststehende Auslegung in die andere Richtung keinesfalls möglich erscheint.

§ 2084 BGB: „wohlwollende Auslegung"

Besondere Bedeutung hat der Grundsatz der „wohlwollenden" Auslegung nach § 2084 BGB: Danach ist (etwa bei rechtstechnisch ungenauen Formulierungen o.Ä.) im Zweifel die (erforderlichenfalls auch berichtigende oder ergänzende) Auslegung zu wählen, bei der die Verfügung Erfolg hat. Auch durch § 2084 BGB soll also dem wahren Erblasserwillen zum Erfolg verholfen werden. *95*

5. Möglicher Inhalt von letztwilligen Verfügungen

mögliche Inhalte

Mögliche Inhalte letztwilliger Verfügungen sind: *96*

➲ die Bestimmung der Erbfolge (z.B. Erbeinsetzung, Vor-/Nacherbschaft, Enterbung),

➲ Sonderzuwendungen (Vermächtnis, Auflage),

➲ sonstige Anordnungen (z.B. Teilungsanordnung, Anordnung der Testamentsvollstreckung o.Ä.).

Hinsichtlich dieser bei allen Arten von letztwilligen Verfügungen grds. in gleicher Weise möglichen einzelnen Anordnungen sei näher auf den folgenden Abschnitt D verwiesen.

II. Das eigenhändige Testament[26]

1. Allgemeines

Testierwille gerade beim eigenhändigen Testament u.U. problematisch

Für das eigenhändige Testament gelten zunächst die allgemeinen, oben näher genannten Voraussetzungen wie die höchstpersönliche Errichtung, die Testierfähigkeit, der Testierwille etc. Dabei kann jedoch gerade beim eigenhändigen Testament im Vergleich zu anderen Formen von letztwilligen Verfügungen die Frage des Testierwillens schwieriger zu entscheiden sein: Wer ein Testament oder gar einen Erbvertrag beim Notar abschließt, wird regelmäßig Testierwillen haben, ohne dass dies in der Klausur lang erklärt werden müsste. *97*

---

[26] Umfassend hierzu **Hemmer/Wüst, Erbrecht, Rn. 57 ff.**

Findet sich dagegen ein handschriftliches (vermeintliches?) „Testament“ des Erblassers, das mit einer Reihe von (wenngleich verständlichen) Abkürzungen auf der Rückseite eines benutzten Briefumschlages „niedergelegt“ ist, so hat man durchaus näher zu begründen, dass hier bereits ein wirksames Testament errichtet werden sollte und nicht nur ein bloßer Entwurf vorliegt.

Sonderproblem: Brieftestament

Zweifelsfragen können sich auch beim sog. „Brieftestament“ ergeben, einer Verfügung also, welche in Form eines Briefes (etwa an den Erben) abgefasst ist. Zwar kann eine solche durchaus wirksam sein (vgl. insbesondere zu den Formerfordernissen Rn. 98 f.), indes ist diese Form des Testaments besonders von der bloßen Ankündigung einer Einsetzung als Erbe abzugrenzen. Des Weiteren kann beim Brieftestament - anders als beim „normalen Testament“, das gerade keine empfangsbedürftige Willenserklärung ist - der Fall eintreten, dass dieses erst mit Zugang (jedenfalls aber erst mit Abgabe) des Briefes als wirksam zu erachten ist:

Wenn es sich um einen Brief handelt, der adressiert und frankiert ist und damit den Eindruck erweckt, dass er tatsächlich auf dem Postwege an den Adressaten abgeschickt werden soll, erscheint es nämlich durchaus vertretbar, den Brief vor seiner Absendung noch als Entwurf des Testaments anzusehen

2. Form, § 2247 BGB

Form:

a) Nach § 2247 I BGB ist das eigenhändige Testament eigen- 98
händig (d.h. handschriftlich) zu schreiben und zu unterschreiben:

Eigenhändigkeit

Eigenhändig geschrieben bedeutet, dass etwa die Verwendung einer Schreibmaschine oder eines PC das Testament unwirksam macht. Eine menschliche Schreibhilfe soll zulässig sein, soweit der Wille des Erblassers ausreichend zum Ausdruck kommt. Zulässig ist demnach ein bloßes Stützen der Hand des Erblassers, nicht aber ein Führen!

Unterschrift (Abschluss- u. Identifikationsfunktion)

Die Unterschrift hat eine Abschluss- und Identitätsfunktion. Dagegen ist die Anordnung des § 2247 III S. 1 BGB, wonach Vorname und Familienname enthalten sein sollen, eine reine Soll-Vorschrift, die nur den Zweck hat, den Erblasser eindeutig zu identifizieren. Dementsprechend lässt § 2247 III S. 2 BGB auch eine andere Unterschrift (etwa mit Initialen oder einem Künstlernamen) zu, wenn dadurch die „Urheberschaft des Erblassers“ und die „Ernsthaftigkeit“ seiner Erklärung festgestellt werden könne.

> **Bsp.:** *Das von einer Mutter an die zu Erben eingesetzten Kinder „adressierte“ Testament, das mit „Eure Mutti“ o.Ä. unterschrieben ist, kann daher durchaus wirksam sein.*

Aus der Abschlussfunktion der Unterschrift folgt, dass diese grds. am Ende des Testaments stehen muss. Gleichwohl sollen nach einer Auffassung nachträgliche Zusätze unterhalb der Unterschrift wirksam sein, soweit „durch ein einheitliches Erscheinungsbild der Wille des Erblassers ausreichend klar wird". Die wohl h.M. schränkt dies aber für den Fall ein, dass der Nachtrag neue, eigenständige Verfügungen enthält. Diese müssen auf jeden Fall gesondert unterschrieben werden!

hemmer-Methode: Wenn das post-scriptum (soweit es eigenständige Verfügungen enthält, s.o.) nicht erneut unterschrieben wird, ist jedenfalls das PS formnichtig. Fraglich ist, wieweit dadurch über § 2085 BGB der Rest des Testaments berührt wird. Gegen die Annahme einer Gesamtnichtigkeit, die nach § 2085 BGB ohnehin der Ausnahmefall ist, spricht, dass vor der Hinzufügung des PS bereits ein wirksames Testament vorlag; es ist nicht ersichtlich, warum durch formunwirksame Nachträge dieses wieder in Frage gestellt sein soll.

Unterschrift auf Umschlag

Problematisch ist außerdem der Fall, in dem die Unterschrift nicht unmittelbar auf dem Testament erfolgt.

> **Bsp.:** *E errichtet ein handschriftliches Testament, wobei das Blatt mit den Erbanordnungen jedoch nicht unterschrieben ist. Dieses Blatt steckt E in einen Umschlag, verschließt diesen und schreibt darauf „Mein letzter Wille" (Unterschrift, E). Ist das Testament wirksam?*
>
> Die übrigen Wirksamkeitsvoraussetzungen unterstellt, ist das Testament nicht deshalb nichtig, weil nur der Briefumschlag unterschrieben wurde:
>
> Die Unterschrift auf dem Briefumschlag ist ausreichend, wenn sie ersichtlich eine Fortsetzung des Testamenttextes sein soll. Dieses wird angenommen, wenn der Unterschrift auf dem Umschlag keine selbstständige Bedeutung zukommt und sie mit dem Text in einem engen Zusammenhang steht.
>
> Dies ist hier der Fall, da die Blätter sich in einem verschlossenen Umschlag befinden und der Unterschrift keinerlei andere Bedeutung zukommen kann, als gerade den Inhalt des Umschlages „abzusegnen".
>
> Etwas anderes kann etwa gelten, wenn nach den Umständen davon auszugehen ist, dass die Namensnennung nur eine „Identifizierungsfunktion" hat, da das Testament etwa in fremde Verwahrung gegeben wird o.Ä.

hemmer-Methode: Da es sich hier um Auslegungsfragen handelt, ist für gewöhnlich jedes Ergebnis vertretbar!

§ 2247 II BGB: Ort und Zeit

b) Nach § 2247 II BGB soll das Testament Ort und Zeit der Errichtung angegeben. Diese Vorschrift ist zwar nur Soll-Vorschrift, also kein Wirksamkeitserfordernis, allerdings gehen Zweifel über die Wirksamkeit des Testaments, die sich aus der fehlenden Angabe ergeben, nach § 2247 V BGB zu Lasten dieses Testaments. *99*

Bsp. 1: *Zwei Testamente liegen vor, von denen eines nicht datiert ist. Lässt sich aus den gesamten Umständen nicht erschließen, welches Testament das frühere ist, so gilt das nicht datierte Testament als früheres und wird damit durch das zweite Testament u.U. aufgehoben, vgl. § 2258 BGB.*

Bsp. 2: *Liegt ein undatiertes Testament vor und war der Erblasser ab einem bestimmten Zeitpunkt erwiesenermaßen testierunfähig, so ist das Testament in (zumindest entsprechender) Anwendung des § 2247 V BGB unwirksam, wenn nicht ausgeschlossen werden kann, dass es während der Zeit der Testierunfähigkeit errichtet wurde.*

hemmer-Methode: Verwechseln Sie dieses letztgenannte Beispiel nicht mit der Frage, wer grundsätzlich die Testierfähigkeit zu beweisen hat: Grundsätzlich wird von der Testierfähigkeit ausgegangen und die Beweislast für die Testierunfähigkeit liegt bei demjenigen, der sich auf sie beruft. Wurde aber festgestellt, dass ab einem bestimmten Zeitpunkt Testierunfähigkeit vorliegt, so geht es zu Lasten des Testaments, wenn nicht erwiesen werden kann, wann es abgefasst wurde (vgl. hierzu Rn. 89).

3. Unwirksamkeit des Testaments

§§ 104 ff. BGB grds. auf Testament als WE anwendbar

Das Testament ist eine Willenserklärung, sodass - soweit das Erbrecht keine Sonderregelungen enthält - die Vorschriften der §§ 104 ff. BGB Geltung beanspruchen. *100*

a) Sittenwidrigkeit nach § 138 I BGB

Gerade bei Testamenten kann sich hier die Frage nach einer Sittenwidrigkeit gem. § 138 I BGB stellen, während § 134 BGB – von der Ausnahmevorschrift des § 14 HeimG[27] abgesehen – keine Rolle spielt.

[27] In einigen Bundesländern sind anstelle des § 14 HeimG landesrechtliche Bestimmungen getreten, vgl. bspw. Art. 8 V (Bay)PfleWoqG.

hemmer-Methode: Die Frage ist natürlich in gleicher Weise bei anderen Verfügungsformen möglich, wird sich aber praktisch häufig beim eigenhändigen Testament stellen, da gerade Inhalte, die im Verdacht der „Sittenwidrigkeit" stehen, vom Erblasser wohl alleine und in aller Heimlichkeit festgelegt werden, sodass Ihnen das Problem in der Klausur in erster Linie bei eigenhändigen Testamenten begegnen dürfte.

§ 138 I BGB nur in engen Ausnahmenfällen

Im Ergebnis wird aber eine Sittenwidrigkeit nur selten anzunehmen sein, da zum einen der Grundsatz der Testierfreiheit schätzenswerter erscheint als gesellschaftliche Vorstellungen darüber, wem der Erblasser sein Vermögen vermachen soll. Zum anderen ist zu beachten, dass gerade die nächsten Angehörigen grds. auch durch das Pflichtteilsrecht ausreichend geschützt sind.

§ 138 I BGB bei Geliebtentestament nur, wenn „Hergabe für Hingabe"

Auch ein sog. „Geliebten- oder Mätressentestament" (also ein Testament, bei dem der/die Geliebte zum Erben eingesetzt und der Ehegatte weitgehend enterbt werden) soll nach mittlerweile h.M. allenfalls dann nichtig sein, wenn die Erbeinsetzung alleine die Aufnahme bzw. Fortsetzung einer geschlechtlichen Beziehung bezweckt hat („Hergabe für Hingabe"), was wohl in den seltensten Fällen beweisbar ist. Sollte dies ausnahmsweise der Fall sein, dürfte aber wohl nach Einführung des ProstG das Verdikt der Sittenwidrigkeit nicht mehr aufrecht zu erhalten sein. *101*

b) Unwirksamkeit nach § 2077 I BGB

§ 2077 BGB: Verfügungen zugunsten Ehegatten unwirksam

Nach § 2077 I BGB sind Verfügungen zugunsten des Ehegatten des Erblassers unwirksam, wenn die Ehe im Zeitpunkt des Erbfalls geschieden ist, S. 1, oder wenn zumindest die Scheidungsvoraussetzungen vorlagen und der Erblasser den Scheidungsantrag gestellt oder diesem zugestimmt hat. *101 a*

hemmer-Methode: § 2077 BGB ist die Parallelvorschrift zu § 1933 BGB: Während dieser für die gesetzliche Erbfolge gilt, greift § 2077 BGB bei der gewillkürten Erbfolge ein.

§ 2077 BGB ist allerdings nicht zwingend, sondern letztlich nur eine Zweifelsregel, vgl. § 2077 III BGB, wonach die Unwirksamkeit nicht eintritt, wenn ein entsprechender Erblasserwille feststellbar ist.

4. Beseitigung des Testaments[28]

Das eigenhändige Testament kann durch Widerruf des Erblassers oder durch Anfechtung Dritter beseitigt werden: *102*

---

28 Umfassend hierzu **Hemmer/Wüst, Erbrecht, Rn. 75 ff.**

a) Widerruf

freie Widerrufbarkeit

Ein eigenhändiges Testament kann durch den Erblasser jederzeit frei, d.h. grundlos widerrufen werden, d.h. es entfaltet keinerlei Bindungswirkung, §§ 2253 ff. BGB. 103

Dabei bestehen für ihn mehrere unterschiedliche Möglichkeiten:

§ 2254 BGB: reines Widerrufstestament

Ein reines Widerrufstestament, § 2254 BGB. Mit diesem wird nur ein früheres Testament widerrufen, ohne dass eine neue Regelung getroffen wird. Würde der Erblasser nun versterben, käme die gesetzliche Erbfolge zur Anwendung. Wird dieser Widerruf seinerseits widerrufen, so ist nach § 2257 BGB im Zweifel (d.h.: auch hier geht die Auslegung vor!) die Verfügung wirksam, als wenn sie nicht widerrufen worden wäre. 104

§ 2255 BGB: Vernichtung

Des Weiteren liegt nach § 2255 BGB in der Vernichtung des Testaments sein Widerruf. Erforderlich ist dafür, dass der Erblasser selbst das Schriftstück vernichtet. Eine Vernichtung durch einen Dritten genügt nur, wenn dieser als Werkzeug des Erblassers tätig wurde. Eine Vernichtung ohne Wissen des Erblassers genügt nicht einmal, wenn der Erblasser die Vernichtung durch einen Dritten später billigt. 105

hemmer-Methode: Dabei spricht keine Vermutung dafür, dass ein Testament, welches nicht mehr auffindbar ist, auch vom Erblasser mit der Wirkung des § 2255 BGB vernichtet worden ist. Liegt z.B. von einem Testament noch eine Kopie vor und kann der darin Begünstigte plausibel machen, weshalb das ursprüngliche Testament unauffindbar bzw. möglicherweise ohne den Willen des Erblassers abhanden gekommen ist, so kann dies genügen, um seine Erbenstellung zu begründen:
Diese ergibt sich dann nicht aus der Kopie (da diese kein formwirksames Testament ist), sondern aus dem Originaltestament (für dessen frühere Existenz die Kopie ein Beweis ist) in Verbindung mit der Tatsache, dass eine Vernichtung nicht nachgewiesen ist.

§ 2258 BGB: widersprechende spätere Verfügung

Schließlich liegt nach § 2258 BGB ein Widerruf einer früheren Verfügung in einer späteren, dieser widersprechenden Verfügung: Ein Widerruf liegt hier also nur vor, wenn und soweit sich erste und zweite letztwillige Verfügung inhaltlich widersprechen. 106

> **Bsp.:** *Wird zunächst A, in einem späteren Testament B als Alleinerbe eingesetzt, so widersprechen sich die Verfügungen zwingend. Die zweite Erbeinsetzung ist wirksam, die erste widerrufen. Wird dagegen bei Erbeinsetzung des A zunächst C, in einem späteren Testament dann D ein Vermächtnis in Höhe eines gewissen Geldbetrags zugeteilt, so widersprechen sich die Einsetzungen von C und D nicht, sodass - soweit keine Anhaltspunkte vorliegen, dass entweder C oder D das Vermächtnis bekommen soll - beide Vermächtnisse (und auch die Erbeinsetzung des A) wirksam sind.*

§ 2256 BGB: Rücknahme aus amtlicher Verwahrung

Öffentlich errichtete Testamente, § 2232 BGB, kann der Erblasser auch dadurch widerrufen, dass er sie aus der amtlichen Verwahrung zurücknimmt, § 2256 BGB.

b) Anfechtung

§§ 119 ff. BGB gelten nicht; §§ 2078 ff. BGB als leges speciales

aa) Obwohl das Testament eine Willenserklärung ist, gelten die 107
§§ 119 ff. BGB nicht (da insbesondere kein Vertrauensschutz des zum Erben Eingesetzten zu berücksichtigen ist), sondern die Anfechtung ist in §§ 2078 - 2083 BGB speziell geregelt. Dabei sind zum Grundverständnis (und um schwerwiegende Fehler in der Klausur zu vermeiden) zwei Punkte besonders wichtig:

Auslegung vor Anfechtung

Einer Anfechtung geht die Auslegung vor, d.h. soweit sich für den festgestellten Willen des Erblassers eine Andeutung im Text des Testaments finden lässt, ist eine Anfechtung nicht erforderlich.

Erblasser selbst genügt Widerruf

Ein Anfechtungsrecht des Erblassers ist in §§ 2078 ff. BGB nicht vorgesehen; er bedarf eines solchen auch nicht, da er seine Verfügung ja jederzeit frei widerrufen kann (s.o. Rn. 103, Ausnahmen bei Rn. 120 ff.).

Anfechtungsberechtigung: § 2080 I BGB

bb) Anfechtungsberechtigt sind vielmehr nur Dritte, denen die 108
Aufhebung unmittelbar zugutekommen würde, § 2080 I BGB, so z.B. der gesetzliche Erbe, dem es unmittelbar zugutekommen würde, wenn der durch letztwillige Verfügung eingesetzte Erbe ausscheidet.

Anfechtungsgegner: § 2081 BGB

cc) Anfechtungsgegner ist zwar grds. derjenige, dem die ange- 109
fochtene Verfügung zugutekommt. Indes ist die Anfechtungserklärung gem. § 2081 I BGB für solche Verfügungen, durch die ein Erbe eingesetzt, ein gesetzlicher Erbe von der Erbfolge ausgeschlossen, ein Testamentsvollstrecker ernannt oder eine Verfügung solcher Art aufgehoben wird, gegenüber dem Nachlassgericht abzugeben.

hemmer-Methode: Dagegen ist also z.B. im Falle der Anfechtung eines Vermächtnisses die Anfechtungserklärung gegenüber dem Vermächtnisnehmer abzugeben.

Anfechtungsgründe

dd) Insbesondere die Anfechtungsgründe sind in §§ 2078, 2079 110
BGB abweichend gegenüber den §§ 119 ff. BGB geregelt:

§ 2078 I BGB: Erklärungsirrtum

Nach § 2078 I BGB ist eine Verfügung anfechtbar, soweit der Erblasser über den Inhalt seiner Erklärung im Irrtum war oder eine Erklärung dieses Inhalts überhaupt nicht abgeben wollte; es liegt hier also ein Fall des Inhalts- oder Erklärungsirrtums vor, der mit § 119 I BGB vergleichbar ist.

Im Unterschied zu § 119 I BGB kommt es jedoch nicht darauf an, ob der Erblasser die Erklärung „bei verständiger Würdigung" nicht abgegeben hätte, sondern (Berücksichtigung des - auch unvernünftigen - Erblasserwillens!) ob allein der Erblasser selbst nach seinem Willen eine solche Erklärung abgegeben hätte.

§ 2078 II BGB: Motivirrtum und Drohung

Nach § 2078 II BGB kann die Verfügung angefochten werden, soweit der Erblasser zu ihr durch die irrige Annahme oder Erwartung des Eintritts oder Nichteintritts eines Umstandes oder widerrechtlich durch Drohung bestimmt worden ist.

Hiermit werden also sowohl Fälle erfasst, die nach den allgemeinen Anfechtungsregelungen unter §§ 119 II, 123 BGB fallen würden, als auch bloße Motivirrtümer, die von § 119 II BGB nicht erfasst würden. Der Grund hierfür liegt darin, dass der Begünstigte nicht schutzwürdig ist und der Wille des Erblassers allein im Vordergrund steht. Die Anfechtung kann dabei nach h.M. allerdings nur auf Vorstellungen und Erwartungen gestützt werden, die der Erblasser bei Errichtung der letztwilligen Verfügung tatsächlich gehabt hat, nicht auf solche, die er bei Kenntnis von damals unbekannten Umständen gehabt haben würde.

Ausreichend sollen nach der Rspr. dagegen sog. „unbewusste Vorstellungen" sein, d.h. solche in die Zukunft gerichtete Erwartungen des Erblassers, die ihm als so selbstverständlich erscheinen, dass sie bei ihm unbewusst bestehen können und trotzdem Grundlage seiner letztwilligen Verfügung sind, wie z.B. die Erwartung, eine Ehe werde harmonisch fortbestehen.

§ 2079 BGB: Anfechtungsrecht des nicht bekannten Pflichtteilsberechtigten

Nach § 2079 BGB i.V.m. § 2080 III BGB kann schließlich ein Pflichtteilsberechtigter eine letztwillige Verfügung anfechten, wenn der Erblasser ihn übergangen hat und sein Vorhandensein dem Erblasser bei der Errichtung des Testaments nicht bekannt war oder dieser erst nach der Errichtung geboren oder pflichtteilsberechtigt geworden ist. Es handelt sich bei § 2079 BGB um einen Spezialfall des § 2078 II BGB, bei dem allerdings die Ursächlichkeit zwischen Irrtum und Verfügung vermutet wird, § 2079 S. 2 BGB. Außerdem ist bei der Anfechtung nach § 2079 BGB das Testament in vollem Umfang unwirksam, während im Fall des § 2078 II BGB die Nichtigkeit nur „soweit" reicht, wie sich der Irrtum erstreckt. Der Rest des Testaments ist wirksam, § 2085 BGB.

> **Bsp.:** *Hier kommen insbesondere nach der Testamentserrichtung geborene Kinder oder geheiratete Ehegatten in Betracht. Daneben ist § 2079 BGB aber auch anwendbar, wenn etwa ein Mann von dem von ihm gezeugten Kind zur Zeit der Testamentserrichtung noch nichts wusste.*[29]

Anfechtungsfrist: § 2082 BGB

ee) Die Anfechtungsfrist beträgt nach § 2082 I, II BGB ein Jahr **111**
beginnend mit dem Zeitpunkt, in welchem der Anfechtungsberechtigte von dem Anfechtungsgrund Kenntnis erlangt.

---

[29] Zu § 2079 BGB OLG München, NotBZ 2008, 239 ff. = **jurisbyhemmer** = **Life&Law 2009, 173**.

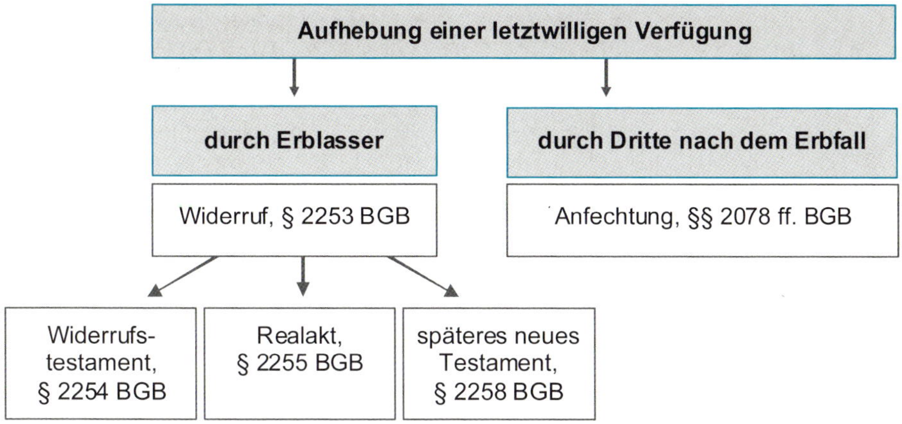

III. Das gemeinschaftliche Testament[30]

Begriff

1. Allgemeines und Anwendungsbereich

nur für Ehegatten möglich

Unter einem gemeinschaftlichen Testament versteht man die Zusammenfassung von gemeinschaftlich getroffenen, letztwilligen Verfügungen mehrerer Personen. 112

Dabei kennt das BGB die Möglichkeit eines gemeinschaftlichen Testaments, d.h. einer einheitlichen Verfügung (ungeachtet der Frage, ob diese aus einer oder mehreren Urkunden besteht) nur für Ehegatten, vgl. § 2265 BGB, und für Lebenspartner, vgl. § 10 IV LPartG.

hemmer-Methode: Dagegen können Verlobte kein gemeinschaftliches Testament errichten; ein solches wird auch nicht dadurch wirksam, dass sie später heiraten! Allerdings kann das Testament unter Umständen in Einzeltestamente umgedeutet werden, soweit deren Voraussetzungen erfüllt sind, was insbesondere dann der Fall sein kann, wenn das gemeinschaftliche Testament aus zwei unterschiedlichen Urkunden besteht. Der Regelfall in der Klausur ist allerdings die einheitliche Urkunde nach § 2267 BGB (vgl. dazu unten), welche allenfalls ein Testament für denjenigen sein könnte, der es verfasst hat, wobei allerdings ein „Einzeltestierwille" häufig nicht vorliegen wird.

2. Form

§ 2267 BGB: handschriftlich von einem, unterschrieben von beiden

Soll das gemeinschaftliche Testament als eigenhändiges errichtet werden, so beinhaltet § 2267 BGB eine Formerleichterung: Es genügt die handschriftliche Errichtung durch einen Ehegatten, allein die Unterschrift muss von beiden Ehegatten erfolgen. 113

---

30 Umfassend hierzu **Hemmer/Wüst, Erbrecht, Rn. 101 ff.**

3. Inhalt des gemeinschaftlichen Testaments

a) Allgemeines

Inhalt grds. wie beim Einzeltestament

Grds. können im gemeinschaftlichen Testament die gleichen Regelungen getroffen werden wie in einem Einzeltestament (vgl. dazu Rn. 135 ff.). Damit können in der Klausur beim gemeinschaftlichen Testament auch dieselben Auslegungsprobleme auftauchen, was es für den Klausurersteller nochmals attraktiver macht (so z.B. die Abgrenzung zwischen Erbeinsetzung und Vermächtnis o.Ä.). 114

b) Einseitige und wechselbezügliche Verfügungen

diff.: einseitige ⇔ wechselbezügliche Verfügungen (letztere mit erhöhter Bindungswirkung)

Während jedoch im Einzeltestament sämtliche Verfügungen frei widerrufbar sind (vgl. oben Rn. 103), ist beim gemeinschaftlichen Testament streng zwischen einseitigen und wechselbezüglichen Verfügungen zu unterscheiden, vgl. § 2270 BGB: Einseitige Verfügungen werden dabei behandelt wie Verfügungen in Einzeltestamenten und sind jederzeit frei widerrufbar, e contrario § 2271 I, II BGB, vgl. unten Rn. 120 ff. 115

Dagegen besteht ein besonderes gegenseitiges Abhängigkeitsverhältnis und auch eine eingeschränkte Widerrufbarkeit für solche Verfügungen in einem gemeinschaftlichen Testament, „von denen anzunehmen ist, dass die Verfügung des einen nicht ohne die Verfügung des anderen getroffen sein würde" (§ 2270 I BGB, sog. wechselbezügliche Verfügungen). Eine solche Wechselbezüglichkeit ist nach § 2270 II BGB im Zweifel anzunehmen, wenn

➲ sich die Ehegatten gegenseitig bedenken

oder

➲ dem einen Ehegatten von dem anderen eine Zuwendung gemacht und für den Fall des Überlebens des Bedachten eine Verfügung zugunsten einer Person getroffen wird, die mit dem anderen Ehegatten verwandt ist oder ihm sonst nahe steht (z.B. die Ehefrau ihr Vermögen dem Mann zuwendet, dieser für den Fall seines Letztversterbens jedoch das Vermögen dem Sohn der Frau aus erster Ehe).

stets Vorrang des § 133 BGB i.V.m. § 157 BGB beachten

Auch hier geht freilich die allgemeine Auslegung nach § 133 BGB i.V.m. § 157 BGB vor, sodass anhand der Umstände des Falles zu klären ist, ob die Verfügungen in einem solchen Abhängigkeitsverhältnis zueinander stehen sollen. 116

bei Nichtigkeit einer wechselbezügl. Verfügung auch andere unwirksam

Liegt eine wechselbezügliche Verfügung vor, so hat die Nichtigkeit oder der Widerruf der einen Verfügung gleichzeitig die Unwirksamkeit der anderen zur Folge, § 2270 I BGB.[31]

hemmer-Methode: Da die wechselbezügliche Verfügung gerade an den anderen Ehegatten gerichtet ist, zieht die h.M. zur Auslegung hier auch den § 157 BGB heran! Denken Sie immer einen Schritt weiter. Die Wechselbezüglichkeit hat somit auch zur Folge, dass bei der erfolgreichen Anfechtung einer wechselbezüglichen Verfügung nach dem Grundgedanken des § 2270 I BGB regelmäßig auch die mit ihr korrespondierende Verfügung unwirksam wird.
Dies ist etwa zu beachten, wenn in der Klausur die Optionen für den überlebenden Ehegatten miteinander abzuwägen sind. Vgl. hierzu und zur Bindungswirkung unten Rn. 127.

c) Berliner Testament

Trennungsprinzip u. Einheitsprinzip bei gemeinsamen Schlusserben

aa) Gerade beim gemeinschaftlichen Testament kommt häufig der Fall vor, dass sich die Ehegatten gegenseitig als Alleinerben und Dritte (in der Regel Kinder) als Erben des Überlebenden einsetzen wollen. Hierbei sind grds. zwei Möglichkeiten denkbar, das Trennungsprinzip (Nacherbenlösung) und das Einheitsprinzip (Schlusserbenlösung): 117

Trennungsprinzip	**Einheitsprinzip**
Der Überlebende wird nur Vorerbe (mit der Beschränkung des § 2113 BGB); Nachlass und Eigenvermögen werden dadurch getrennt.	**Der Überlebende** wird Vollerbe (§ 2113 BGB gilt damit nicht), die Vermögensmassen verschmelzen also zu einer.
Der Dritte (z.B. das Kind) wird Vollerbe des Längerlebenden und Nacherbe des Vorverstorbenen.	**Der Dritte** wird Vollerbe des (zur Einheit verschmolzenen) Nachlasses des Längerlebenden.

Entscheidung nach gewünschter Stellung des Zweitversterbenden

Die Entscheidung zwischen Trennungs- und Einheitsprinzip wird also danach zu treffen sein, wie stark nach dem Willen der beiden Verfügenden die Stellung des Zweitversterbenden bzw. die Stellung des Schlusserben sein soll. Auch hier ist für die Entscheidung über den vom Erblasser gewählten Inhalt zunächst die Auslegung vorrangig.

---

31 Vgl. zur Wechselbezüglichkeit auch OLG Düsseldorf, FamRZ 2008 308 = **juris**byhemmer = **Life&Law 2008, 449**.

Bsp.: Hier ist insbesondere auf Formulierungen wie z.B. „Erbe des Längerlebenden", „Erbe des gesamten Nachlasses" oder „Erbe in vollem Umfang" zu achten. Ergeben sich daraus keine eindeutigen Ergebnisse, ist § 2269 BGB heranzuziehen, wonach im Zweifel die Einheitslösung und damit eine starke Stellung des überlebenden Ehegatten anzunehmen ist.

Konsequenzen für das Pflichtteilsrecht

bb) Konsequenzen ergeben sich insbesondere für das Pflichtteilsrecht: Beim Einheitsprinzip entstehen Pflichtteilsansprüche eines Kindes, da es von dem Vorverstorbenen vollständig enterbt worden ist. Beim Trennungsprinzip bestehen dagegen Pflichtteilsansprüche nur im Falle einer Ausschlagung der Nacherbenstellung, da auch diese eine Erbenstellung ist (vgl. § 2306 II BGB). 118

hemmer-Methode: Dabei ist nach h.M. eine Klausel zulässig, wonach ein Kind, das seinen Pflichtteil nach dem Erstversterbenden fordert, beim Tod des Längerlebenden nichts mehr (d.h. auch nur noch den Pflichtteil) erhalten soll, sog. Pflichtteilsstrafklausel. Eine Sittenwidrigkeit ist hierin nicht zu sehen, da das Kind zum einen durch das Pflichtteilsrecht dem Willen des Gesetzgebers entsprechend geschützt ist, zum anderen die Intention, dem überlebenden Ehegatten eine möglichst starke Stellung zu verschaffen, nicht per se sittenwidrig ist.[32]

cc) Wird der Längerlebende Vollerbe, so gilt für ihn nicht die Beschränkung des § 2113 BGB. Der Schutz der Schlusserben (in der Regel der Kinder) gegen beeinträchtigende Schenkungen des Längerlebenden an Außenstehende soll nach h.M. über die Vorschrift des § 2287 BGB analog erfolgen. 119

Bsp.: M und F errichten ein Berliner Testament. Letztbegünstigter soll der gemeinsame Sohn S sein. Nach dem Tod des M übereignete F das von M geerbte Haus, das dessen einziges Vermögen darstellte, an ihren Freund A. Sie selbst besaß kein Vermögen. Wie wird S geschützt?

Sofern die Trennungslösung einschlägig sein sollte, wäre S Nacherbe des Vermögens des Vaters. Insofern unterläge F dann der Beschränkung des § 2113 I BGB. Die Übereignung wäre S gegenüber relativ unwirksam.

Sollten die Eheleute hingegen die Einheitslösung gewollt haben, wäre F Vollerbin geworden und unterläge nicht der Einschränkung des § 2113 I BGB. In Betracht käme dann eine analoge Anwendung des § 2287 BGB.

32 Vgl. hierzu BGH, NJW 2008, 3064 = **Life&Law 2007, 527**.

Dann müsste aber eine vergleichbare Interessenlage wie beim Erbvertrag vorhanden sein: Zu berücksichtigen ist hier insbesondere das einer Ehe zugrundeliegende Vertrauensverhältnis: Jeder Ehegatte vertraut bei Errichtung des Berliner Testaments darauf, dass der damit bezweckte Erfolg auch eintritt. Die Kinder werden bei der Einheitslösung nur im Vertrauen darauf zunächst enterbt (s.o.), dass sie am Schluss alles erhalten sollen. Da das Berliner Testament gesetzlich vorgesehen ist, muss auch dafür gesorgt werden, dass der damit verfolgte Zweck nicht beliebig vereitelt werden kann. Dies ist nur über eine analoge Anwendung des § 2287 BGB möglich.[33]

Da die Voraussetzungen des § 2287 BGB hier auch vorliegen, kann S von A nach dem Tod der F die Herausgabe des Geschenkes, also Übereignung des Hauses, verlangen.

hemmer-Methode: Beachten Sie noch ein Folgeproblem aus einem Berliner Testament: Zulässig ist nach h.M. eine sog. Wiederverheiratungsklausel, nach der bei der Wiederverheiratung des Längerlebenden der Nachlass des Erstversterbenden den Schlusserben (also in der Regel den Kindern) zufällt. Hierbei handelt es sich nach h.M. um eine auflösend bedingte Voll- und gleichzeitig aufschiebend bedingte Vorerbschaft. Die Wiederheirat ist sodann der Nacherbfall, sodass der überlebende Ehegatte mit Wiederheirat kein Erbe mehr ist.

4. Bindungswirkung des gemeinschaftlichen Testaments

Soweit in einem gemeinschaftlichen Testament wechselbezügliche Verfügungen (vgl. oben Rn. 115) vorliegen, haben diese nicht nur für die Wirksamkeit, sondern auch für die Widerruflichkeit bzw. Anfechtbarkeit Bedeutung. 120

Widerruf wechselbezüglicher Verfügungen nur in not. Form, § 2271 I BGB

Während eine einseitige Verfügung (genauso wie ein Einzeltestament) zu Lebzeiten des Erblassers jederzeit frei widerrufbar ist, kann eine wechselbezügliche Verfügung zu Lebzeiten des anderen Ehegatten durch den Erblasser zwar frei (i.S.v. ohne besondere Gründe), jedoch nur durch notariell beurkundete Erklärung gegenüber dem anderen widerrufen werden, §§ 2271 I, 2296 II BGB.

hemmer-Methode: Für die Widerrufserklärung gelten grds. die allgemeinen Vorschriften des § 130 BGB und somit im Ausgangspunkt auch § 130 II BGB. Die Rspr. nimmt allerdings zu Recht eine teleologische Reduktion dieser Vorschrift vor, wenn der Erblasser den Notar anweist, die Widerrufserklärung erst nach seinem Tod dem anderen Ehegatten zukommen zu lassen.

[33] Vgl. hierzu BGH, ZEV 2006, 305 = **Life&Law 2007, 165**.

Der vom Gesetzgeber durch § 2271 I BGB verfolgte Zweck, dem anderen Ehegatten sichere Kenntnis vom Widerruf zu verschaffen, würde auf diese Art und Weise nämlich zu Lebzeiten des Erblassers ausgehöhlt.

nach Tod des Partners Bindung, § 2271 II S. 1 BGB, Ausnahme bei Ausschlagung, S. 1 HS 2, sowie in Fällen des S. 2

Ist dagegen ein Ehegatte verstorben, so verliert der überlebende Ehegatte sein Widerrufsrecht hinsichtlich wechselbezüglicher Verfügungen, § 2271 II S. 1 HS 1 BGB. Er kann nach § 2271 II S. 1 HS 2 BGB seine bindend gewordenen Verfügungen nur dann widerrufen, wenn er das ihm selbst Zugedachte ausschlägt, oder nach § 2271 II S. 2 BGB, wenn ein Fall der §§ 2294, 2336 BGB vorliegt. 121

Anfechtung:
⇨ eigene Vfg.: § 2281 BGB analog
⇨ Vfg. d. Partners: §§ 2078, 2079 BGB

Die Bindungswirkung des § 2271 II BGB kann jedoch durchbrochen werden. Die h.M. billigt den Ehegatten zum einen die Möglichkeit zu, im gemeinschaftlichen Testament dem überlebenden Teil gewisse Abänderungsbefugnisse zu geben, wobei diese genau festgelegt sein müssen und nicht so weit gehen dürfen, dass die Bindungswirkung praktisch ausgehöhlt wird. Zum anderen kann nach dem Tod eines Ehegatten der andere seine eigene Verfügung nach h.M. analog § 2281 BGB i.V.m. §§ 2078, 2079 BGB anfechten. Eine Anfechtung der Verfügung des verstorbenen Ehegatten ist dagegen unmittelbar nach §§ 2078, 2079 BGB möglich, wobei bei der Anfechtung einer wechselbezüglichen Verfügung stets an die Unwirksamkeit der mit ihr korrespondierenden Verfügung zu denken ist.

§ 2268 BGB: Unwirksamkeit des gemeinschaftlichen Testaments bei Scheidung

Schließlich wird ein gemeinschaftliches Testament nach § 2268 I BGB i.V.m. § 2077 BGB unwirksam, wenn einer der in § 2077 BGB genannten Fälle vorliegt, der auch zur Unwirksamkeit der Einsetzung des Ehegatten zum Erben in einem „normalen“ Testament führt (vgl. hierzu Rn. 101a), also

- Scheidung, Auflösung oder Nichtigkeit,
- Tod des Antragstellers bzw. Zustimmenden während eines laufenden Scheidungsverfahrens.

Nach § 2268 II BGB bleibt die Einsetzung des anderen Ehegatten aber ausnahmsweise wirksam, wenn davon auszugehen ist, dass dies dem (hypothetischen) Willen des Erblassers entspricht.[34]

---

[34] Vgl. OLG Hamm, ZEV 2011, 265 ff. = **juris**byhemmer = **Life&Law 2011, 557** zur Frage, wieweit die Wiederheirat der Eheleute ein Indiz für einen entsprechenden Willen ist.

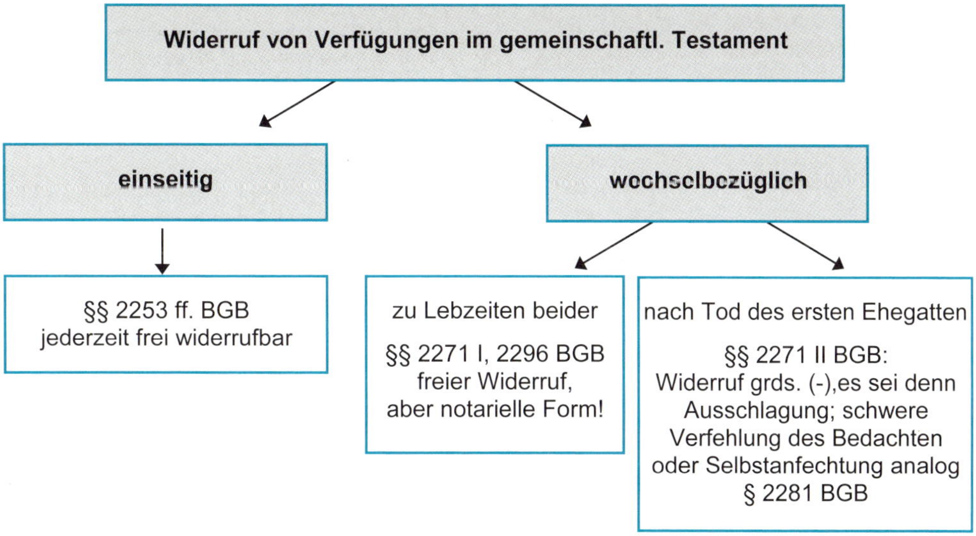

IV. Der Erbvertrag[35]

1. Allgemeines und Einordnung

Doppelnatur und stärkere Bindung des Erbvertrags

Der Erbvertrag nach §§ 2274 ff. BGB ist eine vertragliche Verfügung von Todes wegen und damit anders als das Testament ein Rechtsgeschäft zwischen zwei Beteiligten. Er hat damit eine Doppelnatur ist zugleich Vertrag und Verfügung von Todes wegen. Seine Besonderheit gegenüber Testamenten liegt besonders in der stärkeren Bindungswirkung (vgl. Rn. 130 ff.). 122

2. Abschluss des Erbvertrags

Geschäftsfähigkeit und beim Erblasser Höchstpersönlichkeit

Da es sich beim Erbvertrag auch um einen Vertrag handelt, ist nicht nur Testier-, sondern allgemeine Geschäftsfähigkeit erforderlich, § 2275 I BGB (Ausnahmen nach II, III). Der Erblasser muss dabei nach § 2274 BGB höchstpersönlich handeln, d.h. es ist - wie auch sonst bei letztwilligen Verfügungen - eine Stellvertretung nicht möglich. Hingegen kann sich der Vertragspartner wie gewöhnlich vertreten lassen, wenn er nicht auch von Todes wegen verfügt. 123

notarielle Form, § 2276 I BGB

Schließlich ist zur Wirksamkeit die notarielle Form nach § 2276 I BGB erforderlich.

---

35 Umfassend hierzu **Hemmer/Wüst, Erbrecht, Rn. 90 ff.**

3. Inhalt eines Erbvertrags

a) Ein- und zweiseitige Erbverträge

Verfügung v.T.w. und Annahme

Inhalt des Erbvertrags ist die Verfügung von Todes wegen und 124
die Annahme durch den Vertragspartner. Man unterscheidet zwischen einseitigen und zweiseitigen Erbverträgen.

einseitige Erbverträge

Einseitige Erbverträge sind solche, in denen nur ein Vertrags- 125
partner von Todes wegen verfügt.

daneben schuldrechtliche Verpflichtung denkbar

Streng davon zu unterscheiden ist eine - meist oder nahezu immer - in derselben Urkunde niedergelegte schuldrechtliche Verpflichtung des Vertragspartners, z.B. die Pflege bis zum Tod.

kein Synallagma, daher §§ 320 ff. BGB (-)

Diese Verpflichtung ist nicht etwa Bestandteil des Erbvertrags, sondern ein selbstständiger Vertrag. Erbvertrag und schuldrechtlicher Vertrag sind zwar ursächlich verknüpft, stehen aber nicht im Verhältnis von Leistung und Gegenleistung. Deshalb sind in diesem Verhältnis auch die §§ 320 ff. BGB, insbesondere § 323 BGB, nicht anwendbar. Für einen Rücktritt gelten hier die §§ 2293 - 2295 BGB.

§ 2302 BGB (-)

Als Folge dessen greift hier auch § 2302 BGB nicht ein, denn in dem Erbvertrag verpflichtet sich niemand zu verfügen, der Vertrag ist die Verfügung selbst. Gleiches gilt in Bezug auf den schuldrechtlichen Vertrag (Pflege), denn dieser ist zum einen selbstständig und zum anderen beinhaltet auch er keine Verpflichtung, eine Verfügung von Todes wegen zu errichten.

hemmer-Methode: Machen Sie sich auch klar, dass die Unwirksamkeit des Erbvertrags auf die Wirksamkeit der schuldrechtlichen Vereinbarung (z.B. Pflege) keinen Einfluss hat. Das ist insbesondere wichtig, wenn der Vertragspartner die Pflegeleistung erbringt, sich später aber die Unwirksamkeit des Erbvertrags herausstellt. Ein Anspruch aus Leistungskondiktion, § 812 I S. 1 Alt. 1 BGB, scheidet dann aus, da die causa für die Leistung ja bestand. In Betracht kommt aber ein Anspruch aus § 812 I S. 2 Alt. 2 BGB (condictio ob rem), denn die Erbeinsetzung ist ein über die Vertragserfüllung hinausgehender, bezweckter Erfolg.

zweiseitige Erbverträge

Zweiseitige Erbverträge sind solche, in denen beide Vertrags- 126
partner (auch) von Todes wegen verfügen. Auch hier sind die §§ 320 ff. BGB nicht anwendbar, da es sich nicht um Verpflichtungs-, sondern um Verfügungsgeschäfte handelt.

b) Vertragsgemäße und nicht vertragsgemäße Verfügungen

Unterscheidung nach Bindungswirkung

Nach ihrer Bindungswirkung werden vertragsmäßige und nicht 127
vertragsmäßige Verfügungen i.R.e. Erbvertrags unterschieden:

vertragsmäßige Verfügungen

Vertragsmäßige Verfügungen sind dabei gerade nicht bereits 128
alle Verfügungen, die in einem Erbvertrag stehen, sondern nur solche, die seiner erhöhten Bindungswirkung unterliegen sollen (vgl. dazu Rn. 130).

Auslegung maßgeblich (§§ 133, 157 BGB)

Ist eine Verfügung im Text des Erbvertrags nicht (wie es in der Praxis empfohlen wird) ausdrücklich als „vertragsmäßig" bezeichnet, so ist durch Auslegung gem. §§ 133, 157 BGB für jede Verfügung gesondert zu ermitteln, ob und wieweit eine gegenseitige Bindung oder eine freie Widerruflichkeit der Bestimmung beabsichtigt war.

> ***Bsp.:*** *Die Annahme einer vertragsmäßigen Verfügung liegt zumindest nahe, wenn durch die letztwillige Verfügung eine Zuwendung an den Vertragspartner selbst erfolgt. Auch wenn die Zuwendung an einen dem Vertragspartner nahe stehenden (insbesondere verwandten) Dritten erfolgt, spricht viel dafür, dass sie als bindend anzusehen ist, wenn der Vertragspartner ein Interesse an der Bindung gehabt hat.*
>
> *Insoweit kann auf die Grundsätze zurückgegriffen werden, die auch für die Wechselbezüglichkeit einer Verfügung beim gemeinschaftlichen Testament gelten, vgl. § 2270 BGB.*

bei zweiseitigen Erbverträgen Abhängigkeit der Verfügungen voneinander nach § 2298 I BGB

Liegt ein zweiseitiger Erbvertrag vor (vgl. oben Rn. 126), so hat nach § 2298 I BGB die Nichtigkeit einer der in ihm getroffenen vertragsmäßigen Verfügungen die Unwirksamkeit des ganzen Vertrags zur Folge. Das Gleiche gilt nach § 2298 II BGB für einen Rücktritt durch einen der Verfügenden (zum Rücktritt vom Erbvertrag vgl. näher unten Rn. 133).

einseitige Verfügungen: wie in Einzeltestament, vgl. § 2299 BGB

Nicht vertragsmäßige, d.h. einseitige Verfügungen sind dage- 129
gen solche, die keinerlei Bindungswirkung unterliegen, sondern im wesentlichen so behandelt werden, als wenn sie in einem (Einzel-)Testament getroffen worden wären, vgl. auch § 2299 BGB.

> ***Bsp.:*** *A schließt einen Erbvertrag mit B. In diesem setzt er B zum Alleinerben ein und vermacht u.a. dem C seinen Sportwagen.*

hemmer-Methode: Ein Erbvertrag muss aber wenigstens eine vertragsmäßige, d.h. bindende Verfügung enthalten. Ein Vertrag mit nur einseitigen Verfügungen ist nicht denkbar. Dabei liegt allenfalls ein notarielles Testament vor.

Liegt eine vertragsmäßige Verfügung vor, können aber nach § 2299 I BGB beliebig viele weitere einseitige Verfügungen hinzutreten. Ein guter Notar wird im Erbvertrag eindeutig klarstellen, welche Verfügungen vertragsmäßig und welche einseitig sind.

4. Bindungswirkung des Erbvertrags

a) Unwirksamkeit widersprechender Verfügungen

Bindungswirkung vertragsmäßiger Verfügungen nach § 2289 I BGB

Dem Erbvertrag kommt nach § 2289 I BGB eine Bindungswirkung dahingehend zu, dass - vor oder nach Abschluss des Vertrags getroffene - ihm widersprechende Verfügungen unwirksam sind, vgl. § 2289 I BGB. Allerdings gilt dies nur für vertragsmäßige Verfügungen. Einseitige Verfügungen werden durch eine spätere anderslautende Verfügung dagegen genauso wie solche in einem Testament aufgehoben, vgl. § 2299 II BGB i.V.m. §§ 2253 ff. BGB. 130

unter Lebenden grds. Verfügungsfreiheit des Erblassers; nur §§ 2287 f. BGB bei benachteiligenden Schenkungen

Dagegen hat der vertragsmäßig Gebundene jedoch ein uneingeschränktes Verfügungsrecht unter Lebenden, vgl. § 2286 BGB, d.h. er ist keinesfalls verpflichtet, den Nachlass möglichst „zusammenzuhalten". Auch eine Unwirksamkeit entsprechender Verfügungen nach § 138 BGB ist allenfalls in ganz engen Grenzen anzunehmen. Die von der älteren Rspr. entwickelte Figur der sog. „Aushöhlungsnichtigkeit" hat keine Bedeutung mehr. Damit genießt der vertragsmäßig Bedachte regelmäßig nur den Schutz durch die §§ 2287, 2288 BGB (lesen!) gegen „benachteiligende Schenkungen". Eine solche liegt vor, wenn der Erblasser ohne lebzeitiges Eigeninteresse Vermögen verschenkt.[36]

hemmer-Methode: Unter diesem Gesichtspunkt ist auch die mittlerweile zurückhaltende Rspr. zur Aushöhlungsnichtigkeit gerechtfertigt. § 2287 BGB stellt relativ hohe Anforderungen an die Unwirksamkeit einer Schenkung, welche nicht durch § 138 BGB unterlaufen werden sollen. Achten Sie ferner darauf, dass eine Berufung auf § 2287 BGB ausscheidet, wenn und soweit dem Beschenkten ein entsprechender Pflichtteilsanspruch zustehen würde.

b) Lösungsmöglichkeiten vom Erbvertrag

grds. Widerruf einer vertragsmäßigen Verfügung (-).

Von einseitigen, d.h. nichtvertragsmäßigen, Verfügungen kann sich der Erblasser ohne weiteres durch Widerruf bzw. Abfassung eines neuen Testaments lösen, §§ 2299, 2253 ff. BGB. 131

---

36 Vgl. hierzu BGH, FamRZ 2005, 1150 = NJW-RR 2005, 1462 = **Life&Law 2005, 743.**

Dagegen ist der Widerruf einer vertragsmäßigen Verfügung grundsätzlich nicht möglich, insbesondere auch nicht durch eine besondere formpflichtige Erklärung wie beim gemeinschaftlichen Testament (vgl. § 2271 I BGB sowie oben Rn. 120).

Daher hat der vertragsmäßig gebundene Erblasser nur folgende, an enge Voraussetzungen geknüpfte Möglichkeiten:

Aufhebung durch Vertrag

aa) Aufhebungsvertrag: Ein Erbvertrag kann (wie grds. ja auch sonst jeder Vertrag) durch eine Vereinbarung mit dem Vertragspartner aufgehoben werden. 132

gemeinschaftl. Testament oder Vfg. mit Zustimmung des Vertragspartners

Diese kann entweder unmittelbar durch einen Aufhebungsvertrag (§ 2290 BGB), durch eine testamentarische Verfügung mit Zustimmung des Vertragspartners (§ 2291 BGB) oder - wenn der Vertragspartner der Ehegatte ist - durch die Abfassung eines gemeinschaftlichen Ehegattentestaments (§ 2292 BGB) erfolgen. Die Schwäche dieser Lösungsmöglichkeit liegt ersichtlich darin, dass sie stets von der Mitwirkung des Vertragspartners abhängig ist.

Rücktritt bei Vorbehalt oder gesetzl. Rücktrittsgrund

bb) Rücktritt*:* Ein Rücktritt vom Erbvertrag ist möglich, wenn der Erblasser sich diesen vorbehalten hat (§ 2293 BGB) oder aber bei Verfehlungen des Bedachten bzw. bei Aufhebung einer rechtsgeschäftlichen Verpflichtung, z.B. Pflege (§§ 2294, 2295 BGB). Dabei ist stets die Formvorschrift des § 2296 II BGB (notariell beurkundete Erklärung gegenüber dem Vertragspartner) zu beachten. 133

Die Schwäche dieser Lösungsmöglichkeit liegt darin, dass der Rücktritt entweder von vornherein vorbehalten gewesen sein muss oder teilweise von Umständen abhängt, die der Erblasser nicht allein in der Hand hat.[37]

hemmer-Methode: Statt eines Rücktritts können sich die Parteien auch die Abänderung einzelner vertragsmäßiger Verfügungen vorbehalten, sog. Abänderungsvorbehalt. Die zulässige Reichweite eines solchen Änderungsvorbehalts ist sehr umstritten.[38]

Anfechtung: §§ 2281 ff. BGB (durch Dritte direkt, §§ 2078 f. BGB)

cc) Anfechtung*:* Schließlich kann der Erbvertrag durch den Erblasser (vgl. §§ 2281 - 2284 BGB) oder durch Dritte (unmittelbar nach §§ 2078, 2079 BGB) angefochten werden. Ein eigenes Anfechtungsrecht des Erblassers ist hier erforderlich, weil er - anders als beim Testament - selbst seine letztwillige Verfügung gerade nicht mehr frei widerrufen kann. 134

Der Verweis auf die §§ 2078, 2079 BGB in § 2281 I BGB (anstelle der §§ 119 ff. BGB) ist angemessen, da auch bei einer Verfügung i.R. eines Erbvertrags der Wille des Erblassers im Mittelpunkt steht.

---

37 Zu den Anforderungen an einen Rücktritt nach § 2295 BGB vgl. OLG München, ZEV 2009, 345 = **juris**byhemmer = **Life&Law 2009, 669**.

38 Vgl. Palandt, § 2289 BGB, Rn. 8 ff.

§ 2279 BGB i.V.m. § 2077 BGB bei Ehegatten: Scheidung oder Scheidungsvoraussetzungen

Daneben ist bei einem Erbvertrag zwischen Ehegatten nach § 2279 I BGB i.V.m. § 2077 BGB (§ 2279 II BGB betrifft ausschließlich das Verhältnis gegenüber bedachten Dritten!) im Zweifel davon auszugehen, dass die Erbeinsetzung des Ehegatten unwirksam ist, wenn die Ehe nichtig oder wenn sie vor dem Tode des Erblassers aufgelöst worden ist. Dem steht gleich, wenn zur Zeit des Todes des Erblassers die Voraussetzungen für die Scheidung der Ehe gegeben waren und der Erblasser die Scheidung beantragt oder ihr zugestimmt hatte.

hemmer-Methode: Damit ist § 2077 BGB für den Klausurersteller eine willkommene Brücke ins Familienrecht, über die er i.R. einer erbrechtlichen Klausur die Scheidungsvoraussetzungen mit abprüfen kann (vgl. dazu oben Rn. 46 ff.).
§ 2077 BGB ist eine allgemeine Auslegungsregel und gilt daher originär auch für einseitige Testamente.
Da auch in solchen nicht selten der Ehegatte bedacht sein wird, hat die Vorschrift durchaus praktische Bedeutung und kann somit auch in der Klausur eine Rolle spielen, zumal Ehegatten (aufgrund von weiteren mit der Ehe zusammenhängenden Besonderheiten) sich als „Prüfungsgegenstand“ recht gut anbieten.

D) Mögliche Anordnungen des Erblassers[39]

I. Allgemeines

mögliche Anordnungen bei gewillkürter Erbfolge

Im Folgenden werden wichtige mögliche Anordnungen des Erblassers (insbesondere auch in ihrer Abgrenzung zueinander) näher dargestellt. Diese spielen selbstverständlich nur bei der gewillkürten, nicht bei der gesetzlichen Erbfolge eine Rolle. 135

Es ist allerdings grundsätzlich unbeachtlich, ob diese in Form eines Einzel-, eines gemeinschaftlichen Testaments oder eines Erbvertrags erfolgt: Die im Folgenden dargestellten Anordnungen können vielmehr in jeder Form der letztwilligen Verfügung getroffen werden.

auch hier Auslegung zentral

Dabei besteht ein enger Zusammenhang dieses Abschnitts mit den Ausführungen oben zur Auslegung des Testaments (vgl. Rn. 93 ff.), da diese regelmäßig gerade nicht nur klären muss, *wer*, sondern vor allem wer in welcher Weise bedacht wurde.

> ***Bsp.:*** *So kann z.B. fraglich sein, ob von mehreren Bedachten alle Miterben geworden sind oder ob nicht einzelne nur ein Vermächtnis erhalten sollen. Des Weiteren kann fraglich sein, ob etwa eine Vor- und Nacherbschaft oder eine Ersatzerbschaft angeordnet worden ist.*

---

[39] Umfassend hierzu **Hemmer/Wüst, Erbrecht, Rn. 112 ff.**

Der Intention dieses Skripts entsprechend kann dabei bei den einzelnen Anordnungen nicht auf jedes Einzelproblem eingegangen werden, zur Vertiefung sei an dieser Stelle auf die Ausführungen im Skript **Hemmer/Wüst, Erbrecht, Rn. 112 ff.** verwiesen. Im Mittelpunkt steht vielmehr der Versuch, zu vermitteln, welchen Sinn die einzelnen Anordnungen haben und wie sie in der Klausur erkannt werden, sowie die Frage, wie sie in Zweifelsfällen voneinander abgegrenzt werden können.

Nicht näher eingegangen wird hier i.Ü. auf die Anordnungen der Testamentsvollstreckung sowie auf den Erbverzichtsvertrag (wobei letztgenannter keine Anordnung des Erblassers i.e.S. darstellt), da diese - in der Praxis durchaus relevanten - Institute in der Klausur selten vertieft geprüft werden und es daher in der Regel genügen dürfte, bei entsprechenden Teilfragen den Gesetzestext sauber zu subsumieren.

II. Ersatzerbschaft und Nacherbschaft

1. Allgemeines

diff.:

⇨ Ersatzerbschaft

⇨ Vor- u. Nacherbschaft

beide als „weitere Erben des Erblassers“

Der Anordnung einer Ersatzerbschaft (§§ 2096 ff. BGB) und der Anordnung von Vor- und Nacherbschaft (§§ 2100 ff. BGB) ist gemeinsam, dass in beiden Fällen neben dem (zunächst) bestimmten Erben eine weitere Person als Erbe des Erblassers (nicht etwa des Erben!) in einer Form bestimmt wird, dass insoweit keine Miterben vorliegen (d.h. dass die weitere Person keinesfalls gleichzeitig mit dem ursprünglichen Erben erben wird). 136

Der Unterschied zwischen den beiden Instituten liegt darin, dass der Nacherbe zeitlich erst nach einer gewissen Dauer der Erbenstellung durch den Vorerben zum Erben wird, während der Ersatzerbe dann nur auf den Plan tritt, wenn der ursprünglich eingesetzte Erbe kein Erbe werden konnte.

2. Ersatzerbschaft

§ 2096 BGB: Ersatzerbe = der, der Erbe wird, wenn der eigentlich Eingesetzte kein Erbe werden kann

Ersatzerbe ist nach § 2096 BGB, wer vom Erblasser für den Fall zum Erben eingesetzt wird, dass ein anderer Erbe vor oder nach dem Eintritt des Erbfalls wegfällt und daher kein Erbe werden kann. Relevant sind hier (neben den selteneren Fällen des Erbverzichts, § 2352 BGB, und der Erbunwürdigkeit, § 2344 BGB) insbesondere das Vorversterben des eigentlich eingesetzten Erben, § 1923 I BGB, sowie das Nichterleben einer aufschiebenden Bedingung durch den eigentlich eingesetzten Erben. Mit der wichtigste Fall ist die Ausschlagung durch den eigentlichen Erben, der nach § 1953 BGB Rückwirkung zukommt. 137

hemmer-Methode: Das Nichterleben einer aufschiebenden Bedingung ist neben der Ausschlagung der Hauptanwendungsfall der im Gesetz formulierten Variante, dass ein anderer Erbe „nach dem Eintritt des Erbfalls wegfällt“. In diesem Fall ist nämlich der ursprünglich Bedachte nie Erbe geworden. War er dagegen Erbe und ist in dieser Position nach einiger Zeit verstorben, so würde diese Konstellation nicht von der Ersatzerbschaft, sondern allenfalls von der Anordnung einer Nacherbschaft erfasst. Im „Normalfall“ erben hier die Erben des Erben dessen Erbteil, sog. Erbeserben.

Ersatzerbschaft geht Anwachsung vor, vgl. §§ 2099, 2094 BGB

Die Anordnung einer Ersatzerbschaft (die stets durch den Erblasser getroffen werden muss, da es eine gesetzliche Ersatzerbschaft nicht gibt) geht dabei dem Anwachsungsrecht nach § 2094 BGB von anderen Erben (vgl. § 2099 BGB) vor. Dabei ist die Auslegungsregel des § 2069 BGB zu beachten, wonach bei Wegfall eines zum Erben eingesetzten Abkömmlings dessen Abkömmlinge als Ersatzerben angesehen werden.

hemmer-Methode: § 2069 BGB selbst gilt nur für Abkömmlinge und ist auf andere Personen nicht entsprechend anwendbar. Allerdings führt die Wertung des § 2069 BGB dazu, dass in der Einsetzung eines nahen Verwandten (z.B. Geschwister, Stiefkinder oder Ehegatten) i.S.d. Andeutungstheorie (vgl. oben Rn. 94) ein ausreichender Anhaltspunkt für eine gewillkürte, durch Auslegung ermittelte Ersatzerbenanordnung nach § 2096 BGB gesehen werden kann.
Wichtig ist, dass nach der h.M. bei einem gemeinschaftlichen Testament die Vermutungsregel des § 2270 II BGB nicht angewendet werden darf, soweit es um Zuwendungen zugunsten eines Ersatzerben geht, der seinerseits nur über die Zweifelsregelung des § 2069 BGB ermittelt wurde. Durch die kumulative Anwendung der §§ 2069, 2270 II BGB würden die Ehegatten an die Erbeinsetzung einer Person gebunden (i.S.d. § 2271 BGB), die sie möglicherweise nicht einmal gekannt haben.

Prüfungsschema bei Wegfall eines vom Erblasser eingesetzten Erben

Frage ist, wem der frei gewordene Erbteil zufällt:

Ersatzerbschaft

a) Ersatzerbe eingesetzt (§ 2096 BGB)?

b) Ersatzerbe durch Auslegung zu ermitteln (§§ 133, 2084 BGB)?

Ersatzerbe vermutet (§ 2069 BGB)? ⇨ wenn (-):

Anwachsung (subsidiär ggü. Ersatzerbschaft, § 2099 BGB), § 2094 BGB:

c) Mehrere Erben eingesetzt? (Bei Wegfall des Alleinerben)

⇨ gesetzliche Erbfolge

d) Liegt Wegfall i.S.d. § 2094 BGB vor?

(Kein Wegfall bei Nichtigkeit der Erbeinsetzung oder bei § 2077 BGB, da bei der Anwachsung wirksame Erbeinsetzung erforderlich.)

e) Liegt Ausschluss der Anwachsung vor?

(§ 2094 III BGB)
(evtl. durch Auslegung zu ermitteln)
⇨ wenn (-):

gesetzliche Erbfolge

3. Vor- und Nacherbschaft

Nacherbe: Erbe des Erblassers, zeitlich nach Vorerbe:

Auch der Nacherbe ist Erbe des ursprünglichen Erblassers (nicht des Vorerben), allerdings stehen Vor- und Nacherbe in einem Verhältnis des zeitlichen Nacheinander. Die Rechtsposition des Vor- und Nacherben entwickelt sich daher folgendermaßen: 138

Rechtsfolge des Erbfalls

Mit dem Erbfall (d.h. dem Tod des Erblassers) wird der Vorerbe zum Erben des Erblassers, der Nacherbe erwirbt ein (im Zweifel veräußerliches und vererbliches) Anwartschaftsrecht, § 2108 II S. 1 BGB.

Nacherbfall: Nacherbe wird Erbe

Mit dem Nacherbfall (welcher in jedem vom Erblasser festgesetzten Ereignis liegen kann, im Zweifel mit dem Tod des Vorerben, vgl. § 2106 I BGB) wird der Nacherbe zum Erben des Erblassers und der Vorerbe verliert seine Rechtsposition (vgl. § 2139 BGB). Der Nacherbe erwirbt mit dem Nacherbfall einen Herausgabeanspruch gegen den Vorerben bzw. dessen Erben, wenn der Nacherbfall der Tod des Vorerben ist (vgl. §§ 2130 ff. BGB).

hemmer-Methode: Die eigentliche Bedeutung des § 2130 BGB liegt nicht darin, dass er dem Nacherben einen Herausgabeanspruch gegen den Vorerben gibt. Diesen hat er bereits aus § 985 BGB, da der Vorerbe mit Eintritt des Nacherbfalls nicht-berechtigter Besitzer wird. Allerdings ist § 2130 BGB gerade nicht auf die Herausgabe desjenigen beschränkt, was beim Vorerben vorhanden ist, sondern erstreckt sich auf den fiktiven Zustand des Nachlasses, der sich bei einer fortgesetzten ordnungsgemäßen Verwaltung ergäbe! Ist der Nachlass nicht in diesem Zustand, kann der Nacherbe von dem Vorerben Schadensersatz nach §§ 280, 283 BGB verlangen!

Stellung des Vorerben: § 2112 BGB, aber Beschränkung durch § 2113 BGB

Für die Stellung des Vorerben (insbesondere in der Zeit zwischen Erbfall und Nacherbfall) gilt Folgendes: Nach § 2112 BGB hat der Vorerbe grundsätzlich das Recht, über die zum Nachlass gehörenden Gegenstände zu verfügen. Er unterliegt aber zum Schutz des Nacherben gewissen Beschränkungen: Nach § 2113 I BGB sind Verfügungen des Vorerben über ein zur Erbschaft gehörendes Grundstück (bzw. Grundstücksrecht) im Falle des Eintritts der Nacherbfolge insoweit unwirksam, als sie das Recht des Nacherben beeinträchtigen würden. 139

Nach § 2113 II BGB ist des Weiteren jede unentgeltliche Verfügung über Nachlassgegenstände unter den oben genannten Voraussetzungen unwirksam.

Von diesen Beschränkungen des Vorerben gibt es allerdings zwei wichtige Ausnahmen bzw. Befreiungstatbestände:

„befreite Vorerbschaft“, § 2136 BGB

Zum einen kann eine sog. „befreite Vorerbschaft“ angeordnet werden, vgl. § 2136 BGB: In diesem Fall ist der Vorerbe von den in § 2136 BGB genannten Beschränkungen befreit, zu denen auch die Unwirksamkeit von Grundstücksverfügungen nach § 2113 I BGB gehört. Auch der befreite Vorerbe darf jedoch nicht unentgeltlich verfügen i.S.d. § 2113 II BGB. 140

gutgläubiger Erwerb vom Vorerben, § 2113 III BGB

Zum anderen besteht nach § 2113 III BGB i.V.m. §§ 932 ff., 892 f. BGB die Möglichkeit eines gutgläubigen Erwerbs, welcher sich nach den Vorschriften richtet, die für den entsprechenden Gegenstand auch allgemein einschlägig sind (d.h. für bewegliche Sachen §§ 932 ff. BGB, für unbewegliches Vermögen §§ 892 f. BGB, bei Forderungen kein gutgläubiger Erwerb möglich). 141

hemmer-Methode: Neben dem Erwerb vom Erbscheinsberechtigten (vgl. dazu unten Rn. 174 ff.) ist der Erwerb vom Vorerben eine weitere Konstellation, in der das Erbrecht mit den beliebten sachenrechtlichen Fragen des gutgläubigen Erwerbs verknüpft werden kann.

Lesen Sie in diesem Zusammenhang zum Gesamtverständnis die Vorschrift des § 51 GBO: Danach ist bei der Eintragung eines Vorerben als Eigentümer im Grundbuch ein sog. Nacherbenvermerk v.A.w. mit einzutragen, um auf diese Art und Weise den gutgläubigen Erwerb nach § 892 BGB auszuschließen.

III. Vermächtnis, Auflage und Teilungsanordnung

1. Allgemeines

Vermächtnis, Auflage u. Teilungsanordnung als mögliche Anordnungen neben der Erbeinsetzung

Während es bei den oben behandelten Fällen der Vor-, Nach- und Ersatzerbschaft um Fragen eines „zeitlichen Nacheinanders" von Erben nach demselben Erblasser geht, sind die hier angesprochenen Institute von Vermächtnis, Auflage und Teilungsanordnung solche Anordnungen des Erblassers, die regelmäßig innerhalb eines Testaments neben die Bestimmung des Erben treten können. Es geht hier also um weitere Anordnungen, die der Erblasser außer der Bestimmung, wer Erbe i.S.d. § 1922 BGB sein soll, treffen kann. Dabei ist das Vermächtnis, welches im Unterschied zur Einsetzung als Erbe keine Gesamtrechtsnachfolge mit dinglicher Beteiligung am Nachlass, sondern nur einen schuldrechtlichen Anspruch enthält, in drei verschiedene Richtungen abzugrenzen: 142

- zur Erbeinsetzung (Frage: Wurde der Bedachte Erbe oder „nur" Vermächtnisnehmer?)
- zur Auflage (Frage: Soll eine Person als Vermächtnisnehmer einen eigenen Anspruch haben oder nur der Erbe durch die Anordnung einer Auflage belastet sein?) sowie
- zur Teilungsanordnung (Frage: Soll die Zuwendung eines bestimmten Gegenstandes an einen Miterben diesem als sog. „Vorausvermächtnis" zusätzlich zu seinem Miterbenanteil zugutekommen, oder liegt in dieser Zuwendung „nur" eine Anweisung für die Auseinandersetzung des Nachlasses, sog. „Teilungsanordnung"?).

2. Das Vermächtnis, §§ 1934, 2147 ff. BGB

a) Begriff und Abgrenzung

Vermächtnis: Zuwendung eines schuldrechtlichen Anspruchs gegen Erben

Das Vermächtnis ist die Zuwendung eines Vermögensvorteils, die nicht in einer Erbeinsetzung besteht. Es führt zu einem schuldrechtlichen Anspruch des Vermächtnisnehmers gegen den Erben (bzw. die Erbengemeinschaft), vgl. § 2174 BGB. Dieser Anspruch wird zwar häufig, muss aber keineswegs auf die Zahlung eines bestimmten Geldbetrags gerichtet sein. 143

Abgrenzung zum Erben:

⇨ keine dingliche Beteiligung am Nachlass

Die Abgrenzung zur Erbenstellung besteht also darin, dass der Vermächtnisnehmer nicht als Gesamtrechtsnachfolger dinglich am Nachlass berechtigt ist, sondern nur einen schuldrechtlichen Anspruch hat. Die Abgrenzung, ob eine Einsetzung als (insbesondere Mit-)Erbe oder als Vermächtnisnehmer vorliegen soll, ist dabei eines der klassischen Probleme in Erbrechtsklausuren.

➪ Wortlaut d. Verfügung oft nicht entscheidend

➪ Zweifelsregel des § 2087 BGB

Wichtig ist dabei, dass es auf die Wortwahl „erben" oder „vermachen" (außer evtl. bei juristisch vorgebildeten Personen oder fachkundiger Beratung, wo hier durchaus ein wichtiges Indiz vorliegen kann) regelmäßig nicht ankommt. Vielmehr ist etwa auf den Anteil am Nachlass und v.a. auf die Interessenlage abzustellen (ist Universalsukzession oder nur ein schuldrechtlicher Anspruch gewollt?). Ein weiteres wichtiges Abgrenzungskriterium enthält die Auslegungsregelung des § 2087 BGB (die allerdings widerlegt werden kann und der auch die Auslegung nach § 133 BGB vorgeht!), wonach

- im Zweifel eine Erbeinsetzung anzunehmen ist, wenn dem Bedachten das Vermögen oder ein Bruchteil des Vermögens zugewendet wird (§ 2087 I BGB) und

- im Zweifel ein Vermächtnis anzunehmen ist, wenn dem Bedachten nur einzelne Gegenstände zugewendet werden (§ 2087 II BGB).

hemmer-Methode: Bei der Abgrenzung zwischen Vermächtnisnehmer und Erbe können Sie Ihre Auslegungskünste unter Beweis stellen! Sie sollten dabei die Vorschrift des § 2087 BGB regelmäßig erwähnen, sich allerdings nicht sofort auf sie „stürzen".
Auch hier gilt der Vorrang der individuellen Auslegung. Um zu zeigen, dass Sie die Zweifelsregelung in § 2087 BGB kennen, sollten Sie aber am Ende jedenfalls kurz Stellung dazu nehmen, ob Ihr Auslegungsergebnis ohnehin in die gleiche Richtung geht, ob es so klar ist, dass § 2087 BGB widerlegt wird oder aber ob Sie tatsächlich einen Zweifelsfall vorliegen haben, in dem Sie allein nach dieser Regelung entscheiden müssen. Gerade bei Verfügungen über einen einzelnen Gegenstand, der so gut wie die gesamte Erbschaft darstellt (was insbesondere bei einem Grundstück denkbar ist), wird die Regel des § 2087 II BGB sogar regelmäßig widerlegt sein.

Erbeinsetzung nach Vermögensgruppen

Eine Erbeinsetzung (und kein Vermächtnis) kann i.Ü. auch vorliegen, wenn der Nachlass nicht nach Bruchteilen, sondern nach Vermögensgruppen verteilt wird, z.B. wenn ein Erbe die Grundstücke, der andere Erbe die Wertpapiere erhalten soll. Die so Bedachten können dann nach dem Verhältnis der Werte des unbeweglichen und des beweglichen Vermögens als Erben zu behandeln sein, was mit einer Teilungsanordnung (§ 2048 BGB) und im Einzelfall ggf. auch mit einem Vorausvermächtnis verbunden ist (zur Abgrenzung vgl. u. Rn. 141). **144**

maßgeblicher Beurteilungszeitpunkt für Quote

Dabei kann nicht generell gesagt werden, ob der Begünstigte Erbe wurde oder nicht, sondern dies ist vielmehr durch Auslegung im Einzelfall zu ermitteln. Maßgeblich sind dabei grundsätzlich die Vermögensverhältnisses des Erblassers z.Zt. der Testamentserrichtung. Im Einzelfall kann sich aber auch durch Auslegung ergeben, dass auf die Zeit des Erbfalls abzustellen ist.

b) Inhalt eines Vermächtnisses

Vermächtnisnehmer kann eine lebende (vgl. § 2160 BGB) natürliche oder eine juristische Person sein. Durch das Vermächtnis beschwert ist im Zweifel der Erbe, vgl. § 2147 S. 2 BGB. Wird vom Erblasser unter mehreren Miterben ein einzelner speziell durch das Vermächtnis belastet, so hat dieser es allein zu tragen. 145

Wird dieser Beschwerte tatsächlich nicht Erbe (etwa weil er vorverstirbt), so ist im Zweifel anzunehmen, dass das Vermächtnis wirksam bleibt und stattdessen derjenige beschwert wird, welchem der Wegfall des zunächst Beschwerten zugutekommt, vgl. § 2161 BGB.

hemmer-Methode: Denken Sie - wie auch sonst bei einer Verpflichtung einer Personenmehrheit - bei der Frage nach der Beschwer durch das Vermächtnis bei Miterben an die Unterscheidung zwischen Innen- und Außenverhältnis: Sind mehrere Miterben mit demselben Vermächtnis beschwert (so etwa, wenn keine spezielle Regelung getroffen ist), so sind sie im Zweifel nach dem Verhältnis ihrer Erbteile beschwert, § 2148 BGB. Diese Regelung soll allerdings nach wohl h.M. nur für das Innenverhältnis gelten, während die Miterben, die alle beschwert sind, im Außenverhältnis gem. § 2058 BGB als Gesamtschuldner haften. Wird dagegen vom Erblasser speziell ein Miterbe belastet, so dürfte dies auch im Außenverhältnis gelten, sodass sich der Vermächtnisnehmer nur an diesen wenden kann.

Inhalt des Vermächtnisses ist ein schuldrechtlicher Anspruch des Vermächtnisnehmers gegen den Beschwerten auf Leistung des vermachten Gegenstandes, § 2174 BGB (s. schon oben Rn. 143). Geht der vermachte Gegenstand vor dem Erbfall unter, ist das Vermächtnis nach § 2171 BGB im Zweifel unwirksam. Für den Untergang nach dem Erbfall gelten §§ 275, 280 ff. BGB.

Bsp.: *Der Erblasser EL hat V seinen Pkw vermacht. Noch bevor der Erbe E den Pkw an V übereignen kann, wird dieser durch alleiniges Verschulden des D zerstört. Wie ist die Rechtslage?*

Der mit dem Erbfall entstandene Vermächtnisanspruch ist mit der Zerstörung der Sache untergegangen, § 275 I BGB. Ein Sekundäranspruch des V gegen E aus §§ 280 I, III, 283 BGB scheitert am mangelnden Vertretenmüssen des E. V hat auch keinen deliktischen Anspruch gegen D aus § 823 I BGB, da er nicht Eigentümer des Pkw war, sondern nur einen schuldrechtlichen Anspruch auf die Sache hatte. Eigentümer war E. Dieser hat allerdings eigentlich durch die Vernichtung keinen Schaden erlitten, da er das Fahrzeug unentgeltlich an V hätte übereignen müssen. Den Schaden hat alleine V, der seinen Anspruch gegen E verloren hat.

Da D durch diese Schadensverlagerung aber nicht unbilligerweise entlastet werden soll, darf E den Schaden des V bei D geltend machen, muss aber anlog § 285 BGB diesen Anspruch an V abtreten bzw. das Erlangte herausgeben (Drittschadensliquidation).

hemmer-Methode: Das Vermächtnis liefert den Einstieg in Probleme des allgemeinen Schuldrechts. Gerade das Thema der Drittschadensliquidation lässt sich über das Vermächtnis sehr einfach in die Klausur einbauen!

viele Arten von Vermächtnissen denkbar

Als Ausfluss des Grundsatzes der Testierfreiheit stehen dem Erblasser die verschiedensten Möglichkeiten eines Vermächtnisses zur Verfügung. So wird - je nach Art des zugewandten Gegenstandes und den Umständen, unter denen das Vermächtnis wirksam werden soll - etwa zwischen Voraus-, Ersatz-, Nach-, Wahl- oder Gattungsvermächtnis unterschieden. 146

Eine genauere Darstellung all dieser Arten würde den Rahmen dieses Skripts sprengen. Sie sollten sich nur klar machen, dass es viele verschiedene Unterarten gibt, welche jedoch weitgehend im Gesetz geregelt sind, sodass in der Examensklausur das Auffinden und die saubere Subsumtion der einschlägigen Norm regelmäßig genügen dürften.

Vorausvermächtnis ⇨ geht an Erbe ohne Anrechnung auf Erbteil

Von größerem Interesse ist allenfalls das sog. Vorausvermächtnis, d.h. eine Vermögenszuwendung, die einem Miterben zugutekommt, ohne dass sie bei der Erbauseinandersetzung auf seinen Anteil am Nachlass angerechnet würde. 147

Ein solches Vorausvermächtnis kann durch letztwillige Verfügung angeordnet werden und ist bei der gesetzlichen Erbfolge in § 1932 BGB für die ehelichen Haushaltsgegenstände und Hochzeitsgeschenke als Voraus des miterbenden Ehegatten angeordnet. Abzugrenzen ist das Vorausvermächtnis von der Teilungsanordnung (vgl. unten Rn. 149).

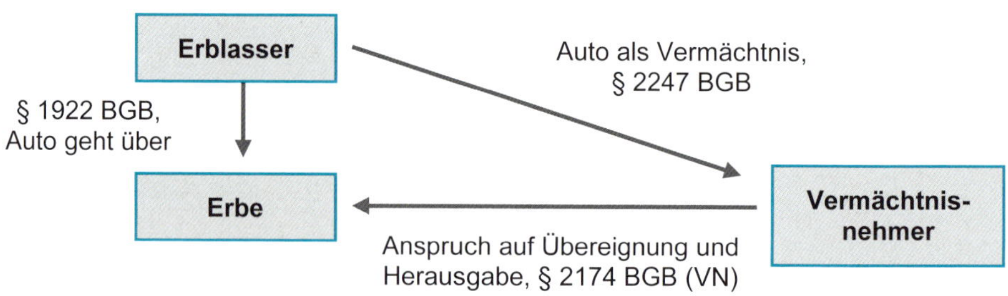

3. Die Auflage, §§ 1940, 2192 ff. BGB

Definition

Die Auflage ist eine Anordnung des Erblassers, durch die der Beschwerte (Erbe oder Vermächtnisnehmer) zu einer Leistung verpflichtet wird. 148

> **Bsp.:** *Dem Erben wird auferlegt, aus Mitteln der Erbschaft das Grab des Erblassers zu pflegen.*

Durchsetzung nur durch in § 2194 BGB genannte Personen

Auch wenn durch die Auflage eine Person begünstigt ist (und nicht nur z.B. die Pflege des Grabes oder des Haustiers des Erblassers angeordnet wurde), hat diese - zumindest in der Position als Begünstigter - keinen durchsetzbaren Anspruch auf Erfüllung der Auflage. Die Durchsetzung der Auflage können vielmehr nur die in § 2194 BGB genannten Personen, also „der Erbe, der Miterbe und derjenige ... , welchem der Wegfall des mit der Auflage zunächst Beschwerten unmittelbar zustattenkommen würde“ sowie bei einer Auflage im öffentlichen Interesse die zuständige Behörde verlangen.

Testamentsvollstrecker: §§ 2203, 2208 II BGB

Daneben kann auch der Testamentsvollstrecker die Vollziehung der Auflage verlangen, da er gem. § 2203 BGB die letztwilligen Anordnungen des Erblassers auszuführen hat (vgl. auch §§ 2208 II, 2223 BGB).

hemmer-Methode: Hier liegt also der wesentliche Unterschied zwischen Vermächtnis und Auflage: Während das Vermächtnis dem Begünstigten einen eigenen (!) schuldrechtlichen Anspruch gibt, bildet die Auflage nur eine Verpflichtung des Beschwerten, mit der kein Anspruch des Begünstigten korrespondiert. Der Begünstigte kann daher nicht nur nicht auf Erfüllung klagen, sondern z.B. auch keinen Schadensersatz wegen Nichterfüllung o.Ä. verlangen.
Die Personen, die die Erfüllung der Auflagen verlangen können (also insbesondere Miterben und Testamentsvollstrecker), vertreten hier gewissermaßen den Willen des Erblassers, der selbst ja nicht mehr für die Erfüllung sorgen kann.
Ob eine Auflage oder ein Vermächtnis vorliegt, ist durch Auslegung zu ermitteln. Dabei mögen die verwendeten Begriffe bei einem juristisch beratenen Erblasser eine (mehr oder weniger starke) Indizwirkung haben, jedoch sind sie, wie auch sonst bei der Auslegung, nicht letztentscheidend. Vielmehr ist im Einzelfall zu ermitteln, ob der Begünstigte nach dem Willen des Erblassers ein eigenes Forderungsrecht haben soll (dann Vermächtnis) oder ob die Verpflichtung des Beschwerten im Mittelpunkt stehen und nur durch die übrigen Miterben bzw. den Testamentsvollstrecker kontrolliert werden können soll (dann Auflage).

Erfüllung d. Auflage durchsetzbar; Nichterfüllung führt aber nicht zu Wegfall der Begünstigung

Kommt der durch die Auflage Beschwerte dieser nicht nach, so hat dies grundsätzlich keinen Einfluss auf eine durch das Testament erlangte günstige Stellung. Der durch die Auflage beschwerte Erbe oder Vermächtnisnehmer verliert also nicht seine Rechtsposition deswegen (rückwirkend), weil er eine später zu erfüllende Auflage nicht erfüllt. Vielmehr kann er nur von den insoweit Berechtigten (vgl. oben) auf Erfüllung verklagt und dann mit Hilfe der staatlichen Zwangsvollstreckung gezwungen werden. Möchte sich der durch die Auflage beschwerte Erbe bzw. Vermächtnisnehmer von dieser „freimachen“, so bleibt ihm aber umgekehrt der Weg, Erbschaft bzw. Vermächtnis - soweit dies noch möglich ist - auszuschlagen.

gerade umgekehrt bei Erbeinsetzung unter Bedingung

Gerade unter diesem Aspekt ist die Auflage von der Bedingung abzugrenzen. Auch hier ist die Auslegung nach dem Willen des Erblassers entscheidend, und es gelten die allgemeinen Grundsätze: Eine Bedingung liegt vor, wenn die Erbenstellung überhaupt nur dann eintreten soll, wenn die vom Erblasser gewünschte Forderung erbracht worden ist. Allerdings kann vom Beschwerten diese Erfüllung nicht verlangt werden.

Eine Auflage liegt dagegen vor, wenn die Erbenstellung zunächst unabhängig von der Erbringung der Leistung eintritt, dann aber diese Leistung auch zwangsweise durchgesetzt werden kann.

☑

hemmer-Methode: Gerade in sog. Nebengebieten wie dem Erbrecht, mit dem man sich weniger beschäftigt als mit den Kerngebieten, ist es wichtig, sein Wissen zu vernetzen und Kenntnisse aus anderen Gebieten fruchtbar zu machen:
Die Rechtsnatur einer Bedingung ist bereits eine Frage des Allgemeinen Teils (vgl. § 158 BGB). Der Unterschied zwischen Auflage und Bedingung ist vielen außerdem vielleicht aus dem Verwaltungsrecht AT bekannt (Stichwort: Nebenbestimmungen zu einem Verwaltungsakt). Von daher mögen Sie die Unterscheidung kennen: „Die Bedingung zwingt nicht, aber suspendiert; die Auflage suspendiert nicht, aber zwingt.“

4. Teilungsanordnung, § 2048 BGB

Teilungsanordnung: erforderlich bei Erbengemeinschaft

Werden mehrere Personen Erben, so entsteht zunächst eine **149**
Erbengemeinschaft als Gesamthandsgemeinschaft (vgl. unten Rn. 158 ff.), welche erst zwischen den Erben auseinandergesetzt werden muss. Durch eine sog. Teilungsanordnung hat der Erblasser die Möglichkeit, mit grundsätzlich bindender Wirkung auf die Verteilung des Nachlasses zwischen den Erben Einfluss zu nehmen. Dies führt aber im Regelfall nicht zu einer dem Erbrecht an sich fremden „Sonderrechtsnachfolge“, sondern nur zu einem schuldrechtlichen Anspruch des Miterben auf gerade diesen Gegenstand gegen die anderen Mitglieder der Erbengemeinschaft.

hemmer-Methode: Die Vornahme einer Teilungsanordnung ermöglicht es dem Erblasser, „zwei Fliegen mit einer Klappe zu schlagen“: Einerseits setzt er den Bedachten zum Erben ein (und verschafft ihm damit eine starke, dingliche Rechtsposition am Nachlass), andererseits verschafft er ihm aber auch einen Anspruch auf einen ganz bestimmten Gegenstand (was ansonsten nur durch ein Vermächtnis möglich wäre).

Dabei ist die Teilungsanordnung in zwei verschiedene Richtungen abzugrenzen:

Abgrenzung zur Auflage: eigenes Forderungsrecht

Der Unterschied zur Auflage (vgl. oben Rn. 139) liegt darin, dass diese als solche nicht zu einem eigenen Forderungsrecht des Begünstigten führt, während die Teilungsanordnung einen schuldrechtlichen Anspruch begründet. **150**

Abgrenzung zum Vorausvermächtnis, Anrechnung auf Erbquote

Klausurrelevanter und auch in der Praxis wichtiger ist die Abgrenzung zum sog. Vorausvermächtnis (vgl. dazu oben Rn. 138). Das Vorausvermächtnis führt im Ergebnis zu einer Vergrößerung der Quote des damit bedachten Miterben, weil ihm das Vermächtnis gewissermaßen „am aufzuteilenden Nachlass vorbei“ bzw. vor der eigentlichen Quotenbildung zukommt und er die vorgesehene Quote vom übrigbleibenden Nachlass erhält, vgl. §§ 2046, 1967, 2047 BGB. Dagegen wird ein in einer Teilungsanordnung genannter Gegenstand voll auf die Quote angerechnet.

Bsp. 1: *Der verwitwete Erblasser besitzt ein Haus und ein Wertpapierdepot, welche beide ungefähr den gleichen Wert haben. Während Tochter T von der Börse fasziniert und inzwischen als Brokerin nach Frankfurt gezogen ist, hat der etwas träge Sohn S trotz seiner 40 Jahre noch nie das elterliche Haus verlassen. Schreibt nun der Erblasser in seinem Testament: „ ... Erben sollen zu gleichen Teilen meine beiden Kinder sein. S soll dabei das Haus, in dem er sich so wohl fühlt, erhalten, T aber das Wertpapierdepot, mit dem sie sicher mehr anfangen kann ...“, so spricht hier alles für eine Teilungsanordnung.*

Bsp. 2: *Der Erblasser hat drei Kinder, A, B und C und im Wesentlichen ein Wertpapiervermögen mit einem Wert von ca. einer Million Euro. Das Testament lautet: „ ... mein Vermögen sollen meine drei Kinder zu gleichen Teilen erhalten. B aber, der mich bis an mein Lebensende gepflegt und mit mir bis zu meinem letzten Tag unsere gemeinsame große Leidenschaft des Briefmarkensammelns geteilt hat, soll meine Briefmarkensammlung erhalten ... “. Hat die Briefmarkensammlung hier einen Wert von etwa 5.000,- € bis 10.000,- €, so spricht hier mehr für ein Vorausvermächtnis zugunsten des B: Zum einen fällt dieser Betrag angesichts der auf jeden Erben entfallenden 333.000,- € nicht nennenswert ins Gewicht.*

Zum anderen ist hinsichtlich der anderen Miterben kein Gegenstand genannt.

Schließlich wird aus dem Testament auch deutlich, dass der Erblasser B aufgrund der durch ihn durchgeführten Pflege in besonderer Weise begünstigen wollte, was durch ein Vorausvermächtnis stärker möglich ist als durch eine bloße Teilungsanordnung.

hemmer-Methode: In einer Klausur, in der gleichsam aus Sicht des Richters ein Testament bewertet werden muss, ist die Unterscheidung zwischen Teilungsanordnung und Vorausvermächtnis bei der Auslegung zu berücksichtigen (vgl. oben im Beispiel).
Wenn dagegen (gleichsam aus der Sicht eines Rechtsanwalts) eher eine Beratung gefordert ist, wäre ebenfalls darzulegen, welche Unterschiede sich bei beiden Regelungen für die verschiedenen Erben ergeben, und dem Erblasser dann seinem Willen entsprechend ein Ratschlag zu geben.

IV. Zusammenfassender Überblick

Die wichtigsten einzelnen Anordnungen, die der Erblasser (sei 151
es in einem Testament, sei es in einem Erbvertrag) treffen kann, sind die Anordnung von Vor- und Nacherbschaft sowie Ersatzerbschaft, die Beschwerung mit Vermächtnissen und Auflagen sowie die Vornahme einer Teilungsanordnung.

Wichtig ist insoweit, diese Institute abstrakt zu kennen und v.a. auch in der Klausur i.R.d. Testamentsauslegung zu erkennen. Besondere Bedeutung hat dabei die Abgrenzung der unterschiedlichen Regelungsmöglichkeiten untereinander, welche in der folgenden Übersicht noch einmal zusammengefasst ist:

Erbeinsetzung ↓ **ganzes Vermögen oder Bruchteil, § 2087 BGB**	**Vermächtnis** ↓ **einzelner Gegenstand**
Vor-/ Nacherbschaft ↓ **zeitlich nacheinander Erben des Erblassers**	**Ersatzerbschaft** ↓ **Ersatzerbe tritt nur ein, wenn zunächst Berufener wegfällt**
Vermächtnis ↓ **schuldrechtlicher Anspruch des Vermächtnisnehmers gegen beschwerten Erben**	**Auflage** ↓ **kein Anspruch des Begünstigten, sondern Verpflichtung des Erben**
Vorausvermächtnis ↓ **Miterbe erhält Gegenstand vorneweg und zusätzlich seine Quote an der Erbschaft**	**Teilungsanordnung** ↓ **innerhalb der Nachlassverteilung bekommt ein Erbe einen bestimmten Gegenstand**

E) Annahme und Ausschlagung der Erbschaft[40]

I. Allgemeines

zwar keine Annahme einer Erbschaft erforderlich, aber Ausschlagung möglich

Nach § 1922 BGB geht die Erbschaft kraft Gesetzes auf den Erben über. Eine Annahmeerklärung ist also insoweit nicht erforderlich. Da jedoch niemand (weder durch gesetzliche Erbfolge noch durch Verfügung von Todes wegen) dazu gezwungen werden kann, Gesamtrechtsnachfolger eines Anderen zu werden (und damit beispielsweise einen Berg Schulden zu erben), besteht die Möglichkeit der Ausschlagung der Erbschaft. Daneben ist auch eine Annahme der Erbschaft mit bestimmten Konsequenzen möglich. Sowohl Annahme als auch Ausschlagung können schließlich angefochten werden. 152

II. Die Ausschlagung der Erbschaft

Ausschlagung: binnen sechs Wochen ggü. Nachlassgericht

Nach §§ 1942, 1944 I BGB ist die Ausschlagung der Erbschaft binnen sechs Wochen ab Kenntnis der eigenen Erbenstellung möglich. Die Ausschlagung erfolgt nach § 1945 I BGB durch eine Erklärung gegenüber dem Nachlassgericht, welche zur Niederschrift oder in öffentlich beglaubigter Form abzugeben ist. Folge einer Ausschlagung ist, dass die Erbschaft von Anfang an als nicht angefallen gilt, § 1953 BGB. 153

III. Die Annahme der Erbschaft

Ausnahme: nicht erforderlich, aber ausdrücklich oder konkludent möglich

Eine eigene Annahmeerklärung ist zwar aufgrund des gesetzlichen von-selbst-Erwerbs durch den Erben nicht erforderlich, aber möglich. Eine solche Annahme liegt vor, wenn der Erbe - auch konkludent - zum Ausdruck bringt, dass er die Erbschaft behalten will. Es handelt sich also um eine formlose, nicht empfangsbedürftige Willenserklärung. Ein mögliches Klausurproblem stellt dabei die Frage dar, ob in der Verfügung über einen Nachlassgegenstand die Annahme der Erbschaft mit der Konsequenz liegt, dass diese nun grds. nicht mehr ausgeschlagen werden kann. 154

Dies ist jedenfalls nicht notwendig immer der Fall, da der Gesetzgeber in § 1959 II BGB (vgl. dazu Rn. 146) offenbar davon ausgeht, dass auch im Fall einer späteren Ausschlagung Verfügungen über Nachlassgegenstände getroffen werden können.

Umgekehrt spricht sehr viel dafür, zumindest dann eine Annahme anzunehmen, wenn der vorläufige Erbe über große Teile der Erbschaft oder sogar über den gesamten Nachlass verfügt.

---

[40] Umfassend hierzu **Hemmer/Wüst, Erbrecht, Rn. 177 ff.**

hemmer-Methode: In Grenzfällen sollten Sie auch die Klausurtaktik nicht aus dem Auge verlieren. So eröffnet z.B. nur die Verneinung einer Annahme mit der Möglichkeit einer späteren Ausschlagung die Prüfung eines gutgläubigen Erwerbs vom vorläufigen Erben. Umgekehrt ist eine eventuell in der Klausur angelegte Anfechtung der Annahme nur dann von Bedeutung, wenn überhaupt eine solche vorliegt. Ein sicheres Zeichen für eine konkludente Annahme ist dagegen, wenn der Erbe einen Erbschein (vgl. dazu unten Rn. 171 ff.) beantragt.

Folge der Annahme: keine Ausschlagung mehr möglich

Die Folge einer Annahme ist, dass eine Ausschlagung nicht mehr möglich ist. Der Erbe bleibt nun also Erbe, soweit er seine Annahme nicht erfolgreich anfechten kann, sodass sich in der Klausur u.U. die Frage nach der Auslegung einer Ausschlagungs- als Anfechtungserklärung (oder auch einmal umgekehrt) stellen kann.

IV. Die Anfechtung von Annahme und Ausschlagung

Anfechtung von Annahme oder Ausschlagung

Wurden Annahme oder Ausschlagung der Erbschaft erklärt, so 155
ist die jeweils entgegengesetzte Willenserklärung grundsätzlich nicht mehr möglich. Sie kann aber u.U. dann möglich werden, wenn Annahme bzw. Ausschlagung erfolgreich angefochten werden. Neben der Sondervorschrift für Pflichtteilsberechtigte in § 2308 BGB (lesen! Zum Pflichtteilsrecht näher unten Rn. 161 ff.) sind hier die allgemeinen Vorschriften der §§ 119 ff. BGB anwendbar.

Ein für Klausur und Praxis gleichermaßen wichtiger Anfechtungsgrund ist hier i.R.d. § 119 II BGB der Irrtum über die Überschuldung des Nachlasses, wobei zwischen einem unbeachtlichen reinen Bewertungsirrtum und der beachtlichen Unkenntnis maßgeblicher Vermögensgegenstände bzw. Schulden zu differenzieren ist.[41] Ein Fall des § 119 I BGB ist vor allem bei der konkludenten Annahme denkbar, wenn der Erbe eine Willenserklärung abgibt, die z.B. auf den Verkauf eines Nachlassgegenstandes gerichtet ist, die aber vom Rechtsverkehr auch als schlüssige Annahme der Erbschaft aufgefasst wird.

hemmer-Methode: Anders als bei der Anfechtung von Testamenten gelten hier also nicht die §§ 2078, 2079 BGB, da es gerade nicht um den Schutz des Willens des Erblassers, sondern um den des Erben geht! Einen Sonderfall des Motivirrtums regelt allerdings § 1949 BGB, wonach der Irrtum über den Berufungsgrund automatisch zur Unwirksamkeit der Annahme führt.

41 Vgl. zur Abgrenzung zwischen einem Irrtum und enttäuschter Hoffnung in diesem Kontext OLG Düsseldorf, ZEV 2011, 317 ff. = jurisbyhemmer = **Life&Law 2011, 633**.

Sechs-Wochen-Frist

Die Anfechtung ist nach §§ 1954, 1955 BGB binnen sechs Wochen ab Kenntnis des Anfechtungsgrundes bzw. ab Wegfall der Zwangslage (im Fall einer Drohung) gegenüber dem Nachlassgericht zu erklären.

hemmer-Methode: Die Anfechtung ist eine Willenserklärung und damit ihrerseits anfechtbar. Schlägt der Erbe aus, weil er einen wichtigen Vermögenswert nicht kennt, rechtfertigt dies nach § 119 II BGB die Anfechtung der Ausschlagung. Tauchen allerdings daraufhin erhebliche Schulden auf, kann er die Anfechtung der Anfechtung wegen eines erneuten Eigenschaftsirrtums nach § 119 II BGB erklären.[42] Die Frist für die Anfechtung der Anfechtung bestimmt sich dabei allerdings nicht nach § 1954 BGB, sondern nach § 121 BGB.[43]

V. Die Rechtsstellung des vorläufigen Erben

Stellung des vorläufigen Erben

Ab dem Moment, in dem die Erbschaft anfällt, ist der Erbe - auch innerhalb der möglichen Ausschlagungsfrist - uneingeschränkt berechtigt am Nachlass. 156

Klärungsbedürftig ist die Situation allerdings dann, wenn der Erbe später ausschlägt. § 1959 I BGB bestimmt hier, dass der vorläufige Erbe im Verhältnis zum späteren Erbe wie ein Geschäftsführer ohne Auftrag (vgl. §§ 677 ff. BGB) zu behandeln ist. Verfügungen über Nachlassgegenstände sind nach § 1959 II BGB wirksam, wenn sie nicht ohne Nachteil für den Nachlass verschiebbar gewesen sind.

Selbst in anderen Fällen ist aber u.U. ein Rechtserwerb vom (nachträglich betrachtet) Nichtberechtigten über § 185 II BGB bzw. über §§ 932 ff. BGB (gutgläubiger Erwerb vom Nichtberechtigten) möglich.

In diesem letzten Fall ist zu beachten, dass nach ganz h.M. die §§ 857, 935 BGB einem gutgläubigen Erwerb nicht im Wege stehen sollen:

gutgläubiger Erwerb vom vorläufigen Erben nicht nach §§ 1953 I, 857, 935 BGB ausgeschlossen

Zum einen wäre anderenfalls ein gutgläubiger Erwerb so gut wie immer ausgeschlossen, da der fiktive Erbschaftsbesitz nach § 857 BGB im Wege steht. Zum anderen wird argumentiert, dass die gleichsam „doppelte Fiktion“ (erste Fiktion: die Erbschaft gilt als von Anfang an nicht angefallen; zweite Fiktion: fiktiver Erbenbesitz nach § 857 BGB) nicht stärker sein kann als die damals real existierende Besitzlage des vorläufigen Erben.

---

42 OLG Hamm, Beschluss vom 29.01.2009, 15 Wx 213/08 = **juris**byhemmer = **Life&Law 2009, 454**.

43 BGH, Beschluss vom 10.06.2015, IX ZB 39/14= **Life&Law 2009, 454**.

hemmer-Methode: Gerade in einer Klausur im Ersten Staatsexamen werden Annahme und Ausschlagung der Erbschaft - falls sie überhaupt eine Rolle spielen - oft nicht im Zentrum der Klausur stehen, sondern nur einen Einstieg in gängigere Problemfälle darstellen: so z.B. in das Recht der GoA (vgl. § 1959 I BGB) bzw. den gutgläubigen Erwerb. Typischerweise kommen Annahme und Ausschlagung der Erbschaft über §§ 1371 III, 2271 II BGB ins Spiel!
Lassen Sie sich also nicht verrückt machen, wenn in der Klausur ein Erbe auftaucht und dieser möglicherweise sogar auch noch ausschlägt! Denken Sie daran: Auch die anderen Prüflinge haben i.d.R. keine vertieften Kenntnisse über das Recht von Annahme und Ausschlagung der Erbschaft, sodass die Klausur zumeist so angelegt sein dürfte, dass Sie mit einer sauberen Gesetzessubsumtion mehr oder weniger rasch in gewohnte Bahnen kommen.

F) Weitere Fragen der Rechtsstellung des Erben

Rechtsstellung des Erben im Einzelnen (neben Universalsukzession)

Wurde jemand also wirksam zum Erben eingesetzt oder gesetzlicher Erbe und hat er diese Erbschaft auch nicht ausgeschlagen, ist nun die Frage nach seiner Stellung im Einzelnen näher zu behandeln. I.R.d. einführenden Überblicks sowie an verschiedenen anderen Stellen dieses Skripts wurde bereits dargelegt, dass der Erbe nach § 1922 BGB Gesamtrechtsnachfolger des Erblassers wird und damit Inhaber aller dem Erblasser zustehenden Rechtspositionen. 157

Auch der fiktive Erbenbesitz nach § 857 BGB wurde bereits angesprochen. Im Folgenden sollen nun drei Problemfelder noch etwas näher beleuchtet werden: die Ansprüche des wahren Erben gegen den sog. Erbschaftsbesitzer (vgl. dazu sogleich die Rn. 148 ff.), die Haftung des Erben (vgl. dazu die Rn. 153 ff.) sowie das Verhältnis mehrerer Miterben (vgl. dazu Rn. 158 ff.).

hemmer-Methode: Vergegenwärtigen Sie sich an dieser Stelle noch einmal, wie verschiedene Fragen des Erb-, aber auch des sonstigen Zivilrechts miteinander verknüpft werden können und dadurch auch der Prüfungsablauf einer Klausur bestimmt wird:
Geht es z.B. um die Frage, ob eine bestimmte Person als Erbe für die Schulden des Erblassers haftet, so sind folgende drei Fragen der Reihe nach abzuarbeiten:
Zunächst kommt eine Haftung grundsätzlich nur in Betracht, wenn überhaupt ein Anspruch bestanden hat, d.h. hier sind die Voraussetzungen des gegen den Erblasser entstandenen Anspruchs (mit allen denkbaren schuldrechtlichen Verwicklungen) zu prüfen.
Des Weiteren kommt eine Haftung des in Anspruch genommenen Erben nur in Betracht, wenn er tatsächlich Erbe geworden ist, wofür z.B. die Wirksamkeit und Auslegung eines Testaments zu beurteilen sind.

Schließlich haftet er als Erbe auch nur, wenn eine bestimmte Haftungsnorm besteht (hier § 1967 BGB) und kein Fall der ausgeschlossenen Erbenhaftung vorliegt.
In welcher Reihenfolge Sie diese Fragen behandeln, dürfte meistens eine Geschmacksfrage sein. Die Frage nach der Erbenstellung und der Haftung des Erben dürften zwar gewöhnlich hintereinander zu behandeln sein. Ob dagegen die Frage nach dem tatsächlichen Bestand der Forderung vor oder nach den erbrechtlichen Problemen gelöst wird, folgt keiner zwingenden Regel.

I. Ansprüche des Erben gegen den Erbschaftsbesitzer, §§ 2018 ff. BGB[44]

Erbschaftsbesitzer

Die §§ 2018 ff. BGB enthalten (nicht abschließende, vgl. § 2029 BGB) Sonderregelungen für das Verhältnis zwischen dem Erben und dem sog. Erbschaftsbesitzer. 158

1. Erbschaftsbesitzer

Def.: Besitz d. Erbschaft aufgrund vermeintlichen oder angemaßten Erbrechts

Erbschaftsbesitzer i.S.d. §§ 2018 ff. BGB ist derjenige, der - ohne Erbe zu sein - die Erbschaft aufgrund eines vermeintlichen oder angemaßten Erbrechts (d.h. gut- oder bösgläubig) besitzt. Dagegen sind die §§ 2018 ff. BGB nicht gegenüber Personen anwendbar, die Gegenstände aus dem Nachlass aufgrund eines Rechtsgeschäftes besitzen. 159

auch anwendbar bei Erbschaftskauf

Etwas anders gilt allerdings dann, wenn der Besitz auf einem Erbschaftskauf i.S.d. §§ 2371 ff. BGB beruht, § 2030 BGB. Dies liegt daran, dass der Erbschaftskauf ein Vertrag über die angefallene Erbschaft in ihrer Gesamtheit ist, sodass der Erbschaftskäufer zwar nicht zum Erben, in wirtschaftlicher Hinsicht einem solchen aber gleichgestellt wird.

2. Der Erbschaftsanspruch, §§ 2018 f. BGB

Erbschaftsanspruch: Gesamtanspruch auf alle Nachlassgegenstände

Gegen den Erbschaftsbesitzer steht dem wahren Erben der sog. Erbschaftsanspruch zu. Dies ist ein Gesamtanspruch, der sich auf alle Erbschaftsgegenstände bezieht. Er stellt für den Erben eine Erleichterung dar, weil insoweit nicht die unterschiedlichen Voraussetzungen der Anspruchsgrundlagen für bewegliche oder unbewegliche Sachen einzeln dargelegt werden müssen, sondern nur die Zugehörigkeit zum Nachlass sowie die Erbenstellung. 160

---

44 Umfassend hierzu **Hemmer/Wüst, Erbrecht, Rn. 191 ff.**

hemmer-Methode: Beachten Sie zu dem Gesamtanspruch nach § 2018 BGB noch die folgenden beiden Punkte:
Forderungen, die zum Nachlass gehören, müssen nicht mehr vom Erbschaftsbesitzer an den Erben abgetreten werden, denn Inhaber der Forderung ist der Erbe ja durch den Erbfall bereits kraft Gesetzes geworden.
Einen der Herausgabe vergleichbaren Publizitätsakt gibt es bei Forderungen nicht.
Es erscheint allerdings vertretbar, dem Erben aus Publizitätsgründen einen Anspruch auf eine „deklaratorische Abtretungserklärung" zuzugestehen.
Aus prozessualer Sicht ist zu beachten, dass auch beim Gesamtanspruch nach § 2018 BGB für die Klageerhebung wegen § 253 I Nr. 2 ZPO eine genaue Bezeichnung der einzelnen Gegenstände erforderlich ist. Eine nur „auf Herausgabe des Nachlasses" gerichtete Klage wäre zu unbestimmt, da sie im Fall eines Leistungsurteils nicht vollstreckbar wäre. Deshalb erfolgt die Durchsetzung des Anspruchs aus § 2018 BGB mit Hilfe der Stufenklage gemäß § 254 ZPO, d.h. einer Verbindung von Auskunfts- und Herausgabeklage. Der Auskunftsanspruch ergibt sich aus § 2027 BGB.
Eine prozessuale Besonderheit des Gesamtanspruchs ist allerdings, dass nach § 264 Nr. 2 ZPO die Liste der mit der Klage geforderten Gegenstände jederzeit noch erweitert werden kann, da der Streitgegenstand – Herausgabe des aus der Erbschaft Erlangten – sich nicht ändert. Eine weitere prozessuale Besonderheit des § 2018 BGB ist der besondere Gerichtsstand des § 27 ZPO.

Ergänzung durch dingliche Surrogation (§ 2019 BGB) und Nutzungsherausgabe (§ 2020 BGB)

Die starke Stellung des Erben nach § 2018 BGB wird durch ergänzende Regelungen und insbesondere durch Surrogationsvorschriften ersetzt. Bei Geschäften über Erbschaftsgegenstände erfolgt nach § 2019 BGB eine dingliche Surrogation, d.h. die für einen Erbschaftsgegenstand erworbenen Gegenstände gelten als zum Nachlass gehörig, sodass sich der Anspruch aus § 2018 BGB auch auf diese bezieht. Hier kann sich in der Klausur insbesondere das Problem der „Kettensurrogation" stellen. 161

> **Bsp.:** *Verkauft der Erbschaftsbesitzer einen Nachlassgegenstand, so tritt die Kaufpreisforderung an die Stelle des verkauften Gegenstandes. Zieht er diese Kaufpreisforderung ein, so tritt das erlangte Geld an die Stelle der Kaufpreisforderung. Der wahre Erbe ist also nach dem Verkauf des Gegenstandes, aber vor Einziehung der Forderung Inhaber derselben. Nach der Einziehung der Forderung wird er Eigentümer des Geldes und kann dieses nach § 985 BGB herausverlangen. Sollte eine Vermischung mit dem Geld des Erbschaftsbesitzers stattgefunden haben, erhält der Erbe Wertersatz nach §§ 951, 812 BGB.*

Nach § 2020 BGB trifft den Erbschaftsbesitzer zudem die Pflicht zur Herausgabe von Früchten und gezogenen Nutzungen.

hemmer-Methode: Hier stellt sich ein Sonderproblem: Wird ein Erbschaftsgegenstand nicht veräußert, sondern nur vermietet, so sieht die h.M. in der Forderung aus der Vermietung einen Fall der dinglichen Surrogation nach § 2019 BGB. Dies ist zwar mit dem Wortlaut der Vorschrift durchaus zu vereinbaren. Dem Sinn und Zweck der §§ 2019, 2020 BGB dürfte es aber besser entsprechen, den Mietzins als (Rechts-)Frucht aus dem Nachlass i.S.d. § 2020 BGB einzuordnen, zumal der Gegenstand durch die Vermietung ja dem Nachlass nicht entzogen wurde, was grds. Voraussetzung einer Surrogation wäre.

3. Weitere Regelungen

§§ 2020 ff. BGB: „Erbe-Erbschaftsbesitzer-Verhältnis“

Die §§ 2018 - 2020 BGB werden durch die im Gesetz nachfolgenden Vorschriften des „Erbe-Erbschaftsbesitzer-Verhältnisses“ ergänzt, welches gewisse Ähnlichkeiten mit dem EBV aufweist. Der wichtigste Unterschied ergibt sich dabei aus § 2022 BGB, wonach der gutgläubige Erbschaftsbesitzer grundsätzlich alle (!) Verwendungen ersetzt verlangen kann. 162

§ 2029 BGB: andere Ansprüche daneben anwendbar

Neben §§ 2018 ff. BGB sind in der Klausur i.Ü. konkurrierend auch die unterschiedlichsten sachenrechtlichen Anspruchsgrundlagen bzw. Ansprüche aus dem EBV zu prüfen, da diese nach § 2029 BGB auch neben dem Erbschaftsanspruch grundsätzlich anwendbar bleiben, in ihren Voraussetzungen aber durch die Regelungen über den Erbschaftsanspruch modifiziert werden.

II. Die Haftung des Erben

1. Der Grundsatz der Erbenhaftung

Als Gesamtrechtsnachfolger des Erblassers erlangt der Erbe nicht nur dessen Vermögen, sondern muss auch für seine Verbindlichkeiten einstehen. 163

§ 1967 BGB: grds. Haftung d. Erben für Nachlassverbindlichkeiten

Das Gesetz ordnet dies in § 1967 I BGB ausdrücklich an, wonach der Erbe für Nachlassverbindlichkeiten mit seinem gesamten Vermögen (d.h. nicht beschränkt auf den Nachlass) haftet.

Definition

Nachlassverbindlichkeiten sind nach § 1967 II BGB:

- Erblasserschulden, d.h. solche Schulden, die schon in der Person des Erblassers entstanden sind,
- Erbfallschulden, d.h. solche Schulden, die mit dem Erbfall entstehen, z.B. Pflichtteilsansprüche, sowie

➲ Nachlasserbenschulden, d.h. solche Schulden, die erst in der Person des Erben durch die Nachlassverwaltung entstehen.

bei mehreren Erben:

Mehrere Erben (vgl. dazu auch sogleich Rn. 158 ff.) haften dabei nach § 2058 BGB gesamtschuldnerisch. Möchte sich ein Gläubiger hier klageweise befriedigen, so hat er bis zur Teilung des Nachlasses zwei Möglichkeiten:

⇨ Gesamtschuldklage

Mit der Gesamtschuldklage (vgl. § 2058 BGB) kann er sich an den einzelnen Miterben wenden und gegen ihn persönlich vollstrecken.

Als Vermögenswert dieses Miterben kann dann u.U. auch in den Miterbenanteil (d.h. zunächst nicht in einzelne Nachlassgegenstände, sondern in das Recht, Mitglied der Erbengemeinschaft zu sein) vollstreckt werden.

⇨ Gesamthandklage

Mit der Gesamthandklage nach § 2059 BGB kann er sich an die Erbengemeinschaft als solche, d.h. an alle Miterben als notwendige Streitgenossen halten.

Nach § 2059 I BGB kann allerdings jeder Miterbe die Befriedigung von Nachlassverbindlichkeiten aus seinem privaten (d.h. hier nicht ererbten) Vermögen bis zur Teilung des Nachlasses verweigern. Dieses Verweigerungsrecht muss nach § 780 ZPO in einem Urteil vorbehalten werden und wirkt sich dann als Beschränkung in der Zwangsvollstreckung aus (vgl. §§ 781, 785 ZPO; lesen!).

hemmer-Methode: Machen Sie sich im Zusammenhang der Befriedigung der Nachlassgläubiger folgendes - im Gesetz nicht explizit geregeltes - Sonderproblem klar: Reicht der Nachlass nicht zur Befriedigung aller Nachlassgläubiger aus, so besteht nach § 1991 III BGB ein Vorrang derjenigen Gläubiger, die einen Titel gegen den Nachlass besitzen. Da der Erbe gegen sich selbst keinen Titel erwirken kann, werden seine Forderungen gegen den Nachlass analog § 1991 III BGB bevorrechtigt befriedigt. Es tritt also nach h.M. nicht nur kein Erlöschen seiner Forderung durch Konfusion ein, vielmehr werden seine Forderungen sogar bevorzugt behandelt.

2. Die Beschränkung der Erbenhaftung

Beschränkung der Erbenhaftung

Die Beschränkung der Erbenhaftung ist ein in seinen Einzelheiten sehr schwieriges Feld, bei dem Detailkenntnisse nicht verlangt werden können. Sie sollten aber zumindest den Unterschied zwischen drei grundsätzlichen Vorgehensweisen kennen: 164

⇨ Beschränkung auf den Nachlass

a) Zum einen hat der Erbe auf verschiedene Weisen die Möglichkeit, seine Haftung auf den Nachlass zu beschränken. Dies kann erfolgen durch Beantragung der Nachlassverwaltung nach § 1981 BGB oder durch Eröffnung eines Nachlassinsolvenzverfahrens nach § 1980 BGB, §§ 315 ff. InsO. 165

Denkbar ist dies auch durch die Einrede der Dürftigkeit nach § 1990 BGB, wenn die Eröffnung eines Nachlassinsolvenzverfahrens mangels Masse nicht tunlich ist.

⇨ Aufgebotsverfahren

b) Gegenüber einem einzelnen Gläubiger kann der Erbe seine Haftung auf den Nachlass beschränken, wenn dieser sich nicht in einem Aufgebotsverfahren nach §§ 1970 ff. BGB gemeldet oder aber die Nachlassverbindlichkeit i.S.d. § 1974 BGB mehr als fünf Jahre verschwiegen hat. 166

⇨ Drei-Monats-Einrede

⇨ Einrede des Aufgebotsverfahrens

c) Schließlich kommen dem Erben die „Drei-Monats-Einrede" nach § 2014 BGB sowie die Einrede des Aufgebotsverfahrens nach § 2015 BGB als aufschiebende Einreden zugute. 167

hemmer-Methode: Dass hier im Ersten Staatsexamen Detailkenntnisse verlangt werden, ist gänzlich unwahrscheinlich. Für die Klausur dürfte es daher genügen, wenn Sie das Prinzip der unbeschränkten Erbenhaftung sowie die grundsätzlichen Möglichkeiten einer Haftungsbeschränkung kennen. Was sich insoweit an Problemen ergibt, sollte dann mit Hilfe des Gesetzestextes zumindest einer vertretbaren Lösung zuzuführen sein.

III. Die Miterbengemeinschaft, §§ 2032 ff. BGB

1. Begriff

mehrere Erben: Erbengemeinschaft als Gesamthandsgemeinschaft

Sind mehrere Erben vorhanden, so steht diesen bis zur Auseinandersetzung der Erbschaft die gesamte Erbschaft gemeinschaftlich zu. Man spricht von einer sog. (Mit-)Erbengemeinschaft. Die Miterben bilden dabei eine Gesamthandsgemeinschaft, sodass kein ideeller Bruchteil eines Erben an der Erbschaft (insbesondere nicht an den einzelnen Nachlassgegenständen) besteht, sondern nur alle gemeinsam in „gesamthänderischer Verbundenheit" Inhaber des Nachlasses sind. 168

hemmer-Methode: Das Verhältnis der Gesamthandsmitglieder zum Gesamthandsgut lässt sich sachenrechtlich nicht exakt beschreiben und ist deswegen schwer verständlich.
Eine gewisse Vereinfachung im Vergleich zu der bis heute lebhaft diskutierten BGB-Gesellschaft besteht bei der Erbengemeinschaft allerdings darin, dass bei dieser einhellig keinerlei Ansätze zur Teilrechtsfähigkeit über den Gesetzeswortlaut hinaus vertreten werden.

Da die Erbengemeinschaft grds. auf eine Auseinandersetzung angelegt ist, besteht dafür auch kein wirkliches Bedürfnis.
Am anschaulichsten ist das Verhältnis zwischen Miterbe, Miterbengemeinschaft und Nachlass vielleicht in der Zwangsvollstreckung für Nachlassverbindlichkeiten (zur Haftung für Nachlassverbindlichkeiten vgl. oben Rn. 153 ff.) geregelt. Hier hat der Gläubiger eines Miterben zwar nicht die Möglichkeit, einen Nachlassgegenstand oder einen ideellen Anteil an diesem zu pfänden, er kann sich aber den Anteil des Erben an der Miterbengemeinschaft pfänden und überweisen lassen, vgl. § 859 II ZPO. Möchte er hingegen in den (ungeteilten) Nachlass, d.h. also z.B. in einzelne Nachlassgegenstände vollstrecken, so bedarf er hierfür nach § 747 ZPO eines Titels gegen sämtliche Miterben (sog. Gesamthandsklage).

Vorkaufsrecht der Miterben

Dabei kann ein Miterbe nach § 2033 I BGB über seinen Anteil am Nachlass verfügen, wobei allerdings den anderen Miterben ein Vorkaufsrecht zusteht, vgl. § 2034 BGB.

2. Die Verwaltung des ungeteilten Nachlasses

Verwaltung des ungeteilten Nachlasses

Da mehrere Erben eine Erbengemeinschaft bilden, müssen sie den Nachlass bis zur Auseinandersetzung auch im weitesten Sinn „gemeinschaftlich“ verwalten. Dabei sind verschiedene Sachfragen voneinander zu trennen, die alle im Gesetz mehr oder weniger deutlich geregelt sind: 169

a) Das Verwaltungsrecht (im Innenverhältnis) sowie auch die Vertretungsmacht (im Außenverhältnis) hinsichtlich des Nachlasses bestimmt sich danach, um was für eine Art von Geschäft es sich handelt:

⇨ ordnungsgemäße Verwaltung: Mehrheitsprinzip

Für die ordnungsgemäße Verwaltung, d.h. die Abwicklung der mehr oder weniger üblichen Geschäfte gilt nach §§ 2038 I S. 2, 745 BGB das Mehrheitsprinzip.

⇨ i.Ü. gemeinsame Verwaltung

Außerhalb der ordnungsgemäßen Verwaltung müssen nach § 2038 I S. 1 BGB alle Mitglieder der Erbengemeinschaft gemeinsam tätig werden.

⇨ NotverwaltungsR, § 2038 I S. 2 HS 2 BGB

Für Notmaßnahmen (z.B. ein Kaufvertrag über verderbliche Ware) hat jeder Miterbe allein ein Verwaltungs- und Vertretungsrecht, § 2038 I S. 2 HS 2 BGB.

⇨ Verfügungen: § 2040 BGB, grds. nur alle gemeinsam; aber auch hier § 2038 I HS 2 BGB

b) Soweit über Nachlassgegenstände verfügt werden soll, enthält § 2040 I BGB eine Sonderregelung, nach der alle Miterben gemeinsam tätig werden müssen. Dies gilt nach e.A. auch bei ordnungsgemäßer Verwaltung, d.h. § 2038 I S. 2 BGB i.V.m. § 745 BGB werden durch § 2040 I BGB verdrängt.

Die Gegenansicht hält hier eine Verfügung durch Mehrheitsbeschluss für möglich.

hemmer-Methode: Der Verkauf eines Nachlassgegenstandes kann als Geschäft der ordnungsgemäßen Verwaltung nach §§ 2038 I S. 2, 745 BGB mehrheitlich beschlossen werden. Die Erfüllung des Kaufvertrags, sprich die Übereignung, kann aber nach e.A. nur von allen Erben gemeinschaftlich vorgenommen werden, § 2040 BGB. Aus dem Mehrheitsbeschluss folgt aber eine Pflicht aller Erben, an der Übereignung mitzuwirken.[45] Nach der Gegenauffassung schlägt §§ 2038 I S. 2, 745 BGB auch auf die dingliche Seite durch und verdrängt § 2040 BGB.[46]

Notverfügungsrecht

Nach h.M. wird allerdings analog § 2038 I S. 2 HS 2 BGB auch ein „Notverfügungsrecht" anerkannt. Dies ergibt sich zwar nicht aus dem Wortlaut und entspricht eigentlich auch nicht der systematischen Stellung von §§ 2038, 2040 BGB. Allerdings würde das Notgeschäftsführungsrecht oftmals leerlaufen (vgl. etwa das o.g. Beispiel der Veräußerung verderblicher Ware), wenn es nicht auch ein Recht zur Verfügung beinhalten würde.

⇨ § 2039 BGB: gesetzliche Prozessstandschaft jedes Miterben

c) Zur Geltendmachung von Nachlassforderungen ist abweichend von § 2038 BGB stets jeder einzelne Miterbe berechtigt, vgl. § 2039 BGB. Er kann allerdings Erfüllung nicht an sich selbst, sondern nur an die Erbengemeinschaft verlangen, sodass ein Fall der sog. gesetzlichen Prozessstandschaft vorliegt.

hemmer-Methode: Von einer Prozessstandschaft spricht man, wenn jemand als Partei vor Gericht ein fremdes Recht im eigenen Namen geltend machen darf. Bei der Prüfung der Erfolgsaussichten einer Klage des einzelnen Miterben ist diese Prozessstandschaft zweimal anzusprechen: I.R.d. Zulässigkeit kann damit seine Prozessführungsbefugnis begründet werden (die ja keineswegs selbstverständlich ist, wenn er ein fremdes Recht geltend macht).
In der Begründetheit ist bei der Frage der Aktivlegitimation darauf hinzuweisen, dass der Miterbe nur Leistung an die Miterbengemeinschaft verlangen kann.

3. Die Auseinandersetzung der Miterbengemeinschaft

Erbengemeinschaft = auf Auseinandersetzung ausgelegt

Die Auseinandersetzung ist regelmäßig das Ziel einer Miterbengemeinschaft, da diese - anders als etwa die GbR oder eine OHG - nicht als „werbende" Gesellschaft auf Dauer angelegt ist, sondern nur eine Zwischenstufe darstellen soll. Nach § 2042 BGB kann deshalb jeder Miterbe jederzeit die Auseinandersetzung der Erbengemeinschaft verlangen. 170

45 BGH, ZEV 2006, 24 = **juris**byhemmer = **Life&Law 3/2006, 170 ff.**

46 BGH, ZEV 2010, 36 ff. = **juris**byhemmer = **Life&Law 3/2010, 150 ff.**

Auseinandersetzung = insb. Verteilung des Nachlasses

Inhalt der Auseinandersetzung ist die Abwicklung aller Rechtsbeziehungen im Innen- und Außenverhältnis, insbesondere die Verteilung des Nachlasses, wobei zunächst die Außenverbindlichkeiten befriedigt werden, § 2046 BGB, bevor der Restnachlass entsprechend der Erbquoten verteilt wird, § 2047 BGB. Obwohl die Auseinandersetzung in der Praxis häufig das wirklich „spannende Problem" eines Erbrechtsfalls ist, dürfte sie in der Klausur als Einzelproblem nicht auftauchen.

Die Bedeutung der Auseinandersetzung muss man aber kennen, um die Regelungen über die Erbengemeinschaft, aber auch etwa das Institut der Teilungsanordnung nach § 2048 BGB (vgl. dazu Rn. 140) zu verstehen.

G) Das Pflichtteilsrecht[47]

I. Einordnung

Zweck d. Pflichtteilsrechts: Absicherung bestimmter Angehöriger durch wirtschaftl. Teilhabe am Nachlass

Das Pflichtteilsrecht bildet eine Einschränkung der durch Art. 2 I, 14 I GG abgesicherten Testierfreiheit dadurch, dass für bestimmte Angehörige eine wirtschaftliche Teilhabe am Nachlass in der Form garantiert wird, dass sie einen schuldrechtlichen Anspruch gegen den gewillkürten Erben auf eine Geldzahlung in bestimmter Höhe haben. 171

Damit ist das Pflichtteilsrecht auch verfassungsrechtlich gerechtfertigt bzw. verankert, vgl. Art. 14 II GG und Art. 6 GG: Sein Sinn und Zweck ist es nämlich, die (zur Zeit des Inkrafttretens des BGB noch wesentlich wichtigere) soziale Absicherung naher Angehöriger auch nach dem Tod des Erblassers zu unterstützen.

in Höhe des hälftigen gesetzlichen Erbteils

Dies versucht das BGB dadurch zu erreichen, dass den in § 2303 BGB genannten Personen dann, wenn sie ohne letztwillige Verfügung gesetzliche Erben geworden wären, ein **schuldrechtlicher** Anspruch gegen die gewillkürten Erben i.H. der Hälfte des gesetzlichen Erbteils zusteht.

II. Pflichtteilsberechtigung und Pflichtteilsanspruch

Pflichtteilsberechtigte

1. Nach § 2303 BGB sind pflichtteilsberechtigt: 172

- die Abkömmlinge des Erblassers,
- der Ehegatte des Erblassers (allerdings nicht nach einer Scheidung, da er dann nach § 1933 BGB auch kein gesetzlicher Erbe mehr würde) sowie

[47] Umfassend hierzu **Hemmer/Wüst, Erbrecht, Rn. 164 ff.**

➲ die Eltern des Erblassers,

wenn sie durch Verfügung von Todes wegen von der gesetzlichen Erbfolge ausgeschlossen sind (d.h. andernfalls Erben würden).

Dagegen besteht ein Pflichtteilsanspruch grundsätzlich nicht, wenn die Erbschaft ausgeschlagen wird (Ausnahmen sind dabei §§ 2306 I, 2307 I S. 2, 1371 III BGB) oder wenn kraft Gesetzes kein Erbrecht mehr besteht, etwa in den Fällen des § 1933 BGB.

Höhe des Pflichtteilsanspruchs: ½ des gesetzlichen Erbteils

2. Der Pflichtteilsanspruch besteht nach § 2303 I S. 2 BGB in der Hälfte des Wertes des gesetzlichen Erbteils, wobei dieser nach Maßgabe der §§ 2310 ff. BGB berechnet wird. Nach § 2311 I S. 1 BGB wird der Berechnung des Pflichtteils der Bestand und der Wert des Nachlasses z.Zt. des Erbfalls zugrundegelegt, wobei der Pflichtteilsberechtigte Befriedigung erst aus dem schuldenfreien Nachlass verlangen darf: D.h. er geht den anderen Nachlassgläubigern nach und Erblasserschulden sind ebenso wie eine Zugewinnausgleichsforderung des überlebenden Ehegatten des Erblassers abzuziehen, bevor der Wert des Pflichtteilsanspruchs ermittelt wird. Etwas anders gilt für Vermächtnisse. Diese sind gegenüber dem Pflichtteil nachrangig, d.h. dass diese bei der Berechnung des Pflichtteils unberücksichtigt bleiben.

Auf den Pflichtteil muss sich der Pflichtteilsberechtigte dasjenige anrechnen lassen, was ihm von dem Erblasser durch Rechtsgeschäft unter Lebenden mit einer Anrechnungsbestimmung bereits zugewendet worden ist, vgl. § 2315 I BGB.[48]

Verjährung, §§ 195, 199 BGB

3. Der Pflichtteilsanspruch verjährt in der Regelverjährung der **173**
§§ 195, 199 BGB. Eine Entziehung des Pflichtteils nach § 2333 BGB ist nur unter sehr engen Voraussetzungen (lesen!) durch letztwillige Verfügung möglich.

hemmer-Methode: Auch der Pflichtteilsberechtigte hat nach § 2314 BGB einen Auskunftsanspruch gegen den Erben, damit er seinen Anspruch zutreffend berechnen kann. Denken Sie auch hier wieder an die Möglichkeit einer Stufenklage, mit der Auskunfts- und Zahlungsanspruch verbunden werden können.

48 Vgl. zum Erfordernis der Anrechnungsbestimmung OLG Köln, NJW-RR 2008, 240 ff. = jurisbyhemmer = **Life&Law 2008, 520**.

III. Ergänzende Regelungen

Schutz des Pflichtteilsberechtigten

Das BGB enthält im Pflichtteilsrecht noch eine Reihe von Vorschriften, die verhindern sollen, dass durch bestimmte Gestaltungen der letztwilligen Verfügung bzw. durch Rechtsgeschäfte unter Lebenden das Pflichtteilsrecht wirtschaftlich ausgehöhlt wird: 174

⇨ § 2305 BGB: Pflichtteilsrest

Nach § 2305 BGB kann der Pflichtteilsberechtigte von den Miterben einen Ausgleich auf den Wert des halben gesetzlichen Erbteils verlangen, wenn er selbst mit einer Erbquote eingesetzt wurde, die geringer ist als die Hälfte des gesetzlichen Erbteils.

⇨ § 2306 I BGB: Pflichtteil trotz Ausschlagung

Wird der Pflichtteilsberechtigte Erbe, ist diese Erbschaft aber mit Beschränkungen oder Beschwerungen im Sinne des § 2306 I, II BGB belastet, kann er nach § 2306 I BGB die Erbschaft ausschlagen und gleichwohl den Pflichtteilsanspruch (der dann keinen Beschränkungen bzw. Beschwernissen unterliegt) geltend machen.

> ***Bsp.:*** *S ist das einzige Kind des verwitweten Erblassers und dessen gesetzlicher Alleinerbe. In einem wirksamen Testament ist dem Freund F allerdings ein Vermächtnis über 500.000,- € zugedacht. Der Nachlasswert beträgt 700.000,- €.*
>
> Würde S hier die Erbschaft annehmen, müsste er das Vermächtnis erfüllen und ihm blieben lediglich 200.000,- €, obwohl sein Pflichtteil ($^1/_2$ von 700.000,- €) 350.000,- € beträgt. In diesem Fall muss er die Erbschaft nach § 2306 BGB ausschlagen und den Pflichtteil in Höhe von 350.000,- € verlangen![49]

⇨ § 2307 I S. 2 BGB: Pflichtteil bei Vermächtnis

Wird ein Pflichtteilsberechtigter zugleich als Vermächtnisnehmer bedacht, so kann er - da er kein Erbe geworden ist - den Pflichtteil verlangen, auf den dann allerdings der Wert des Vermächtnisses anzurechnen ist, vgl. § 2307 I S. 2 BGB. Will er das vermeiden, muss er das Vermächtnis ausschlagen, § 2307 I S. 1 BGB.

⇨ § 2325 BGB: Pflichtteilsergänzung

Vervollständigt wird der Schutz des Pflichtteilsberechtigten schließlich durch den sog. Pflichtteilsergänzungsanspruch nach §§ 2325 ff. BGB. Durch diesen wird verhindert, dass durch Schenkungen des Erblassers innerhalb der letzten zehn Jahre vor dem Erbfall, vgl. § 2325 III S. 2 BGB, (der Nachlass und dadurch auch) der Pflichtteil geschmälert wird.[50]

---

[49] Dies bedeutet im Übrigen nicht, dass der Erbe sowohl den Pflichtteil von 350.000,- € als auch das Vermächtnis in Höhe von 500.000,- € voll bezahlen muss, da er dann ein Minus von 150.000,- € machen würde. Dies verhindert § 2318 BGB, wonach er das Vermächtnis anteilig kürzen darf.

[50] Vgl. zur Schenkung i.S.d. § 2325 BGB BGH, ZEV 2007, 326 = **juris**byhemmer = **Life&Law 2008, 106** sowie BGH, FamRZ 2009, 418 ff. = **juris**byhemmer = **Life&Law 2009, 319**.

Bsp.: *Verschenkt der Erblasser kurz vor seinem Tod sein komplettes Vermögen, geht der Pflichtteilsanspruch in Leere, da dann aus einem Wert von Null berechnet würde, § 2311 BGB.*

Der Pflichtteilsberechtigte kann nach § 2325 I BGB als Ergänzung seines Pflichtteils den Betrag verlangen, um den sich der Pflichtteil erhöht, wenn der verschenkte Gegenstand dem Nachlass hinzugerechnet wird. Der Wert der Schenkung wird nach § 2325 III S. 1 BGB mit jedem Jahr, das zwischen Vollzug der Schenkung und Erbfall liegt, um $^1/_{10}$ reduziert. Der Anspruch schmilzt damit allmählich auf Null.

Bsp.: *T ist das einzige Kind des verwitweten Erblassers E. Der Nachlasswert beträgt 200.000,- €. 2 $^1/_2$ Jahre vor seinem Tod hat er seinem Freund F 100.000,- € geschenkt. T ist durch Testament wirksam enterbt.*

Nach §§ 2303, 2311 BGB kann T einen Pflichtteil in Höhe von 100.000,- € verlangen ($^1/_2$ (Pflichtteilsquote) von 200.000 € (Wert des realen Nachlasses)). Aufgrund der Schenkung wurde allerdings der Nachlasswert und damit der Pflichtteilsanspruch geschmälert. Aus diesem Grund kann T auch nach § 2325 BGB Pflichtteilsergänzung verlangen. Dabei ist nach § 2325 III S. 1 BGB aber nicht mehr von einem[51] Schenkungswert von 100.000,- €, sondern nur noch von 80.000,- € auszugehen. Ohne diese Schenkung hätte der Pflichtteilsanspruch der T 140.000,- € betragen ($^1/_2$ von 280.000,- €). Die Differenz zwischen 140.000,- € (fiktiver Gesamtpflichtteil) und 100.000,- € (realer Pflichtteil), also 40.000,- €, stehen T somit als Pflichtteilsergänzungsanspruch nach § 2325 I BGB zu.

hemmer-Methode: Um den Zweck der §§ 2325 ff. BGB nicht zu unterlaufen, wird für den Beginn der Zehn-Jahres-Frist nicht auf eine rein juristische, sondern auf eine auch wirtschaftliche Betrachtungsweise abgestellt: Danach würde beispielsweise die Frist bei der Schenkung des Wohnhauses des Erblassers an einen Dritten dann nicht zu laufen beginnen, wenn der Erblasser sich ein kostenloses lebenslanges Alleinwohnrecht einräumen lässt, sodass er selbst zu Lebzeiten die Vermögensminderung gar nicht „spürt".[52]
Einen solchen Fall hat der Gesetzgeber dabei selbst explizit geregelt: Nach § 2325 III S. 3 BGB beginnt die Zehn-Jahres-Frist des S. 2 bei einer Schenkung an den Ehegatten des Erblassers nicht vor Auflösung der Ehe.
Dadurch wird der Tatsache Rechnung getragen, dass es (zumindest in einer intakten Ehe) für den Erblasser wirtschaftlich häufig unerheblich ist, ob er selbst oder sein Ehegatte formal Eigentümer eines Gegenstandes ist.

---

51 Einfacher berechnet sich der Pflichtteilsergänzungsanspruch als Pflichtteil aus der Schenkungen, im Beispiel $^1/_2$ (Pflichtteilsquote) von 80.000,- € (noch zu berücksichtigender Schenkungswert).

52 Vgl. hierzu auch OLG Karlsruhe, FamRZ 2008, 1377 = **juris**byhemmer = **Life&Law 2008, 799**.

IV. Der Pflichtteil des Ehegatten bei Zugewinngemeinschaft

Besonderheit bei Ehegatten: Berücksichtigung des (pauschalierten) Zugewinnausgleichs

1. Grundsätzlich gelten für das Pflichtteilsrecht des Ehegatten aus rein erbrechtlicher Sicht keine Besonderheiten. Zusätzliche Regelungen hat das Pflichtteilsrecht aber bei der (in Praxis und Klausur den Regelfall bildenden) Zugewinngemeinschaft getroffen, da hier im Fall des Todes eines Ehegatten ein pauschalierter erbrechtlicher Zugewinnausgleich stattfindet, dessen Verhältnis zum Pflichtteilsrecht geklärt werden muss. 175

unterscheide:

Da sich das gesetzliche Erbrecht des Ehegatten in der Zugewinngemeinschaft nach §§ 1931, 1371 I BGB aus der erbrechtlichen Quote sowie einem weiteren Viertel der Erbschaft als pauschaler Zugewinnausgleich zusammensetzt (vgl. dazu oben Rn. 84), sind bei Ehegatten grundsätzlich zwei verschiedene Pflichtteile vorstellbar:

⇨ kleiner Pflichtteil

- Der kleine Pflichtteil in Höhe der Hälfte des nicht nach § 1371 I BGB erhöhten Erbteils sowie 176

⇨ großer Pflichtteil

- der große Pflichtteil in Höhe der Hälfte des nach § 1371 I BGB erhöhten Erbteils. 177

Der wirtschaftliche Unterschied zwischen „großem Pflichtteil" und „kleinem Pflichtteil plus Zugewinnausgleich" ist v.a. immer dann von Bedeutung, wenn der Zugewinn im Verhältnis zum gesamten Vermögen des Erblassers besonders hoch oder besonders niedrig ist.

Anwendungsbereiche

2. Nach h.M. spielen sowohl der kleine als auch der große Pflichtteil eine Rolle, da in unterschiedlichen Konstellationen vom Gesetz unterschiedliche Pflichtteilsbegriffe verwandt werden.

⇨ bei Enterbung Zugewinn & kleiner Pflichtteil

a) Wird der Ehegatte enterbt, ordnet § 1371 II BGB an, dass er neben dem Zugewinnausgleich nur den kleinen Pflichtteil geltend machen kann („aus dem nicht erhöhten Erbteil"). Hier muss es sich schon deshalb um den kleinen Pflichtteil handeln, da andernfalls der Ehegatte doppelt vom Zugewinn profitieren würde.

Nach h.M. besteht in dieser Konstellation auch kein Wahlrecht des Ehegatten zugunsten des großen Pflichtteils (unter Verzicht auf den Zugewinnausgleichsanspruch), da das Gesetz keine Regelung enthält, wie lange ein solches Wahlrecht ausgeübt werden könnte, und somit eine große Rechtsunsicherheit entstehen würde.

hemmer-Methode: Auch dürfte diese Lösung mit dem Gesetzeswortlaut besser zu vereinbaren sein: § 1371 II BGB schreibt gerade vor, dass der Ehegatte, der nicht Erbe oder Vermächtnisnehmer wird, Zugewinnausgleich und kleinen Pflichtteil verlangen kann. Die Ansicht, die ein Wahlrecht des Ehegatten annimmt, liest die Formulierung: „In diesem Fall“ in § 1371 II HS 2 BGB nicht so, dass sie sich auf die Konstellation der völligen Enterbung bezieht, sondern dass sie nur die Fälle betrifft, in denen der Ehegatte tatsächlich auch i.S.d. § 1371 II HS 1 BGB den Zugewinnausgleich fordert.

§ 1371 II BGB ist aber nicht nur im Fall der Enterbung, sondern in allen Fällen einschlägig, in denen der überlebende Ehegatte nicht Erbe oder Vermächtnisnehmer wird, also auch dann, wenn wegen § 1933 BGB oder nach §§ 2339 ff. BGB das Ehegattenerbrecht ausgeschlossen ist.

Ein weiterer Fall des § 1371 II BGB ist die Ausschlagung durch den überlebenden Ehegatten, die allerdings in Abs. 3 nochmals spezieller geregelt ist.

ebenso bei Ausschlagung

b) Schlägt der Ehegatte die Erbschaft aus, so gewährt ihm § 1371 III BGB als Ausnahme von dem Grundsatz, dass der Ausschlagende nicht pflichtteilsberechtigt ist, trotz der Ausschlagung einen Pflichtteilsanspruch. Dieser berechnet sich, da der Ehegatte infolge der Ausschlagung nicht Erbe wird, § 1953 BGB, ebenso wie bei der völligen Enterbung nach dem kleinen Pflichtteil, neben dem der Zugewinnausgleichsanspruch geltend gemacht werden kann, § 1371 II BGB. Die Ausschlagung des Vermächtnisses regelt § 2307 BGB. Auch hier hat der überlebende Ehegatte ein Wahlrecht: Nach § 2307 I S. 1 BGB kann er das Vermächtnis ausschlagen und erhält dann nach § 1371 II BGB neben dem Zugewinnausgleich den kleinen Pflichtteil. Er kann aber auch das Vermächtnis annehmen und nach § 2307 I S. 2 BGB nur den Restpflichtteil verlangen (Näheres zur Berechnung des Pflichtteils sogleich unten). **178**

für §§ 2305, 2307 I S. 2 BGB: großer Pflichtteil als Maßstab

c) Soweit es um die Ergänzung auf die Höhe des Pflichtteils bei einer Erbeinsetzung bzw. einem Vermächtnis zugunsten des Ehegatten geht, d.h. in den Fällen der §§ 2305 und 2307 I S. 2 BGB, ist nach h.M. in einem Umkehrschluss zu § 1371 II BGB der große Pflichtteil zugrunde zu legen. Hier wurde der Ehegatte gewillkürter Erbe bzw. Vermächtnisnehmer und hat daneben keinen eigenständigen Zugewinnausgleichsanspruch mehr. Daher ist für den Pflichtteilsanspruch der „große Pflichtteil“ zugrunde zu legen, um den Ehegatten angemessen am Nachlass zu beteiligen. Dieser beträgt neben Kindern $^1/_4$: die Hälfte des Erbteils aus §§ 1931 I S. 1, III, 1371 I BGB.

3. Zusammengefasst lassen sich Pflichtteil und Wahlmöglichkeit 179
des Ehegatten in den verschiedenen denkbaren Konstellationen wie folgt darstellen:

Pflichtteil

Wahlmöglichkeiten des Ehegatten in verschiedenen Konstellationen

Völlige Enterbung	Erbeinsetzung/Vermächtnis unter Pflichtteil, §§ 2305, 2307 I S. 2 BGB	Ausschlagung der Erbschaft, § 1373 III BGB: ausnahmsweise auch Pflichtteil bei Ausschlagung
↓ § 1371 II BGB: kleiner Pflichtteil + Zugewinnausgleich (nach h.M. kein Wahlrecht des großen Pflichtteils)	• Bei Ergänzung: Orientierung am großen Pflichtteil • daneben nach § 2307 I S. 1 BGB Möglichkeit, Vermächtnis auszuschlagen (⇨ dann § 1373 II BGB)	• § 1373 III, II BGB: kleiner Pflichtteil + Zugewinnausgleich

Auswirkungen auch auf Abkömmlinge

4. Die Differenzierung in großen und kleinen Pflichtteil ist auch 180
dann relevant, wenn neben dem überlebenden Ehegatten auch Abkömmlinge pflichtteilsberechtigt sind. Erhält der Ehegatte den großen Pflichtteil, ist bei der Berechnung des Pflichtteils der Abkömmlinge ebenfalls der größere Ehegattenerbteil von $^1/_2$ anzusetzen, sodass der Pflichtteil der Abkömmlinge geringer ausfällt. Erhält der Ehegatte hingegen nur den kleinen Pflichtteil, zieht man bei der Berechnung des Pflichtteils der Abkömmlinge nur den Ehegattenerbteil von $^1/_4$ heran, sodass deren Pflichtteil größer ist. Diese Berechnung ergibt sich bereits aus dem Wortlaut des § 1371 II BGB „... oder eines anderen Pflichtteilsberechtigten".

> **Bsp.:** *Sind sowohl die überlebende Ehefrau als auch das gemeinsame Kind enterbt, beträgt der große Pflichtteil der Frau $^1/_4$ (§ 1931 I S. 1, III, 1371 I BGB : 2). Der Pflichtteil des Kindes beträgt damit ebenfalls $^1/_4$, da sein gesetzlicher Erbteil neben der Mutter $^1/_2$ wäre. Erhält die Mutter hingegen nur den kleinen Pflichtteil von $^1/_8$ (§ 1931 I S. 1 BGB : 2), ist von einem gesetzlichen Erbteil des Kindes von $^3/_4$ auszugehen, sodass man auf einen Pflichtteil von $^3/_8$ kommt.*

H) Der Erbschein[53]

I. Begriff und Einordnung

Der Erbschein ist ein vom Nachlassgericht ausgestelltes Zeugnis, das die Person des Erben sowie Inhalt und Umfang des Erbrechts anzeigt und damit als Legitimation gilt. 181

Erbschein = (nicht konstitutives!) Zeugnis des Nachlassgerichts über Erbfolge

Damit hat der Erbschein selbst niemals konstitutive Wirkung, d.h. die materielle Rechtslage wird durch ihn nicht beeinflusst, sondern er gibt vielmehr nur zum Ausdruck, wie das Nachlassgericht die tatsächliche Rechtslage einschätzt.

hemmer-Methode: Der Erbschein verändert also die materielle Rechtslage nicht. Dies ist in der Klausur dadurch zu berücksichtigen, dass niemals mit dem Argument, ein Erbschein sei erteilt worden, ein Erbrecht begründet werden darf! Vielmehr kann - falls ein Erbschein erteilt wurde - sogar in einem Nebensatz klarstellend darauf hingewiesen werden, dass dieser für die materielle Erbrechtslage ohne Bedeutung ist und es nur auf die letztwillige Verfügung bzw. die gesetzliche Erbfolge ankommt.

Bedeutung: öffentl. Glaube und gutgläubiger Erwerb

Die größte Bedeutung hat der Erbschein durch den von ihm vermittelten öffentlichen Glauben sowie den durch ihn ermöglichten Gutglaubensschutz nach §§ 2365 ff. BGB. 182

Dagegen dürfte das Verfahren der Erbscheinserteilung in der Klausur bis zum Ersten Staatsexamen (außerhalb des Schwerpunktbereichs „Freiwillige Gerichtsbarkeit") keine oder zumindest keine große Rolle spielen.

hemmer-Methode: Etwas anderes gilt freilich i.R. des Referendariats, wo das Erbscheinsverfahren in vielen Bundesländern zentraler Prüfungsstoff des Erbrechts ist!

Verfahren

Gleichwohl kann es natürlich nicht schaden, zumindest einmal eine grobe Vorstellung von diesem Verfahren zu bekommen. Dem dient die nachfolgende Übersicht, die Sie bei Gelegenheit durch eine Lektüre im Skript Erbrecht ergänzen können:

---

[53] Umfassend hierzu **Hemmer/Wüst, Erbrecht, Rn. 224 ff.**

Überblick über das Erbscheinsverfahren

Antrag, § 2353 BGB	Antragsberechtigung	Zuständigkeit	Rechtsmittel
• Inhaltlich bestimmt • Angabe, worauf Erbrecht beruht • Keine bestimmte Form vorgeschrieben	Behauptung einer Rechtsstellung, die durch Erbschein dokumentiert werden kann	• Sachlich: AG, § 23a II Nr. 2 GVG • Örtlich: letzter Wohnsitz des Erblassers, § 343 I FamFG • Funktionell: bei gesetzl. Erbrecht ⇨ Rechtspfleger, bei gewillkürtem ⇨ Richter (§§ 3, 6 RPflG)	• Erinnerung (§ 11 RPflG) bzw. Beschwerde (§ 58 FamFG) • Möglich gegen Ablehnung des Antrags, Bewilligungsbeschluss (wenn Erbschein noch nicht erteilt), nicht dagegen gegen Erbscheinserteilung selbst, dann aber auf Einziehung gerichtet, vgl. § 352 III FamFG • Auch unabhängig vom Rechtsmittel möglich: Einziehung, § 2361 BGB

II. Der öffentliche Glaube des Erbscheins, § 2365 BGB

Richtigkeitsvermutung des Erbscheins

Nach § 2365 BGB hat ein vom Nachlassgericht erteilter Erbschein die Vermutung der Richtigkeit, d.h. es wird vermutet, dass **183**

➲ der im Erbschein Benannte im angegebenen Umfang Erbe ist und

➲ nur die im Erbschein angegebenen Beschränkungen bestehen.

kein öffentlicher Glaube bei sich widersprechenden Erbscheinen

Liegen - was natürlich nicht vorkommen sollte, aber eben doch passieren kann - mehrere einander widersprechende Erbscheine vor, so entfällt der öffentliche Glaube in dem Umfang, in dem sich die Erbscheine widersprechen. Der öffentliche Glaube (und ebenso die von ihm abgeleitete Möglichkeit des gutgläubigen Erwerbs) kann außerdem auch nur von einem tatsächlich wirksam erteilten Erbschein gewährt werden. Eine Fälschung - und sei sie noch so gelungen - begründet dagegen keinen öffentlichen Glauben, da die §§ 2365 ff. BGB nur den guten Glauben aufgrund des Rechtsscheinträgers, nicht „an die Richtigkeit" des Rechtsscheinträgers schützen.

III. Der Gutglaubensschutz durch den Erbschein, §§ 2366, 2367 BGB

Wirkung beim gutgläubigen Erwerb:

1. Der Erbschein ersetzt bei Geschäften des Scheinerben mit einem Gutgläubigen diesem gegenüber das fehlende Erbrecht, d.h. der Vertragspartner wird so gestellt, als ob er mit dem wahren Erben kontrahiert. 184

gutgläubiger Vertragspartner wird so gestellt wie bei Geschäft mit tatsächlichem Erbe

Dagegen kann der Erbschein z.B. nicht die fehlende Zugehörigkeit zum Nachlass überwinden, da über einen „Nichtnachlassgegenstand" auch der tatsächliche Erbe nicht ohne weiteres wirksam verfügen könnte und der Erbschein über die Zusammensetzung des Nachlasses zudem keine Aussage enthält. Die Gutgläubigkeit entfällt beim Erbschein (ähnlich wie beim Grundbuch) nur bei positiver Kenntnis der Nichtberechtigung.

§§ 2366, 2367 BGB schützen den guten Glauben bei Rechtsgeschäften mit dem Erbscheinsinhaber in unterschiedlichen Konstellationen, wobei die Abgrenzung untereinander ähnlich strukturiert ist wie in den §§ 892, 893 BGB, sodass Sie das hierzu im Sachenrecht Gelernte zumindest als Gedankenstütze regelmäßig gut heranziehen können.

§ 2366 BGB: gutgläubiger Erwerb von Nachlassgegenständen

2. Nach § 2366 BGB wird der gutgläubige Erwerber geschützt, wenn er von dem durch den Erbschein legitimierten Nichterben Erbschaftsgegenstände erwirbt, d.h.

- bewegliche Sachen,
- unbewegliche Sachen sowie
- Forderungen.

Dabei braucht der Erbschein bei Rechtsgeschäften nicht einmal vorgelegt zu werden. Erforderlich ist allerdings, dass der Erwerber in dem Bewusstsein, einen Erbschaftsgegenstand zu erwerben, handelt.[54] Außerdem ist – wie immer beim gutgläubigen Erwerb – ein Verkehrsgeschäft nötig.[55]

a) Beim gutgläubigen Erwerb von beweglichen Sachen ist es wichtig, die Anwendungsbereiche der §§ 932 ff. BGB und des § 2366 BGB auseinanderzuhalten: 185

§ 2366 BGB überwindet fehlende Erbenstellung des Erblassers

§ 2366 BGB überwindet (ausschl.) die fehlende Erbenstellung des durch den Erbschein Ausgewiesenen sowie dadurch mittelbar das Abhandenkommen, vgl. § 935 BGB, beim tatsächlichen Erben, der die fiktive Besitzposition nach § 857 BGB innehat.

---

[54] Zur Frage, wieweit die Vorlage des Erbscheins vom Vertragspartner verlangt werden kann, vgl. BGH, NJW 2005, 2779 = **juris**byhemmer = **Life&Law 2006, 100**.

[55] BGH, Urteil vom 08.04.2015, IV ZR 161/14 = **juris**byhemmer.

Der Erwerber wird so behandelt, wie wenn er von dem wirklichen Erben erwerben würde. Dem wäre der Besitz des § 857 BGB eben gerade nicht abhanden gekommen, sondern er würde ihn freiwillig übertragen.

§§ 932 ff. BGB überwinden u.U. fehlende Berechtigung

Die §§ 932 ff. BGB sind hingegen von Bedeutung, wenn und soweit ein Gegenstand gar nicht zum Nachlass gehört, d.h. bereits der Erblasser Nichtberechtigter gewesen ist. Hierbei ist wichtig, dass die §§ 932 ff. BGB und § 2366 BGB auch in kombinierter Form angewendet werden können, wobei § 2366 BGB nur das Abhandenkommen beim tatsächlichen Erben, nicht dagegen das Abhandenkommen bei einem anderen Berechtigten überwinden kann.

Somit sind drei unterschiedliche Fälle zu unterscheiden:

1. Fall

- Scheinerbe (SE) veräußert bewegliche Sache an X, die dem Erblasser gehört hatte
- **Lösung:**
  - ⇨ § 929 BGB alleine (-), da SE nichtberechtigt
  - ⇨ §§ 929, 932 BGB (-), da für wahren Erben (E) nach §§ 857, 935 BGB Abhandenkommen vorliegt
  - ⇨ §§ 929, 2366 BGB (+), da X so gestellt wird, als ob er vom tatsächlichen Erben erwerben würde

2. Fall

- wie oben, aber Erblasser hatte Sache geliehen
- **Lösung:**
  - ⇨ § 929 BGB alleine (-), vgl. oben; §§ 929, 932 BGB (-), vgl. oben (E „erbt" unmittelbaren Besitz)
  - ⇨ §§ 929, 2366 BGB (-), da auch vom wahren Erben nicht als Berechtigtem hätte erworben werden können
  - ⇨ §§ 929, 932, 2366 BGB (+), da vom (Erblasser und vom) wahren Erben gutgläubig nach §§ 929, 932 BGB hätte erworben werden können

3. Fall

- wie oben, aber Erblasser hatte Sache bei Y gestohlen
- **Lösung:**
  - ⇨ § 929 BGB alleine, §§ 929, 932 BGB, §§ 929, 2366 BGB jeweils (-), vgl. oben
  - ⇨ §§ 929, 932, 2366 BGB hier (-), da gegenüber Y schon durch Erblasser § 935 BGB vorlag (⇨ dieser § 935 BGB wird nicht durch § 2366 BGB überwunden, da auch vom Erblasser/wahren Erben nicht hätte erworben werden können)

hemmer-Methode: Der gutgläubige Erwerb von beweglichen Sachen kraft Erbscheins dürfte wohl bzgl. der Klausurrelevanz der wichtigste Fall des § 2366 BGB sein, da er sich ideal mit den §§ 932 ff. BGB verbinden lässt und einerseits die Unterschiede, andererseits aber auch das Zusammenspiel der verschiedenen Gutglaubenstatbestände besonders deutlich macht.

Abgrenzung §§ 2366 f. BGB ⇔ §§ 892, 893 BGB

b) Beim gutgläubigen Erwerb unbeweglicher Sachen ist die Abgrenzung zwischen §§ 2366, 2367 BGB und den §§ 892, 893 BGB zu beachten: Die §§ 892, 893 BGB gehen vor (und der Erbschein wird gänzlich unbeachtlich), sobald eine Eintragung des Scheinerben im Grundbuch stattgefunden hat. Ab diesem Zeitpunkt vermittelt nur noch dieses den guten Glauben hinsichtlich der Berechtigung am Grundstück. 186

Vor der Eintragung ist dagegen der Erbschein i.V.m. der Grundbucheintragung des Erblassers der entscheidende Gutglaubensträger.

gutgläubiger Erwerb auch von Forderungen in Höhe ihres Bestandes

c) Außerdem können nach § 2366 BGB auch zum Nachlass gehörende Forderungen gutgläubig erworben werden. § 2366 BGB bildet damit einen Ausnahmetatbestand, da er einen echten gutgläubigen Erwerb einer Forderung zulässt. 187

Allerdings ist auch hier ein Erwerb nur in der Höhe möglich, in der die Forderung tatsächlich (noch) besteht: In einer anderen Höhe hätte sie schließlich auch nicht vom tatsächlichen Erben erworben werden können.

§ 2367 BGB: Leistung an Scheinerben mit befreiender Wirkung (⇨ u.U. § 816 II BGB)

3. § 2367 BGB schützt den gutgläubigen Vertragspartner bei Leistungen an den Scheinerben und bei anderen, nicht von § 2366 BGB erfassten Rechtsgeschäften. Damit kommt der Vorschrift zum einen im Immobiliarsachenrecht Bedeutung zu, da nach h.M. der gutgläubige Ersterwerb einer Vormerkung (wie sonst beim Nichtberechtigten nach § 893 BGB) nach § 2367 BGB zu beurteilen ist. Zum anderen bietet § 2367 BGB durch den Schutz des an den Scheinerben Leistenden einen Einstieg in die bereicherungsrechtliche Prüfung des § 816 II BGB. 188

IV. Beispielsfall zum Erbschein

Die Bedeutung des Erbscheins in der Klausur, insbesondere beim Erwerb beweglicher Sachen, soll der abschließende Beispielsfall verdeutlichen. Achten Sie bereits beim Lesen des Sachverhalts darauf, dass hier - wie auch sonst nicht selten in Klausuren (nicht zuletzt als Denkhilfe für den Bearbeiter) - der Sachverhalt so angelegt ist, dass mehrere Erbschaftsgegenstände veräußert werden, sodass die unterschiedlichen denkbaren Konstellationen abgeprüft werden können. 189

Bsp.: *M, verwitwete Mutter des J, verstarb im Oktober 1998. Auf ihrem Schreibtisch wurde ein an ihren Bruder B adressierter und frankierter, aber noch nicht abgeschickter Umschlag gefunden, in dem folgender Brief steckte:*

„Lieber B, im Gegensatz zu meinem Sohn hast Du Dich immer um mich bemüht. (Es folgen einige Passagen, in denen M den Kummer über ihren Sohn näher ausführt.) Deshalb sollst Du nach meinem Tode alles bekommen, was ich habe. M“

Eine weitere Regelung einer letztwilligen Verfügung wurde nicht gefunden. B, dem daraufhin ein Erbschein erteilt worden war, veräußerte eine im Nachlass der M befindliche Brosche sowie ein Diadem an A, die davon ausging, dass die Schmuckstücke ursprünglich M gehörten. Allerdings hatte M die Brosche von ihrer Nichte N geliehen und das Diadem eben selbiger N bei einem Besuch kurze Zeit später gestohlen.

Kann N von A Herausgabe der Schmuckstücke verlangen?

Lösung:

A) Herausgabeanspruch hinsichtlich der Brosche

I. Anspruch aus § 985 BGB

Ursprünglich war N Eigentümerin der Brosche. Sie könnte das Eigentum aber durch das Veräußerungsgeschäft zwischen B und A verloren haben. Da B - unabhängig von einer etwaigen Erbenstellung - keinesfalls Eigentümer der Brosche war, kommt nur ein gutgläubiger Erwerb in Betracht.

1. Erwerb nach §§ 929 S. 1, 932 BGB

a) Es liegt eine Einigung und Besitzverschaffung i.S.d. § 929 S. 1 BGB zwischen B und A vor.

Gutgläubigkeit der A i.S.d. § 932 II BGB ist hier nach dem Sachverhalt auch anzunehmen, da sie M für die ursprüngliche Eigentümerin und B als deren vermeintlichen Erben für den aktuellen Eigentümer hielt. Für grobe Fahrlässigkeit oder positive Kenntnis der A hinsichtlich einer Nichtberechtigung des B ist nichts ersichtlich.

Allerdings könnte der Eigentumserwerb an § 935 BGB scheitern.

Nach § 935 I S. 1 BGB ist ein Erwerb gemäß § 932 BGB dann ausgeschlossen, wenn die Sache dem Eigentümer abhanden gekommen ist. Dies ist hier zwar nicht der Fall, soweit N die Brosche an M verliehen und somit den unmittelbaren Besitz freiwillig aufgegeben hatte.

Jedoch gilt gemäß § 935 I S. 2 BGB das Gleiche, falls der Eigentümer nur mittelbarer Besitzer war, wenn die Sache dem (unmittelbaren) Besitzer abhanden gekommen ist.

b) Vorliegend war N aufgrund des Verleihens der Brosche an M gemäß § 868 BGB mittelbarer Besitzer.

Fraglich ist aber weiterhin, ob die Sache auch dem (unmittelbaren) Besitzer abhanden gekommen ist. Voraussetzung des § 935 BGB ist, dass der (unmittelbare) Besitzer den Besitz ohne (nicht notwendig: gegen) seinen Willen verliert. Problematisch ist dabei vorliegend, auf wen als (unmittelbaren) Besitzer abzustellen ist.

Die tatsächliche Sachherrschaft lag zwar bei B, sodass insoweit eine freiwillige Weggabe vorliegt. Nach dem Tod der M wurde der wahre Erbe mit dem Erbfall aber automatisch Erbschaftsbesitzer i.S.d. § 857 BGB. Dieser Besitz ist unabhängig davon, ob der Erbe wirklich die tatsächliche Sachherrschaft über einen Gegenstand ausübt.

Dennoch ist der Erbenbesitz gemäß § 857 BGB als Besitz i.S.d. § 935 BGB anerkannt. Insoweit ist nun der wahre Erbe Besitzmittler der N, auch wenn er noch gar keine tatsächliche Sachherrschaft ergriffen hat.

Daher wäre hier das Abhandenkommen mit der Veräußerung der Brosche durch B an A ohne Kenntnis des J gegeben, wenn dieser wahrer Erbe der M wäre.

aa) J wäre mangels Angaben über weitere Geschwister Erbe, §§ 1924 I, 1929 BGB, wenn die gesetzliche Erbfolge eingreifen würde.

Allerdings würde, vgl. § 1937 BGB, diese gerade nicht eintreten, wenn M ihre Rechtsnachfolge durch letztwillige Verfügung geregelt hätte, was vorliegend allenfalls durch den bei ihr gefundenen Brief an B geschehen sein kann.

bb) Grds. kann ein Brief nach h.M. durchaus ein Testament darstellen, wenn er den Anforderungen des § 2247 BGB entspricht: Dies wäre hier der Fall, da M den Brief mangels anderer Hinweise eigenhändig verfasst und unterschrieben hat.

Dass sie Ort und Datum nicht angegeben hat, ändert nichts an der Wirksamkeit, da es sich bei § 2247 II BGB nur um eine Sollvorschrift handelt und Zweifel über die Wirksamkeit i.S.d. § 2247 V BGB sich aus dem fehlenden Errichtungsdatum nicht ergeben.

cc) Auch dass im Brief neben der Verfügung noch andere Inhalte vorhanden sind, steht einer Auslegung als Testament grds. nicht entgegen; zwar ist bei sog. Brieftestamenten immer genau zu prüfen, ob es sich nicht nur um die Ankündigung einer späteren Erbeinsetzung handelt, indes lässt der mitgeteilte Wortlaut eine Auslegung als bereits erfolgte Einsetzung zwanglos zu.

dd) Trotzdem ergeben sich Zweifel an der (bei Brieftestamenten stets besonders gründlich zu prüfenden) Wirksamkeit aus einem anderen Grund: Der Brief war zwar zum Absenden vorgesehen, wie sich aus den weiteren Inhalten und dem frankierten Umschlag ergibt, aber eben noch nicht abgesandt worden. Zwar wird das Testament als einseitige Willenserklärung grundsätzlich ohne Zugang wirksam, jedoch ist auch bei diesem zu fragen, ob schon ein Testament oder nur ein bloßer Entwurf vorliegt. Gerade bei einem Brief, der an jemanden geschickt (und nicht etwa auf Dauer im Schreibtisch aufgehoben werden) soll, spricht einiges dafür, auch hier einen wirksamen Testierwillen erst dann anzunehmen, wenn der Absender den Brief aufgibt.

Dies nicht zuletzt, da man ja auch sonst bei der Abgabe z.B. eines Angebots auf Abschluss eines Vertrags eine Willenserklärung erst und nur bei bewusster Entäußerung in den Rechtsverkehr annimmt.

Es geht also nicht etwa darum, Voraussetzungen einer empfangsbedürftigen Willenserklärung unzulässig auf das Testament zu übertragen, sondern nur darum, ein zuverlässiges Kriterium für das Vorliegen eines Testierwillens zu finden. Dabei spricht im vorliegenden Fall mehr dafür, einen solchen endgültigen Verfügungswillen noch nicht anzunehmen, solange M den Brief nicht aufgegeben hat; dies umso mehr, als hier eine Entscheidung nicht unerheblichen Ausmaßes getroffen werden sollte (Enterbung des Sohnes).

ee) Zu einem anderen Ergebnis führt hier auch nicht § 2084 BGB, weil dieser gerade nicht die Frage betrifft, ob überhaupt eine wirksame Verfügung getroffen wurde.

Somit ist im Ergebnis davon auszugehen, dass keine wirksame letztwillige Verfügung der M vorlag (a.A. bei entsprechender Argumentation wohl vertretbar, aber nicht nur weniger überzeugend, sondern v.a. auch klausurtaktisch weniger geschickt, da das Folgeproblem des § 2366 BGB entfallen würde).

Insoweit scheidet ein gutgläubiger Erwerb der A gemäß §§ 929 S. 1, 932 I BGB wegen § 935 I S. 2 BGB aus.

2. Erwerb gemäß §§ 929 S. 1, 2366 BGB:

Allerdings kommt hier ein gutgläubiger Erwerb gemäß § 2366 BGB in Betracht. Der Erbschein bietet eine weitere Möglichkeit gutgläubigen Erwerbs, die von eigenen Voraussetzungen abhängt und selbstständig neben den §§ 932 ff. BGB steht.

Voraussetzungen gemäß § 2366 BGB sind insoweit der Besitz eines gültigen Erbscheins, der Einzelerwerb eines Erbschaftsgegenstandes durch dingliches Rechtsgeschäft und als weiteres einschränkendes (ungeschriebenes) Tatbestandsmerkmal das Bewusstsein des Erwerbers, einen Erbschaftsgegenstand zu erwerben.

a) Alle diese Voraussetzungen waren nach dem Sachverhalt gegeben, insbesondere ist nicht notwendig, dass der Erbschein bei dem betreffenden Rechtsgeschäft vorgelegt wird. Er wirkt vielmehr allein aufgrund seiner bloßen Existenz, die dem gutgläubigen Erwerber nicht einmal bekannt sein muss.

b) Problematisch ist aber die Tatsache, dass die Brosche nicht im Eigentum der M stand, sondern diese nur (berechtigter) Besitzer an ihr war. Allein diese Tatsache macht die Brosche - was das Eigentum an ihr angeht - aber noch nicht zum Nachlassgegenstand in diesem Sinne. Auch der Erbschein enthält über die Zugehörigkeit eines Gegenstandes zum Nachlass keine Aussage.

Aus diesem Grund führt auch eine alleinige Anwendung des § 2366 BGB nicht zum gutgläubigen Erwerb der A.

3. „Doppelte Gutgläubigkeit“ gem. §§ 929 S. 1, 932, 2366 BGB

Allerdings kommt hier ein Eigentumserwerb aufgrund sog. „doppelter Gutgläubigkeit“ in Frage.

a) Nach h.M. ist in einem Fall, in dem weder der § 2366 BGB allein noch die §§ 932 ff. BGB allein zur Bejahung des gutgläubigen Erwerbs führen, dennoch ein gutgläubiger Erwerb möglich.

Dies dann, wenn der Erwerber in zweifacher Hinsicht gutgläubig ist: nämlich i.S.d. § 2366 BGB hinsichtlich des vermeintlichen Erbrechts des Scheinerben und i.S.d. § 932 II BGB hinsichtlich des früheren Eigentums des Erblassers.

Eine solche Regelung ist auch sinnvoll, weil es Zweck des § 2366 BGB ist, den Erwerber im Verhältnis zum Erbscheinsinhaber genauso zu stellen, als hätte er vom wirklichen Erben erworben.

Die Nichtberechtigung des wirklichen Erben hätte aber durch § 932 II BGB überwunden werden können, weil § 935 BGB keine Anwendung findet, wenn der Eigentümer seinen mittelbaren Besitz unfreiwillig verliert, weil der Besitzmittler (wirklicher Erbe) ohne Willen des Eigentümers die Sache fortgibt. Dies muss dann auch beim Erwerb vom Erbscheinsberechtigten gelten.

b) Hier liegen die Voraussetzungen dieser „doppelten Gutgläubigkeit" vor, aus § 932 BGB i.V.m. § 2366 BGB ergibt sich also, dass A gutgläubig das Eigentum an der Brosche erworben hat. Ein Herausgabeanspruch der N gegen A gemäß § 985 BGB besteht daher vorliegend nicht.

II. Anspruch aus § 861 I BGB:

Ein solcher Anspruch wäre gegeben, wenn B verbotene Eigenmacht begangen hätte und A dies gegen sich gelten lassen müsste.

1. Nach § 869 BGB stehen die in den §§ 861, 862 BGB bestimmten Ansprüche auch dem mittelbaren Besitzer zu, wenn gegen den Besitzer verbotene Eigenmacht begangen wird. Vorliegend war N gemäß § 868 BGB mittelbarer Besitzer.

2. Jedoch genießt der mittelbare Besitzer den Besitzschutz aus §§ 861 I, 869 BGB nur bei verbotener Eigenmacht gegen den unmittelbaren Besitzer, da er selbst keine unmittelbare Sachherrschaft hat und sein Besitz auf einem Rechtsverhältnis beruht.

Dies ergibt sich auch aus dem Wortlaut der Regelung des § 869 BGB selbst, der einmal vom „mittelbaren Besitzer" und danach nur vom „Besitzer" spricht.

3. Aber auch der Erbenbesitz gemäß § 857 BGB genießt den Besitzschutz der §§ 861, 862 BGB. Das Eingreifen eines Nichterben in den Nachlass bedeutet verbotene Eigenmacht i.S.d. § 858 I BGB.

Da allerdings die verbotene Eigenmacht nicht von A, sondern von B begangen wurde, kommt es auf § 858 II S. 2 BGB an. Demnach scheidet dieser Anspruch hier aus, weil A den Besitz nicht durch Erbschaft, sondern durch Rechtsgeschäft erwarb (vgl. § 858 II S. 2 Alt. 1 BGB) und auch gutgläubig war hinsichtlich des Besitzrechts des B (§ 858 II S. 2 Alt. 2 BGB).

Ein Anspruch aus § 861 I BGB ist damit ebenfalls nicht gegeben.

III. Anspruch aus § 1007 I BGB:

Anspruchsberechtigt ist der frühere Besitzer, wobei - wie auch bei Abs. 2 - die Besitzart unerheblich ist, sodass auch N als mittelbarer Besitzer den Anspruch aus § 1007 I BGB gegen A grundsätzlich geltend machen kann. Der Anspruch scheitert aber an der Gutgläubigkeit von D.

IV. Anspruch aus § 1007 II BGB:

Dieser Anspruch auf Herausgabe besteht nach seinem Wortlaut auch gegenüber einem gutgläubigen Besitzer.

Vorliegend scheidet der Anspruch allerdings deswegen aus, weil er dann nicht eingreift, wenn der gutgläubige Besitzer auch Eigentum erworben hat. Dies ist aber - wie oben gezeigt - bei A der Fall.

Ergebnis: Da A das Eigentum an der Brosche gutgläubig erworben hat, hat N keinerlei Ansprüche gegen sie, weder aus § 985 BGB noch aus anderen Vorschriften.

B) Herausgabeansprüche wegen des Diadems

I. Anspruch aus § 985 BGB:

Hier ist wiederum fraglich, ob N ihr ursprüngliches Eigentum durch das Veräußerungsgeschäft zwischen B und A verloren hat.

1. Ein Erwerb des Diadems gemäß §§ 929 S. 1, 932 BGB scheitert vorliegend aber ebenfalls an § 935 BGB.

Jedoch ergibt sich hier ein Unterschied zur obigen Variante daraus, dass das Diadem der Eigentümerin N als unmittelbarer Besitzerin selbst abhanden gekommen ist. Insoweit greift also § 935 I S. 1 BGB ein. Auf den Erbenbesitz kommt es daher hier nicht an.

2. Ein gutgläubiger Erwerb des D aus § 2366 BGB alleine scheidet hier ebenfalls aus, da das Diadem nicht im Eigentum der M stand.

3. Fraglich bleibt daher, ob auch in dieser Variante ein Eigentumserwerb aufgrund sog. „doppelter Gutgläubigkeit", §§ 932 ff. BGB i.V.m. § 2366 BGB, möglich ist.

a) Die doppelte Gutgläubigkeit der A ist hier aus dem Sachverhalt heraus zu bejahen, vgl. o.

b) Problematisch ist dabei aber, ob durch die Kombination der §§ 932 I, 2366 BGB auch hier die Anwendung des § 935 I BGB ausgeschlossen werden kann. Diese Frage lässt sich nur aus dem Sinn und Zweck des § 2366 BGB beantworten.

Zweck des § 2366 BGB ist es, den Erwerber im Verhältnis zum Erbscheinsinhaber genauso zu stellen, als hätte er vom wirklichen Erben erworben.

Ein Vergleich des vorliegenden Falls mit dem Erwerb vom wirklichen Erben ergibt aber, dass auch die Nichtberechtigung des wirklichen Erben durch § 932 II BGB nicht hätte überwunden werden können.

Das Diadem war bereits der Eigentümerin N durch den Diebstahl abhanden gekommen (§ 935 I S. 1 BGB). Damit hätte A das Eigentum am Diadem aber auch vom wirklichen Erben nicht gutgläubig erwerben können. Daher kann auch im vorliegenden Fall § 935 BGB nicht durch das Zusammenlesen der §§ 932, 2366 BGB „überwunden“ werden. Eine systemwidrige Lücke innerhalb des Systems des gutgläubigen Erwerbs zwischen §§ 932 ff. BGB und §§ 2366, 2367 BGB besteht insoweit gerade nicht.

Der Erbschein kann ein Abhandenkommen nur insoweit überwinden, als es sich aus dem § 857 BGB ergibt, nicht aber, soweit das Abhandenkommen nichts mit der Erbschaft als solcher zu tun hat.

Da ein gutgläubiger Eigentumserwerb der A vorliegend an § 935 I BGB scheitert, besteht ein Herausgabeanspruch aus § 985 BGB.

II. Anspruch aus § 861 I BGB:

Ein solcher Anspruch wäre gegeben, wenn B verbotene Eigenmacht begangen hätte und die A dies gegen sich gelten lassen müsste.

Hier war N unmittelbare Besitzerin des Diadems. Durch den Diebstahl desselben hat M der N den unmittelbaren Besitz ohne deren Willen entzogen und gemäß § 858 I BGB verbotene Eigenmacht begangen.

Der Anspruch entfällt allerdings wiederum über § 858 II S. 2 BGB (s.o.).

Ein Anspruch aus § 861 I BGB ist daher nicht gegeben.

III. Anspruch aus § 1007 I BGB:

Der Anspruch scheitert auch hier wieder an der Gutgläubigkeit von A.

IV. Anspruch aus § 1007 II BGB

Dieser Anspruch auf Herausgabe besteht gegenüber einem gutgläubigen Besitzer, wenn die Sache dem früheren Besitzer abhanden gekommen ist.

N war vorliegend auch frühere unmittelbare Besitzerin des Diadems. A war als jetzige gegenwärtige Besitzerin bei dem Besitzerwerb - wie oben gezeigt - gutgläubig. Auch ist das Diadem durch den Diebstahl der M abhanden gekommen.

Der Anspruch ist zudem nicht ausgeschlossen durch § 1007 II S. 1 HS 2 BGB. Denn A hat als gutgläubige Besitzerin gerade nicht das Eigentum erworben. Gegenrechte aus § 1007 III S. 2 BGB i.V.m. §§ 994 ff., 1000 BGB oder aus § 1007 III S. 1 BGB sind ebenfalls nicht ersichtlich.

Ergebnis:

Da A das Eigentum am Diadem nicht gutgläubig erworben hat, hat N Ansprüche auf Herausgabe gegen sie aus § 985 BGB und § 1007 II BGB.

V. Abschließender Beispielsfall zum Erbrecht

Bsp.: *Arthur Bond und Berta sind seit 1965 miteinander verheiratet. Am 15.10.1998 hielten es Arthur und Berta aufgrund ihres fortgeschrittenen Alters (Arthur war 70, Berta 64 Jahre alt) für erforderlich, endlich eine Regelung für die Zeit nach ihrem Ableben zu treffen. Am selben Tag setzten beide je eine handschriftlich verfasste und unterschriebene Erklärung auf mit folgendem Inhalt:* 190

„Unser letzter Wille: Wir setzen uns gegenseitig zum Alleinerben ein. Sollte ich meine Ehefrau (bzw. meinen Ehemann) überleben, vermache ich mein Vermögen unseren Kindern Christoph und Daniela."

Am 01.02.1999 starb Arthur, was seine Ehefrau in tiefe Depressionen stürzte; um sich abzulenken, leistete sie sich einen neuen Mercedes zum Preis von 200.000,- €. Zur Finanzierung dieses Kaufpreises hatte sie die Büchersammlung ihres Mannes (Wert: 250.000,- €), die den wesentlichen Teil seines Nachlasses ausmachte, für 300.000,- € in bar an ihren Bekannten Knut Knausrig veräußert. Diesem legte sie einen Erbschein vor, der ihr kurz zuvor vom Nachlassgericht ausgestellt worden war.

Bald verflog jedoch die Trauer: Berta hatte sich in ihren 35 Jahre jüngeren Tennislehrer John Stark verliebt. Beide heirateten - trotz heftigstem Widerstand von Christoph und Daniela, die die Ehe für „unmoralisch" hielten - im Sommer 1999. Aufgrund der geänderten Verhältnisse wollte Berta nun ihren letzten Willen ändern. Deshalb erklärte sie gegenüber dem Nachlassgericht im November 1999 formgerecht die Anfechtung ihrer letztwilligen Verfügung. Bereits am 23.10.1999 hatte sie in einer eigenhändig geschriebenen Erklärung den Stark als Erben eingesetzt. Die Erklärung steckte sie in einen Umschlag, den sie zuklebte und mit „Dies ist mein letzter Wille. Eure Berta." beschriftete.

Am 13.11.2015 stirbt Berta bei einem Verkehrsunfall. Stark hält sich aufgrund des Schreibens vom 23.10.1999 für den Alleinerben. Bald melden sich Christoph und Daniela zu Wort und zweifeln diese Auffassung an. Christoph habe - was der Wahrheit entspricht - bei einem Besuch das Testament vom 23.10.1999 gefunden und vor Wut zerrissen. Dass Berta eine Abschrift gemacht und dem Stark gegeben hatte, wusste er nicht; das sei aber auch gleichgültig, da Berta seine Tat später gebilligt habe (Ob letzteres der Wahrheit entspricht, lässt sich im Nachhinein nicht aufklären). Der Nachlass der Berta, insbesondere eine wertvolle Ming-Vase im Wert von 60.000,- €, die Berta schon in die Ehe mit Arthur eingebracht hatte, stünde also ihnen zu. Selbst wenn Stark - wie er behauptet - Erbe geworden sein sollte, hätte er den Mercedes samt Nutzungen herauszugeben, jedenfalls aber Ersatz für die Büchersammlung zu leisten.

Auch der Gewinn von 100.000,- € aus dem Veräußerungsgeschäft der B, den diese bis zu ihrem Tod in bar in ihrem Kleiderschrank aufbewahrt hatte, dürfe Stark nicht behalten. Zur Begründung legen sie eine handschriftlich ge- und unterschriebene Erklärung des Arthur vom 03.05.1983 vor, in der dieser wegen einer schweren Ehekrise zwischen ihm und Berta diese enterbte und die beiden Kinder als Erben einsetzte.

Bearbeitervermerk:

Die Ansprüche von C und D gegen S sind zu prüfen. Pflichtteilsansprüche bleiben außer Betracht.

Lösung:

Ansprüche von C und D gegen S

I. Bzgl. der Ming-Vase (Nachlass der B)

C und D könnte ein Anspruch auf Herausgabe der Ming-Vase gegen S zustehen.

1. § 2018 BGB

Erbschaftsanspruch gem. § 2018 BGB

Ein solcher könnte sich aus § 2018 BGB ergeben. Dieser sog. Erbschaftsanspruch stünde den anspruchsberechtigten Erben als Nachlassforderung gem. § 2039 S. 1 BGB nach den Regeln der Mitgläubigerschaft i.S.v. § 432 BGB gemeinschaftlich zu.

hemmer-Methode: Der Erbschaftsanspruch soll dem Erben die Geltendmachung seiner Ansprüche bzgl. des Nachlasses durch Zuerkennung eines Gesamtanspruchs erleichtern.

Ausgehend hiervon sollten Sie die Ansprüche aus den §§ 2018 ff. BGB auch vor den möglichen Einzelansprüchen (etwa aus §§ 985, 861, 1007, 812 BGB) prüfen. Außerdem können sich aufgrund der Eigenarten der §§ 2018 ff. BGB Modifikationen für die Einzelansprüche ergeben.

Erbschaftsbesitzer ist, wer Erbschaftsgegenstände unter Berufung auf sein vermeintliches Erbrecht den wahren Erben vorenthält.

Vorenthalten eines Erbschaftsgegenstandes unter Berufung auf eigenes Erbrecht (+)

a) S beruft sich darauf, Alleinerbe der B zu sein. Die Ming-Vase stand vor dem Tod der B unstreitig in deren Eigentum und gehört damit zu ihrem Nachlass, vgl. § 1922 I BGB. Damit enthält S unter Berufung auf sein Erbrecht C und D einen Gegenstand aus der Erbschaft vor.

C und D Erben?

b) Erbenstellung von C und D

Fraglich ist jedoch, ob C und D die wirklichen Erben der B sind. Nur in diesem Fall stünden ihnen Ansprüche aus §§ 2018 ff. BGB zu.

aa) Gesetzliche Erbfolge

§ 1924 I, VI BGB ⇨ jeweils zu $^1/_2$

Nach der gesetzlichen Erbfolge würde S als Ehemann gemäß §§ 1931 I S. 1, III, 1371 I BGB $^1/_2$, C und D als Erben erster Ordnung nach § 1924 I, VI BGB den Rest zu gleichen Teilen, jeweils also zu $^1/_4$ erben.

bb) Verfügung vom 15.10.1998

Form des § 2247 BGB (+)

(1) Die Erklärung der B vom 15.10.1998 wurde von ihr eigenhändig ge- und unterschrieben und genügt damit der Form des § 2247 I BGB; sofern eine Datumsangabe fehlt, führt dies nicht zur Formnichtigkeit der Verfügung nach § 125 I BGB, denn § 2247 II BGB ist eine Sollvorschrift.

Testierfähigkeit, Testierwille

Da an Testierfähigkeit nach § 2229 BGB und dem Testierwillen der B nicht zu zweifeln ist, liegen grundsätzlich die Voraussetzungen für ein wirksames Testament vor.

§ 2267 BGB nur Option der Erblasser, keine Wirksamkeitsvoraussetzung

Zwar könnte es sich vorliegend um ein gemeinschaftliches Testament i.S.d. §§ 2265 ff. BGB handeln; jedoch stellt die besondere Errichtungsform des § 2267 BGB lediglich eine Erleichterung für die Erblasser dar, nicht aber eine besondere Wirksamkeitsvoraussetzung. Dass A und B hier von dieser Möglichkeit keinen Gebrauch machten, ändert somit an der Wirksamkeit des Testaments der B nichts.

(2) Hierbei setzte B jedenfalls die Kinder C und D im Zweifel zu gleichen Teilen zu Ersatzerben für den Ehemann A ein, vgl. §§ 2067 S. 1, 1924 I, IV BGB und § 2096 BGB. Da A im Zeitpunkt des Todes der B bereits vorverstorben war, wären sie hiernach also als Alleinerben der B zu gleichen Teilen an seine Stelle gerückt.

Berliner Testament: Unterscheidung Einheits- /Trennungsmodell hier unerheblich

Auf die Unterscheidung, ob die Kinder im Falle eines gemeinschaftlichen Ehegattentestaments bereits Nacherben des erstversterbenden (Trennungslösung) oder erst Vollerben des letztversterbenden Ehegatten (Einheitslösung) werden, kommt es hierbei nicht an: Nach beiden Modellen wären C und D (Voll-)Erben des Vermögens der (letztversterbenden) B geworden.

☑ **hemmer-Methode: Die beliebte Problematik der näheren Ausgestaltung des „Berliner Testaments" stellt sich nur für die Frage, welche Stellung die Beteiligten nach dem Tod des A bzgl. dessen Vermögen hatten. Weitere Ausführungen waren hier deshalb fehl am Platze.**

C und D hiernach Alleinerben der B

Zu diesem Zeitpunkt wären somit C und D Alleinerben der B geworden.

cc) Verfügung vom 23.10.1999

Abweichendes könnte sich jedoch aus der Verfügung vom 23.10.1999 ergeben.

ordnungsgemäß unterschrieben?

(1) Hinsichtlich der Wirksamkeit der Errichtung des Testaments ist einzig problematisch, ob die Unterschrift der B dem Formerfordernis des § 2247 I Alt. 2 BGB genügt.

Identitäts- und Abschlussfunktion

Dabei ist auf Sinn und Zweck des Erfordernisses abzustellen: Zum einen soll die Identität des Verfassers leichter ermittelt und Rechtsunsicherheit vermieden werden; zum anderen soll die Unterschrift die Verfügung abschließen und so gegen spätere Zusätze schützen (sog. Abschlussfunktion).

☑ **hemmer-Methode: Halten Sie sich diese beiden Funktionen der Unterschrift immer vor Augen. Nur so können Sie den „unbekannten Fall" in diesem Bereich in den Griff bekommen.**

bei Unterschrift auf Umschlag besondere Anforderungen

Demnach muss sich die Unterschrift auf dem Umschlag als äußere Fortsetzung und Abschluss der einliegenden Erklärung darstellen; hierzu ist jedenfalls eine hinreichend feste Verbindung mit der umschlossenen Urkunde erforderlich. Des Weiteren darf nach h.M. der Umschlag keine Erklärung von selbstständiger Bedeutung tragen.

B hatte den Umschlag zugeklebt, womit eine hinreichend feste Verbindung zur einliegenden Erklärung besteht. Der zusätzliche Hinweis, es handele sich um ihren letzten Willen, kann nicht als schädliche eigenständige Erklärung im obigen Sinne angesehen werden. Ferner ist eine Unterschrift mit vollem Vor- und Zunamen nicht erforderlich, vgl. § 2247 III S. 2 BGB. Damit liegt eine ordnungsgemäße Unterschrift i.S.v. § 2247 I Alt. 2 BGB vor.

somit wirksame Errichtung (+)

Das Testament vom 23.10.1999 ist somit wirksam errichtet worden.

(2) Der Wirksamkeit dieser letztwilligen Verfügung könnte jedoch die Bindungswirkung der Verfügung vom 15.10.1998 entgegenstehen.

grds. Widerruf nach § 2258 BGB möglich

(a) Grundsätzlich kann ein Testament durch ein späteres Testament, das zu dem früheren im Widerspruch steht, nach § 2258 I BGB widerrufen werden.

keine freie Widerrufbarkeit wechselbzgl. Verfügungen

(b) Dies gilt jedoch nicht für wechselbezügliche Verfügungen innerhalb eines gemeinschaftlichen Ehegattentestaments i.S.d. §§ 2265 ff. BGB. Hier sieht § 2271 BGB hinsichtlich der Widerrufbarkeit der eigenen Verfügung eine Sonderregelung vor.

Andeutung des gem. Testierwillens in Urkunden?

(aa) Es müsste sich also um eine solche Testamentsform handeln. Da wie vorliegend die Errichtung genau wie im Falle des gewöhnlichen (Einzel-)Testaments erfolgen kann, bedarf es eines besonderen Abgrenzungskriteriums. Dieses ist im Willen der Eheleute zur gemeinsamen Testierung zu sehen. Aus Gründen der Rechtssicherheit muss ein solcher Wille in den Urkunden jedoch zumindest angedeutet sein.

Ein gemeinsames Errichten gleich lautender Urkunden zur gleichen Zeit und am gleichen Ort soll demnach nicht genügen.

Formulierungen „wir", „unser", „gegenseitig" ⇨ (+)

Hier geben die Urkunden selbst jedoch genügend Anhaltspunkte bzgl. eines gemeinschaftlichen Testierwillens, indem von „unserem" letzten Willen und „**wir** setzen uns gegenseitig (...) ein" die Rede ist. Damit liegt ein gemeinschaftliches Ehegattentestament vor.

Wechselbezüglichkeit?

(bb) Des Weiteren müsste es sich bei der Einsetzung der Kinder C und D als Erben der B um eine wechselbezügliche Verfügung handeln. Dabei sind die Verfügungen in ihrer Gesamtheit genauer zu betrachten.

hier Einheitslösung gewählt

A und B haben sich gegenseitig zum Erben eingesetzt. Dabei haben sie eine Beschränkung der Erbenstellung des Ehepartners, etwa nach § 2113 BGB, nicht gewollt.

Damit ergibt sich bereits durch Auslegung nach dem Erblasserwillen, dass sie sich für die sog. Einheitslösung (s.o.) entschieden haben: Die Ehepartner beerben sich gegenseitig als Vollerben, während die Kinder nur Erben des letztversterbenden Ehegatten werden. Damit bedarf es eines Rückgriffs auf die gesetzliche Auslegungsregel des § 2269 I BGB nicht mehr.

hemmer-Methode: Gesetzessystematik! Die gesetzlichen Auslegungsregeln, die Sie i.d.R. an der Formulierung „so ist im Zweifel anzunehmen“ o.Ä. erkennen, sind erst und nur dann zu berücksichtigen, wenn die „normale“ Auslegung nach dem Erblasserwillen zu keinem Ergebnis kommt, wenn eben Zweifel bestehen. Dies sollten Sie in Ihrer Klausur an gegebener Stelle deutlich machen.

Wechselbezüglichkeit setzt entsprechenden Erblasserwillen voraus

Auch für die Frage der Wechselbezüglichkeit geht die Auslegung der Verfügungen den Auslegungsregeln des § 2270 II BGB vor. Fraglich ist also, ob die besonderen Bindungswirkungen wechselbezüglicher Verfügungen dem - in den Urkunden jedenfalls andeutungsweise zum Ausdruck kommenden - Willen der Ehegatten entspricht, § 133 BGB.

gegenseitige Erbeinsetzung (+)

Hinsichtlich der gegenseitigen Erbeinsetzung ist dies der Fall; sollte etwa ein Ehegatte die Erbeinsetzung des anderen (zu dessen Lebzeiten) widerrufen, ist dieser an der seinerseitigen Erbeinsetzung des Partners nicht mehr interessiert; dies entspricht der Regelung des § 2270 I BGB a.E.

auch Ersatzerbeneinsetzung der Kinder (+)

A und B wollten vor allem auch die finanzielle Absicherung der Kinder erreichen; das „gemeinsame“ Vermögen sollte der Familie erhalten bleiben. Deshalb sollte der überlebende Ehegatte nach § 2271 II BGB an die Einsetzung der Kinder als Alleinerben gebunden sein. Da diese Rechtsfolge nur durch Wechselbezüglichkeit der Ersatzerbeneinsetzung der Kinder erreicht werden kann, liegt auch insoweit ein entsprechender Erblasserwille vor.

Damit sind die jeweiligen Verfügungen wechselbezüglich.

hemmer-Methode: Greifen Sie also auch hier nicht vorschnell auf § 2270 II BGB zurück, der die vorliegenden Fragen zu regeln scheint. Die in den gesetzlichen Auslegungsregeln niedergelegten Vermutungen können Sie zwar bei der „echten“ Auslegung nach § 133 BGB im Hinterkopf behalten; in Ihrem Gutachten müssen Sie jedoch die oben beschriebene logische Reihenfolge einhalten!

(cc) Das Testament der B vom 23.10.1999 sieht eine Einsetzung von S als Erben vor. Dabei ist gem. § 2091 BGB von einer Einsetzung zu gleichen Teilen auszugehen. Dies steht zu den Verfügungen der B vom 15.10.1998 in Widerspruch.

keine Ausschlagung der Erbschaft durch B

Die Errichtung des Testaments am 23.10.1999 kann auch nicht mangels Einhaltung der sechswöchigen Ausschlagungsfrist, § 1944 I BGB, vor allem aber mangels einer formgerechten Erklärung gegenüber dem Nachlassgericht i.S.v. § 1945 I BGB, als konkludente Ausschlagung des A durch B ausgelegt werden, was die Bindung an die eigene Verfügung nach § 2271 II S. 1 HS 2 BGB beseitigen würde.

Damit war das Testament im Zeitpunkt seiner Errichtung nichtig.

(dd) Jedoch könnte B durch wirksame Anfechtung der wechselbezüglichen Erbeinsetzung von C und D vom 15.10.1998 deren Bindungswirkung nach § 2271 II S. 1 BGB beseitigt haben. In diesem Falle stünde wegen der ex-tunc-Wirkung der Anfechtung dem Testament vom 23.10.1999 § 2271 II BGB nicht mehr entgegen.

nach Tod eines Ehegatten Anfechtung nach §§ 2281 ff. BGB analog möglich

Grundsätzlich steht dem Erblasser selbst eine Anfechtungsmöglichkeit nicht zu, da er jederzeit nach den §§ 2253 ff. BGB widerrufen kann. Eine Sonderregelung findet sich in §§ 2281 ff. BGB, da bei einem Erbvertrag dem Erblasser die allgemeine Widerrufsmöglichkeit vertragsmäßiger Verfügungen nicht zusteht, vgl. § 2289 I BGB.

Eine vergleichbare Interessenlage besteht nach dem Tod des erstversterbenden Ehegatten für den anderen Teil eines gemeinschaftlichen Ehegattentestaments; auch er kann seine (wechselbezüglichen) Verfügungen nicht mehr nach den allgemeinen Vorschriften widerrufen.

Demnach kommen die §§ 2281 ff. BGB für B analog zur Anwendung.

§ 2079 S. 1 BGB (+)

Als Anfechtungsgrund kommt allein § 2079 S. 1 BGB in Betracht: B könnte bei der Errichtung des gemeinschaftlichen Testaments S als pflichtteilsberechtigte Person übersehen haben. S war im Zeitpunkt des Erbfalles als Ehegatte der B nach § 2303 II S. 1 Alt. 2 BGB pflichtteilsberechtigt. Da B am 15.10.1998 noch nichts von ihrer späteren Heirat wusste, liegt somit der Anfechtungsgrund des § 2079 S. 1 BGB vor. Für eine fehlende Kausalität nach § 2079 S. 2 BGB bestehen keine Anhaltspunkte.

Form, Frist (+)

Die Frist des § 2283 I BGB analog wurde gewahrt. Die Anfechtung erfolgte formgerecht, §§ 2282 III analog, 2081 BGB.

Anfechtung also (+), damit keine entgegenstehende Bindungswirkung

Damit hat B die eigene Verfügung vom 15.10.1998 wirksam angefochten. Demnach steht der Verfügung vom 23.10.1999 die Bindungswirkung eines gemeinschaftlichen Ehegattentestaments nicht entgegen.

Widerruf des Testaments nach § 2255 BGB

(3) B könnte das Testament vom 23.10.1999 jedoch widerrufen haben. In diesem Falle läge eine wirksame letztwillige Verfügung der B nicht vor, es würde die gesetzliche Erbfolge eintreten.

Vernichtung durch Dritten als Werkzeug des Erblassers möglich

Hier kommt ein Widerruf nach § 2255 BGB in Betracht. Zwar verlangt der Wortlaut dieser Vorschrift eine Vernichtung der Testamentsurkunde durch den Erblasser. Dieser kann sich jedoch nach h.M. eines Dritten bedienen, der sich allerdings seinem Willen vollständig unterzuordnen hat.

C handelte selbstständig

Hier handelte C nicht gleichsam als Werkzeug der B, sondern vielmehr aus eigener Veranlassung heraus. Damit liegt eine Vernichtung durch den Erblasser i.S.d. § 2255 S. 1 BGB nicht vor.

Genehmigung (-), da Vernichtung durch C = Realakt

B könnte durch ein späteres Billigen der Vernichtung der Testamentsurkunde durch C den Vorgang i.S.d. §§ 182 I, 184 I BGB genehmigt haben. Dies setzt jedoch ein rechtsgeschäftliches Verhalten des C voraus. Daran fehlt es, das eigenmächtige Zerreißen der Urkunde stellte einen nicht genehmigungsfähigen Realakt dar.

also Widerruf durch B (-)

Somit hat B auch bei Unterstellung einer nachträglichen Billigung das Testament nicht widerrufen. Es blieb mithin wirksam bestehen.

hemmer-Methode: Darauf, dass neben der Testamentsurkunde noch eine Abschrift bestand, kommt es also gar nicht an. Dies wäre im Übrigen auch unbeachtlich, da allein die Testamentsurkunde, nicht auch eine etwaige Abschrift nach dem klaren Wortlaut von § 2255 S. 1 BGB vernichtet werden muss.
Etwas anderes gilt nur, wenn in der Abschrift ein zweites, gleich lautendes Testament zu sehen ist. Dies wird in den seltensten Fällen der Fall sein; es hat eine Auslegung nach dem Rechtsbindungswillen stattzufinden. Die Abschrift ist allerdings als Beweis für die Errichtung des Originaltestaments von großer Bedeutung.

c) Ergebnis zu 1.

Anspruch aus § 2018 BGB bzgl. Ming-Vase (-)

S ist somit testamentarischer Alleinerbe der B. Damit können C und D nicht Gläubiger des Anspruchs aus § 2018 BGB hinsichtlich der Ming-Vase sein. Ein solcher Anspruch gegen S scheidet demnach aus.

2. Sonstige Ansprüche

§§ 985, 861, 1007 I, II BGB (-)

Der Herausgabeanspruch nach § 985 BGB scheitert am Eigentum von C und D an der Vase. Da sie nicht Erben der B wurden, steht ihnen der fiktive Erbenbesitz des § 857 BGB nicht zu, weshalb Ansprüche gegen S wegen verbotener Eigenmacht, etwa § 861 BGB, ausscheiden. Auch § 1007 BGB scheitert am (früheren) Besitz von C und D an der Vase.

3. Ergebnis zu I.

Somit stehen C und D bzgl. der Ming-Vase keine Ansprüche gegen S zu.

II. Bzgl. des Mercedes

1. Anspruch auf Herausgabe

C und D könnte ein Anspruch auf Herausgabe des Mercedes zustehen.

a) §§ 2018, 2019 I BGB

Wiederum kommt der Gesamtanspruch nach § 2018 BGB, evtl. i.V.m. § 2019 I BGB, in Betracht.

aa) Würde der Mercedes in das Vermögen und damit in den Nachlass der B fallen, stünde C und D ein solcher Anspruch nicht zu, da sie nicht die wahren Erben der B sind.

bb) Möglicherweise können sie den Anspruch gegen S jedoch als wahre Erben des *A* geltend machen.

S beruft sich nicht auf Erbrecht nach A

(1) Zunächst ist festzustellen, dass sich S nicht als Erbe des A, sondern nur als Erbe der B sieht. Er beruft sich also nicht auf ein Erbrecht nach A.

jedoch Nachrücken in Erbschaftsbesitz der B möglich

Als Erbe der B würde er jedoch zum Erbschaftsbesitzer, wenn die Voraussetzungen der §§ 2018 ff. BGB bereits bei B zu deren Lebzeiten vorgelegen haben. I.R.d. Universalsukzession würde er sozusagen in die Position der B als Erbschaftsbesitzerin nachrücken.

hemmer-Methode: An dieser Stelle zeigt sich, wer die Prinzipien des Erbrechts verstanden hat. Wohl kaum einer der Bearbeiter wird den Fall des Erben eines Erbschaftsbesitzers vorher gehört haben. Wer sich jedoch den Grundsatz der Universalsukzession, d.h. die Nachfolge in alle Rechte und Pflichten vor Augen hält, muss zu obigem Ergebnis gelangen. Hierbei sollten Sie auch die Klausurtaktik im Auge behalten: Die Probleme liegen ersichtlich im Bereich der §§ 2018 ff. BGB.

B evtl. Erbschaftsbesitzerin

(2) B maßte sich die Position der Alleinerbin nach A an, was sich nicht zuletzt anhand der Beantragung eines Erbscheins zeigte. Sie kommt als Erbschaftsbesitzerin in Betracht.

(3) C und D müssten die wahren Erben des A sein.

gesetzliche Erbfolge: C und D jeweils $^1/_4$

(a) Nach der subsidiären gesetzlichen Erbfolge wären sie neben B gem. §§ 1931 I S. 1, III, 1371 I, 1924 I, IV BGB zu je $^1/_4$ als Erben berufen; B würde $^1/_2$ des Nachlasses erhalten.

Einsetzung von C und D als Alleinerben am 03.05.1983 (+)

(b) Durch der Form des § 2247 I BGB entsprechendes Testament des A vom 03.05.1983 wurden C und D jeweils zu $^1/_2$ als Alleinerben eingesetzt, B wurde enterbt.

(c) Dieses Testament könnte A jedoch zugunsten seiner Ehefrau am 15.10.1998 nach § 2258 I BGB konkludent widerrufen haben.

Widerruf nach § 2258 I BGB zunächst (+)

An der Wirksamkeit dieses gemeinschaftlichen Testaments (s.o.) bestehen auch seitens der Verfügungen des A keine Zweifel. Die Einsetzung der B zur Alleinerbin steht im Widerspruch zur Erbeinsetzung von C und D entsprechend des früheren Testaments des A; es liegt ein wirksamer Widerruf nach § 2258 I BGB vor.

hemmer-Methode: Machen Sie sich also klar, dass ein gemeinschaftliches Testament letztlich zwei einseitige Verfügungen von Todes wegen darstellt, die in besonderer Weise voneinander abhängig sind. Es können damit die gleichen Verfügungen wie in einem „normalen" Testament getroffen werden. Einer gesonderten Klarstellung i.S.d. § 2299 I, II S. 1 BGB bedurfte es deshalb in den Augen des Gesetzgebers gar nicht.

jedoch Nichtigkeit ex tunc wegen § 2270 I BGB a.E.

(d) Jedoch könnte die Wirksamkeit dieses Widerrufs ex tunc entfallen sein. Die Erbeinsetzung der B mit Ersatzerbeinsetzung von C und D stellte eine wechselbezügliche Verfügung des A dar (s.o.). Da die entsprechende wechselbezügliche Verfügung der B von Anfang an infolge der Anfechtung nichtig war (s.o.), ist auch die Verfügung des A vom 15.10.1998 gem. § 2270 I BGB a.E. als ex tunc nichtig anzusehen.

Erbeinsetzung C/D damit (+)

Damit liegt ein der Verfügung vom 03.05.1983 widersprechendes Testament i.S.d. § 2258 I BGB nicht vor. Die Erbeinsetzung von C und D als Alleinerben blieb also auch nach dem 15.10.1998 wirksam.

hemmer-Methode: Diesen „Clou" innerhalb des Rechts des gemeinschaftlichen Ehegattentestaments sollten Sie sich merken. Wenn ein Ehegatte seine Verfügung anficht, fällt aufgrund der Wechselbezüglichkeit der Verfügungen auch seine eigene Erbeinsetzung durch den erstversterbenden Ehegatten weg. Sollte sich der anfechtende Ehegatte hierüber nicht im Klaren sein, käme sogar eine Anfechtung der Anfechtungserklärung in Betracht, die aber wohl wegen Unbeachtlichkeit eines bloßen Rechtsfolgenirrtums mangels Anfechtungsgrundes nicht erfolgreich wäre.

⇨ C/D Alleinerben des A

Damit sind C und D die wahren (Allein-)Erben des A.

(4) Der Mercedes müsste vom Erbschaftsanspruch nach § 2018 BGB umfasst sein. Da der Wagen erst nach dem Tod des A erworben wurde, kommt lediglich die Surrogationsvorschrift des § 2019 I BGB in Betracht.

Veräußerung der Büchersammlung ⇨ erlangtes Geld fällt in Nachlass

Die Büchersammlung des A stellte einen Nachlassgegenstand dar. Diesen hat B an K veräußert und als Gegenleistung 300.000,- € erhalten. Damit hat sie die 300.000,- € i.S.d. § 2019 I BGB „mit Mitteln der Erbschaft" erlangt; auf die Wirksamkeit der Verfügung über die Büchersammlung (genauer: über deren einzelne Bestandteile) kommt es hierbei nicht an. § 2019 BGB soll durch dingliche Surrogation den Wert des Nachlassvermögens erhalten; dementsprechend wurde nicht B Eigentümerin des Geldes, sondern die wahren Erben, C und D.

Mercedes fällt somit auch in Nachlass

Mit diesem Geld hat B den Mercedes erworben. Auch hierbei ist § 2019 I BGB anzuwenden; der Mercedes fällt in den Nachlass des A. Auf die Wirksamkeit der Übereignung des für B fremden Geldes kommt es wiederum nicht an.

Mercedes von Erbschaftsanspruch umfasst

Damit ist der Mercedes vom Erbschaftsanspruch der wahren Erben C und D umfasst.

(5) S müsste schließlich Erbe der B geworden sein. Dies ist zu bejahen, s.o.

S wurde also Alleinerbe, vgl. § 1953 II BGB. Damit ist er allein Schuldner des Erbschaftsanspruchs.

cc) Ergebnis zu a)

⇨ §§ 2018, 2019 I BGB (+)

Somit steht C und D gemeinschaftlich i.S.d. §§ 2039, 432 BGB der Anspruch auf Herausgabe des Mercedes aus §§ 2018, 2019 I BGB zu. Ob S hiergegen aufgrund von Verwendungen ein Zurückbehaltungsrecht nach § 2022 I S. 2 BGB zusteht, kann aufgrund der Regelung des § 2022 I S. 1 BGB erst nach endgültiger Behandlung der Ansprüche von C und D gegen S festgestellt werden.

b) §§ 2029, 985 BGB

Herausgabeanspruch nach § 985 BGB (+)

Neben dem Gesamtanspruch stehen den Erben auch Einzelansprüche zu; dies ergibt sich mittelbar aus § 2029 BGB. C und D sind als Miterben Eigentümer der Nachlassgegenstände geworden, § 1922 I BGB. Da ein Besitzrecht des S nicht ersichtlich ist, können sie Herausgabe nach § 985 BGB verlangen.

c) §§ 2029, 861 BGB

verbotene Eigenmacht nur seitens der B

S müsste gegenüber C und D verbotene Eigenmacht verübt haben. C und D wurden als Erben des A Inhaber des fiktiven Erben(mit)besitzes i.S.v. § 857 BGB. Dieser wurde ihnen jedoch nicht von S, sondern durch B, die den Mercedes in unmittelbaren Eigenbesitz i.S.d. § 872 BGB nahm, i.S.d. § 858 I BGB entzogen.

aber Zurechnung an S nach § 858 II Alt. 1 BGB

Diese verbotene Eigenmacht seitens der B gegenüber C und D ist jedoch dem S gem. § 858 II S. 1 Alt. 1 BGB als Erbe der B zuzurechnen.

⇨ § 861 I BGB (+)

Damit besteht ein Herausgabeanspruch von C und D gegen S auch nach § 861 I BGB.

d) §§ 2029, 1007 II S. 1 BGB

⇨ § 1007 II S. 1 BGB (+)

Die verbotene Eigenmacht der B stellte einen unfreiwilligen Besitzverlust des fiktiven Erbenbesitzes für C und D und damit ein Abhandenkommen i.S.d. § 1007 II S. 1 BGB dar. Da S nicht Eigentümer des Mercedes wurde (s.o.), kommt ein Ausschluss nach § 1007 II S. 1 HS 2 Alt. 1 BGB nicht in Betracht.

Mithin besteht auch hiernach ein Herausgabeanspruch.

e) §§ 2029, 823 I, 249 S. 1 BGB i.V.m. § 1967 I BGB

Anspruch grds. denkbar

Ein Herausgabeanspruch wegen unerlaubter Handlung der B in Form der Inbesitznahme des Mercedes kommt nach §§ 823 I, 249 S. 1 BGB in Betracht; hierfür hätte S als Alleinerbe nach § 1967 I BGB zu haften. § 2025 BGB i.V.m. § 2029 BGB würde insoweit keine Sperrwirkung entfalten, da durch die Inbesitznahme der Erbschaftsbesitz erst begründet wurde.

jedoch kein Verschulden der B

Jedoch ist ein Verschulden der B, auch Fahrlässigkeit i.S.d. § 276 I S. 2 BGB, nicht ersichtlich, weshalb der Anspruch ausscheidet.

GoA (-), da gutgläubige Eigengeschäftsführung der B

f) Ansprüche aus Geschäftsführung ohne Auftrag scheitern daran, dass B allein ein eigenes Geschäft beim Erwerb des Pkw führen wollte. Nach § 687 I BGB steht dies Ansprüchen aus §§ 677 ff. BGB entgegen.

☑

hemmer-Methode: Diese Einzelansprüche sollten Sie im Rahmen der §§ 2018 ff. BGB immer andenken. I.d.R. werden Sie die Ansprüche ohne großen Begründungsaufwand bejahen oder verneinen können; dennoch sollten Sie sich hier keine Ungenauigkeiten leisten.

g) §§ 2029, 816 I S. 1 BGB i.V.m. § 1967 I BGB

C und D könnte gegen B auch ein Anspruch nach § 816 I S. 1 BGB auf Herausgabe des Wagens zugestanden haben. Diesen hätte S nach § 1967 I BGB zu erfüllen.

Verfügung als Nichtberechtigte

B hat über die in den Nachlass des A gefallenen 200.000,- € verfügt. Diese Verfügung müsste wirksam gewesen sein.

wirksam wg. gutgl. Erwerb durch K; § 935 II BGB

Da B als Nichtberechtigte verfügte, kommt nur ein gutgläubiger Erwerb des Geldes durch den Autohändler nach den §§ 932 ff. BGB in Betracht. Dem steht ein eventuelles Abhandenkommen des Geldes seitens der Eigentümer C und D aufgrund von § 935 II Alt. 1 BGB nicht entgegen. Da vom guten Glauben des Autohändlers entsprechend der Vermutung des § 932 II BGB auszugehen ist, hat dieser das Geld gutgläubig und damit wirksam von B erworben.

erlangtes Etwas = Besitz am Mercedes

Der Anspruch ist auf Herausgabe dessen gerichtet, was durch die Verfügung erlangt wurde, § 816 I S. 1 BGB. Da durch die Verfügung selbst allein der Eigentumsübergang an dem Geld eintrat, wird ein mittelbarer Zusammenhang für ausreichend erachtet: Herauszugeben ist der Gegenwert, der dem Nichtberechtigten aufgrund des der Verfügung zugrundeliegenden Rechtsgeschäfts zugeflossen ist.

Hier hatte B zwar nicht Eigentum (s.o.), aber doch unmittelbaren Besitz i.S.v. § 854 I BGB erlangt.

⇨ Anspruch aus § 816 I S. 1 BGB (+)

Damit hat S den Mercedes auch hiernach herauszugeben.

h) Ergebnis zu 1.

Somit können C und D Herausgabe des Mercedes von S verlangen.

2. Herausgabe von Nutzungen

a) Vor dem Tod der B

Nutzungen der B i.V.m. § 1967 I BGB

C und D könnten von B Anspruch auf Nutzungsersatz gehabt haben, der auf S als Erben nach §§ 1922 I, 1967 I BGB übergegangen wäre.

aa) §§ 2024, 2023 II, I, 987 BGB

Bösgläubigkeit der B?

B war Erbschaftsbesitzerin des Mercedes, vgl. oben. Ein Anspruch auf Nutzungsherausgabe nach den §§ 2024, 2023 II, I, 987 BGB setzt jedoch Bösgläubigkeit der B voraus.

Zeitp. der Begründung des EB: (-)

B müsste gewusst oder grob fahrlässig verkannt haben, nicht Erbin des A zu sein. Im Zeitpunkt der Entstehung des Erbschaftsbesitzes an dem Wagen war dies nicht der Fall, B konnte in diesem Zeitpunkt noch nichts von ihrer späteren Anfechtung der eigenen Verfügung und damit der Nichtigkeit ihrer eigenen Erbeinsetzung nach § 2270 I BGB a.E. wissen.

später nur pos. Kenntnis schädlich, hier (-)

Nach der Anfechtung ließe sich vertreten, B hätte nun auch die Nichtigkeit der Verfügung des A und damit ihre Nichtberechtigung bzgl. dessen Nachlasses kennen müssen.

Dies erscheint bereits zweifelhaft, da B dann wohl von gesetzlicher Erbfolge nach § 1931 I S. 1 BGB ausgegangen wäre, sofern sie das Testament des A aus dem Jahre 1983 nicht kannte. Jedenfalls würde selbst grobe Fahrlässigkeit nicht schaden: Gemäß § 2024 S. 2 BGB kommt obige Haftung bei anfänglicher Gutgläubigkeit nur im Falle nachträglicher positiver Kenntnis der B in Betracht.

Eine solche lag aber bei B als juristischem Laien nicht vor. Obiger Anspruch ist also nicht gegeben

☑ **hemmer-Methode: Diese Differenzierung zwischen anfänglicher und nachträglicher Gutgläubigkeit kennen Sie von § 990 I BGB. Halten Sie sich vor Augen, dass die Haftung nach den §§ 2018 ff. BGB dem Recht des EBV stark angeglichen ist. Lediglich für den unverklagten gutgläubigen Besitzer bestehen Unterschiede.**

bb) §§ 2025, 823 I, 251 I BGB

Haftung aus § 2025 BGB (-) wegen § 2025 S. 2 BGB

Eine Haftung der B nach §§ 2025, 823 I, 251 I BGB hinsichtlich der den wahren Erben C und D entgangenen Nutzungen scheint denkbar, da ein solcher Posten aufgrund des herrschenden Kommerzialisierungsgedankens als Vermögensschaden anerkannt wird.

Jedoch liegen die Voraussetzungen für eine Haftung nach § 2025 BGB wegen § 2025 S. 2 BGB nicht vor: C und D hatten niemals tatsächliche Gewalt über den Mercedes.

cc) § 2020 BGB

Anspruch aus § 2020 BGB (+)

B hatte jedoch auch als gutgläubige Erbschaftsbesitzerin die Nutzungen nach § 2020 BGB herauszugeben.

Da von einer Entreicherung der B nach §§ 2021, 818 III BGB mangels entsprechender Sachverhaltsangaben nicht ausgegangen werden kann, können C und D den Wert der von B tatsächlich gezogenen Nutzungen auch von S als Alleinerben der B verlangen.

dd) §§ 2029, 988 BGB

§ 2029 BGB stellt die Anwendbarkeit von Einzelansprüchen klar. Zwischen C/D und B bestand aufgrund Eigentums von C und D und mangelnden Besitzrechts der B eine Vindikationslage, §§ 985 f. BGB.

§ 988 BGB analog, da gleicher Regelungsgehalt wie §§ 2020, 2021 BGB

Zwar hat B den Besitz am Mercedes nicht unentgeltlich i.S.d. § 988 BGB erworben. § 2029 BGB bestimmt jedoch, dass die Einzelansprüche gegen den Erbschaftsbesitzer sich inhaltlich nach den §§ 2018 ff. BGB richten. Damit kommt § 988 BGB aufgrund seines den §§ 2020, 2021 BGB entsprechenden Regelungsinhalts zur Anwendung.

Gegen B bestand somit auch ein Anspruch auf Ersatz der Nutzungen nach den §§ 2029, 988 (analog), 818 I, II BGB. Zur gleichen Normenkette gelangt man über die Verweisung des ebenfalls einschlägigen § 1007 II S. 1 BGB (s.o.) i.V.m. § 1007 III S. 2 BGB.

ee) §§ 2029, 816 I S. 1, 818 I, II BGB

gezogene Nutzungen von Kondiktionsanspruch umfasst

C und D stand gegen B ein Anspruch auf Herausgabe des Besitzes am Mercedes nach § 816 I S. 1 BGB zu; dieser Anspruch umfasst auch den Wertersatz für die gezogenen Nutzungen, § 818 I, II BGB.

b) Nach dem Tod der B

aa) § 2020 BGB

Als Erbschaftsbesitzer hat S nach § 2020 BGB die Nutzungen herauszugeben, die er tatsächlich gezogen hat.

verschärfte Nutzungshaftung mangels Bösgläubigkeit (-)

Eine verschärfte Haftung nach §§ 2024, 2023 II, I, 987 BGB käme nur bei nachträglicher Kenntnis des S i.S.d. § 2024 S. 2 BGB in Betracht, da S die anfängliche Gutgläubigkeit der B zuzurechnen ist. Für eine solche Kenntnis fehlen aber die Anhaltspunkte.

Gebrauchsvorteile i.S.d. § 100 BGB (-), da keine Fahrerlaubnis

Unter Nutzungen sind gem. § 100 BGB neben den Früchten i.S.v. § 99 BGB vor allem die Gebrauchsvorteile zu verstehen. Ob S hier das Fahrzeug benutzen konnte, ist dem Sachverhalt nicht zu entnehmen.

⇨ Anspruch aus § 2020 BGB (-)

Ein Anspruch auf Nutzungsersatz besteht somit nur dem Grunde nach.

bb) Einzelansprüche

Einzelansprüche ebenfalls (-)

Ebenso scheitern Einzelansprüche (i.V.m. § 2029 BGB, s.o.), etwa aus § 988 BGB, am Vorliegen herausgabe- bzw. ersatzfähiger Nutzungen.

c) Ergebnis zu 2.:

Somit können C und D von S als Erben nach den §§ 1922 I, 1967 I BGB Wertersatz für die von B gezogenen Nutzungen verlangen.

3. Ergebnis zu II.

Damit steht den Erben C und D gegen S die Herausgabe des Mercedes samt Nutzungen für die Zeit vor dem Tod der B zu. Die Ansprüche sind an C und D gemeinschaftlich zu leisten, §§ 2039 S. 1, 432 BGB.

III. Herausgabe des Veräußerungserlöses

C und D könnte ein (gemeinsamer) Anspruch auf Herausgabe des Veräußerungserlöses der B in Höhe von 300.000,- € gegen S als deren Erben zustehen.

hemmer-Methode: Stellen Sie nicht schon zu Beginn auf den Restbetrag von 100.000,- € ab. Zwar fordern C und D ausdrücklich nur diesen Betrag; systematisch sauber ist es jedoch, den Anspruch zunächst in Höhe von 300.000,- € anzuprüfen und dann evtl. gebotene Einschränkungen vorzunehmen.

1. §§ 2018, 2019 I BGB

C und D Gesamthandseigentümer

Eigentümer der 300.000,- € wurde nicht B, sondern C und D als Miterben (Gesamthandseigentum, § 2032 I BGB), vgl. oben.

jedoch i.H.v. 200.000,- € Herausgabe nicht mehr möglich

Allerdings ist der Erlös nur noch in Höhe von 100.000,- € vorhanden und damit auch nur noch in diesem Umfang von S, der in die Position der B als Erbschaftsbesitzerin einrückte (s.o.), nach den §§ 2018, 2019 I BGB herauszugeben.

daher i.H.v. 100.000,- € Herausgabeanspruch

Somit können C und D von S Herausgabe der 100.000,- € verlangen.

2. §§ 2029, 985, 861, 1007 II S. 1 BGB

§ 985 BGB bzgl. 100.000,- € (+)

C und D sind Eigentümer der 100.000,- €. Diese können sie nach § 985 BGB von S herausverlangen. Daneben bestehen wie bzgl. des Mercedes Ansprüche aus § 861 BGB und § 1007 II S. 1 BGB.

3. §§ 2029, 816 I S. 1 BGB

C und D könnte ein Anspruch gegen B nach § 816 I S. 1 BGB wegen der Veräußerung der Büchersammlung zugestanden haben. Für diesen hätte S als Erbe der B nach § 1967 I BGB zu haften.

Nichtberechtigung der B (+)

a) B hat als Nichtberechtigte über die Büchersammlung verfügt.

Verfügung wirksam?

b) Diese Verfügung müsste auch wirksam gewesen sein. Dabei kommt ein gutgläubiger Erwerb des K vom Nichtberechtigten (B) in Betracht.

§§ 929 S. 1, 932 I BGB (-) wegen § 935 I S. 1 BGB

Einem Erwerb des K nach §§ 929 S. 1, 932 I BGB könnte § 935 I S. 1 BGB im Wege stehen. Nach § 857 BGB wurden C und D Besitzer der Büchersammlung; mit Ergreifen durch B ging ihnen dieser unfreiwillig verloren, die Bücher kamen ihnen somit abhanden i.S.d. § 935 I S. 1 BGB.

jedoch §§ 2366, 929 S. 1 BGB (+)

Jedoch war B in einem gültigen Erbschein als Erbin des A bezeichnet. Gem. § 2366 BGB stand sie einem gutgläubigen Dritten gegenüber deshalb so, als wenn sie tatsächlich Erbin, also auch Besitzerin nach § 857 BGB, geworden wäre. K hatte keine Kenntnis bzgl. der Unrichtigkeit des Erbscheins, war also gutgläubig i.S.d. § 2366 BGB.

⇨ Wirksamkeit der Verfügung (+)

Damit hat K die Büchersammlung nach den §§ 929 S. 1, 2366 BGB wirksam erworben.

hemmer-Methode: Dies ist kein Fall des sog. doppelt gutgläubigen Erwerbs. Dessen bedarf es nur, wenn der wahre Erbe selbst Nichtberechtigter wäre: Dann muss über § 2366 BGB das Abhandenkommen der Sache bei den Erben und über §§ 932 ff. BGB die Nichtberechtigung des wahren Erben überwunden werden.

erlangtes Etwas: str., ob von obj. Wert des veräußerten Gegenstandes abhängig

c) Der Anspruch richtet sich auf das durch die Verfügung Erlangte. Dies umfasst richtigerweise auch einen den objektiven Wert des veräußerten Gegenstandes übersteigenden Erlös. Dies ergibt sich nicht nur aus dem Wortlaut des § 816 I S. 1 BGB, sondern auch aus der Tatsache, dass der Berechtigte das Risiko des Unterwertverkaufs ebenso zu tragen hat. Das Bereicherungsrecht soll den gesamten ungerechtfertigten Vermögensvorteil abschöpfen; zu diesem zählt eben auch ein Veräußerungsgewinn.

überzeugender: gesamter Erlös herauszugeben

Die andere Ansicht, die eine Beschränkung auf den objektiven Wert mit dem Argument begründet, durch die Verfügung selbst würde nur eine Befreiung von der Verbindlichkeit zur Übertragung des Gegenstandes eintreten, wirkt konstruiert und kann aufgrund obiger Argumentation auch wertungsmäßig nicht überzeugen.

B hatte somit durch die Verfügung Besitz an den 300.000,- € erlangt, die sie nach § 816 I S. 1 BGB herauszugeben hatte.

wie oben Kürzung auf 100.000,- €

d) Jedoch besteht der Anspruch gegen S als für Verbindlichkeiten der B haftenden Erben nur noch in Höhe von 100.000,- €, vgl. oben. Dies lässt sich dogmatisch direkt mit § 818 III BGB oder auch mit der aufgrund von § 2029 BGB gebotenen Anwendung des in den §§ 2019, 2021 BGB niedergelegten Gedankens der Erhaltung, nicht der Mehrung des Nachlasswertes begründen.

Somit steht C und D hiernach ebenfalls nur ein Anspruch auf Herausgabe der 100.000,- € zu.

4. § 816 II BGB

Anspruch aus § 816 II BGB

Es könnte ein Anspruch der Erben des A gegen S ebenfalls nach § 816 II BGB bestehen. Dieser könnte zunächst gegenüber B entstanden sein.

B Nichtberechtigte wegen § 2019 I BGB

a) Hinsichtlich der Kaufpreisforderung aus § 433 II BGB gegenüber K müsste B Nichtberechtigte i.S.d. § 816 II BGB gewesen sein. Dies ist der Fall, da von der Surrogationswirkung des § 2019 I BGB auch Forderungen, die aus obligatorischen Verträgen über Nachlassgegenstände herrühren, erfasst werden, vgl. § 2019 II BGB. Damit fiel die Kaufpreisforderung unmittelbar in den Nachlass. C und D waren Berechtigte, B Nichtberechtigte.

Verfügung wirksam: §§ 2019 II HS 2, 407 BGB

b) Ferner setzt § 816 II BGB die Wirksamkeit der Leistung gegenüber dem Berechtigten voraus. Nach § 2019 II HS 2 BGB findet § 407 BGB entsprechende Anwendung; der Leistende K war hinsichtlich der Berechtigung der B an der Forderung gutgläubig i.S.v. § 407 I BGB. Damit konnte er befreiend gegenüber den wahren Berechtigten C und D - also wirksam - leisten.

zudem § 2367 BGB

Unabhängig hiervon ergibt sich die Wirksamkeit der Leistung auch aus § 2367 BGB, da der B ein formell wirksamer Erbschein ausgestellt worden war.

erlangt = Besitz an 300.000,- €; Beschränkung auf 100.000,- €, s.o.

c) Hierdurch erlangte B Besitz an 300.000,- €. Wie oben bleibt die Herausgabe jedoch auf die noch übrigen 100.000,- € beschränkt. Der Anspruch richtet sich gem. § 1967 I BGB gegen den Erben S.

5. Ergebnis zu III.

⇨ Anspruch (+) i.H.v. 100.000,- €

C und D können also von S Herausgabe der 100.000,- € verlangen.

IV. Ersatzanspruch bzgl. der Büchersammlung

Schließlich kommen Ersatzansprüche der Erben wegen der Verfügung über die Büchersammlung in Betracht.

1. §§ 2024, 2023 I, 989 BGB

§§ 2021, 818 ff. BGB (-); grds. §§ 2024, 2023 I, 989 BGB denkbar

Da trotz Unmöglichkeit der Herausgabe der Büchersammlung ein Anspruch nach §§ 2021, 818 ff. BGB wegen Erhaltens eines gleichwertigen Surrogats nicht in Betracht kommt (s.o.), verbleibt ein Schadensersatzanspruch nach §§ 2024, 2023 I, 989 BGB.

jedoch Bösgläubigkeit der B (-), damit Anspruch (-)

Jedoch war B ebenso wie hinsichtlich des Mercedes (s.o.) auch bzgl. der Büchersammlung gutgläubig im Hinblick auf ihre Erbenstellung. Damit scheidet ein solcher Anspruch aus.

2. §§ 2025, 823 I BGB

(-) wegen § 2025 S .2 BGB

Da C und D nie tatsächliche Gewalt über die Bücher hatten, scheidet ein Anspruch nach den §§ 2025, 823 I BGB gem. § 2025 S. 2 BGB aus. Gleiches gilt wegen § 2029 BGB für deliktische Einzelansprüche der Erben: § 2025 BGB entfaltet insoweit eine Sperrwirkung.

3. Ergebnis zu IV.

⇨ Ansprüche auf SE (-)

Somit kommen Schadensersatzansprüche wegen Veräußerung der Büchersammlung nicht in Betracht. Aufgrund der wirksamen Übereignung an K bestehen gegen diesen keine Herausgabeansprüche.

V. Ergebnis

herauszugeben: Mercedes,
Nutzungen der B,
100.000,- €

Somit können C und D gemeinschaftlich i.S.d. §§ 2039, 432 I BGB von S Herausgabe des Mercedes samt Nutzungen für die Zeit vor dem Tod der B sowie Herausgabe der 100.000,- € verlangen.

WIEDERHOLUNGSFRAGEN: Rn.

Familienrecht:

Erbrecht:

55. Worin liegt die Besonderheit des Erbvertrages im Vergleich zu den sonstigen letztwilligen Verfügungen? ***122***

56. Von welchem Vertrag ist der Erbvertrag streng zu trennen? ***125***

57. Warum sind die §§ 320 ff. BGB auf den Erbvertrag nicht anwendbar? ***125***

58. Was versteht man unter einseitigem und zweiseitigem Erbvertrag? ***126***

59. Welche Vorschrift ist maßgeblich für die Bindungswirkung von Erbverträgen? ***130***

60. Wie kann sich der Erblasser vom Erbvertrag lösen und wonach ist dabei zu differenzieren? ***131***

61. Worin liegt der Unterschied zwischen Ersatz- und Nacherbschaft? .... ***136 f.***

62. Ist der Nacherbe Erbe des Vorerben oder des Erblassers? ***138***

63. Wodurch wird der Nacherbe während der Vorerbschaft geschützt? ***139***

64. Was versteht man unter "befreiter Vorerbschaft"? ***140***

65. Was versteht man unter einem Vermächtnis und wie ist es zur Erbeinsetzung abzugrenzen? ***143***

66. Was versteht man unter einer Auflage? ***148***

67. Was versteht man unter einer Teilungsanordnung? ***149***

68. Grenzen Sie diese von der Auflage ab! ***150***

69. Muss der Erbe die Erbschaft annehmen, damit er Rechtsnachfolger des Erblassers wird? ***152***

70. Innerhalb welcher Zeit kann eine Erbschaft ausgeschlagen werden? ***153***

71. Was ist Folge der erklärten Annahme? ***154***

72. Nach welchen Vorschriften wird der Erbe gegenüber dem Erbschaftsbesitzer geschützt? ***158***

73. Nach welchen Vorschriften haftet der Erbe grundsätzlich für die Nachlassverbindlichkeiten? ***163***

74. Welche Nachlassverbindlichkeiten sind zu unterscheiden? ***163***

75. Welche Beschränkungsmöglichkeiten für die Erbenhaftung gibt es? ***164***

76. Was versteht man unter einer Miterbengemeinschaft? ***168***

77. Wie wird der Nachlass in der Miterbengemeinschaft verwaltet? ***169***

78. Wie wird die Miterbengemeinschaft auseinandergesetzt? ***170***

79. Was ist Sinn und Zweck des Pflichtteilsrechts? ***171***

80. Wer ist pflichtteilsberechtigt? ***172***

81. Wodurch wird der Pflichtteilsberechtigte vor Umgehungsversuchen des Erblassers geschützt? ***174***

82. Wie berechnet sich der Pflichtteil des Ehegatten bei der Zugewinngemeinschaft? ***175***

83. Was versteht man unter "großem" und "kleinem" Pflichtteil? .... ***176 f.***

84. Was bekundet der Erbschein? ***181***

Die Zahlen beziehen sich auf die Randnummern des Skripts

L

M

N

O

P

R

S

T

U

V

W

Z

HEMMER/WÜST VERLAG

by hemmer

DIGITAL EDITION

UNSERE EBOOKS ERHÄLTLICH FÜR IHRE MOBILGERÄTE UND PC'S.

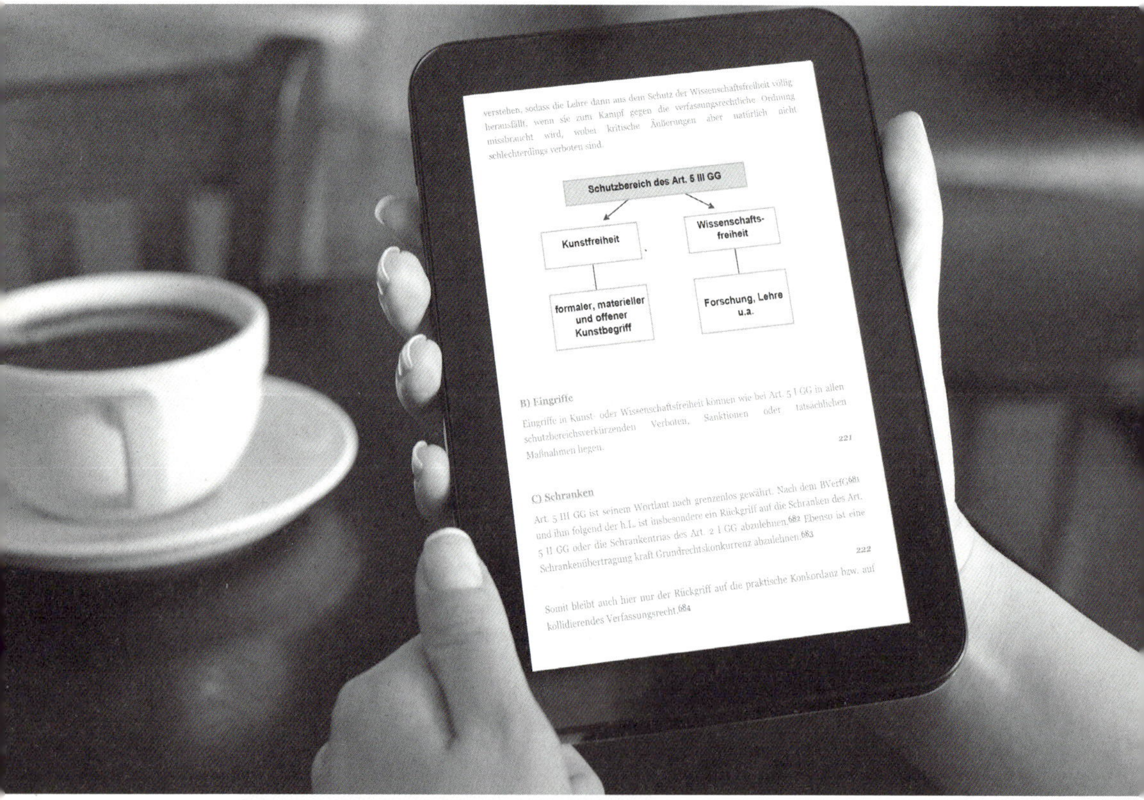

DIE HEMMER-HAUPTSKRIPTE ALS EBOOK:

Zivilrecht:

- BGB AT I - III
- Arbeitsrecht I/II
- Bereicherungsrecht
- Deliktsrecht I/II
- Erbrecht
- Familienrecht I/II
- Gesellschaftsrecht I/II
- Handelsrecht
- Herausgabeansprüche
- Kreditsicherungsrecht
- Rückgriffsansprüche
- Sachenrecht I - III
- Schadensersatzrecht I - III
- Schuldrecht AT, BT I, II
- Zivilprozessrecht I/II
- Schadensersatzrecht I - III
- Verbraucherschutzrecht

Strafrecht:

- StrafR AT I/II
- StrafR BT I/II

Öffentliches Recht:

- Staatsrecht I/II
- Verwaltungsrecht I - III

EINFÜHRUNGSPREIS: 9,99 EURO INKL. UST.

SIE FINDEN UNSERE EBOOKS UNTER WWW.HEMMER-SHOP.DE, WWW.AMAZON.DE/KINDLE-SHOP ODER WWW.APPLE.COM/SHOP